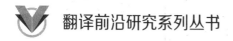

翻译前沿研究系列丛书

从同一到差异

翻译研究的差异主题和政治、伦理维度

The Problematique of Difference and the Political and Ethical Dimensions in Translation Studies

曾记 ◎ 著

版权所有 翻印必究

图书在版编目（CIP）数据

从同一到差异：翻译研究的差异主题和政治、伦理维度/曾记著．—广州：中山大学出版社，2016.8

（翻译前沿研究系列丛书）

ISBN 978 - 7 - 306 - 05820 - 1

Ⅰ.①从… Ⅱ.①曾… Ⅲ.①翻译—研究 Ⅳ.①H059

中国版本图书馆 CIP 数据核字（2016）第 211931 号

出 版 人：徐　劲
策划编辑：熊锡源
责任编辑：熊锡源
封面设计：林绵华
责任校对：刘学谦
责任技编：何雅涛
出版发行：中山大学出版社
电　　话：编辑部 020 - 84111996，84113349，84111997，84110779
　　　　　发行部 020 - 84111998，84111981，84111160
地　　址：广州市新港西路 135 号
邮　　编：510275　传真：020 - 84036565
网　　址：http://www.zsup.com.cn　E-mail：zdcbs@mail.sysu.edu.cn
印 刷 者：佛山市浩文彩色印刷有限公司
规　　格：880mm×1230mm　1/32　8.125 印张　204 千字
版次印次：2016 年 8 月第 1 版　2016 年 8 月第 1 次印刷
定　　价：28.00 元

如发现本书因印装质量影响阅读，请与出版社发行部联系调换

内 容 提 要

　　翻译的一贯追求是在不同语言的语言产品之间实现"同一",这一关注贯穿着传统的经验主义模式和语言学本位的"翻译科学"模式,并透露出对"语言和世界在深层意义上的同一性"的预设或向往。当这种"完美把握、全面再现"的超验冲动和"心同理同"的普遍主义情结被放大和利用时,对同一的追求就容易掩盖并助长还原和同化的"暴力"。当代翻译研究的理论视域,已经超越了"为语际间的交流提供具体可行方法"这一实用主义关注。翻译研究成为当代最富张力和活力的学术话语场所之一,就是源于对传统翻译理论的"忠实复制"迷思、翻译科学进路的"价值中立"表象及两者之语言观基础的全面质疑。在超越了人本主义语言观和本质主义意义观的束缚之后,被同一性追求所压抑的翻译的"差异"主题被充分凸显。在不能通约的语言系统间进行结构性转换,又在不同的历史—文化视域中进行联通,翻译的悖论也正是其张力所在,翻译既承受着差异的焦灼,也是差异的全面运演。对原文意义进行完美复制的追求不断让位于不同历史—文化情境中的对异域文本的诠释、操控与挪用。翻译作为跨语言的话语实践,其天然的文化政治品性在当代批评语境中被不断揭示出来,并和文化领域整体语境中的"差异"主题相互交织,成为各种文化理论思潮围绕话语、权力、政治等主题展开争锋的竞技场,成为不同语言共同体和文化族群进行身份书写、表达利益诉求的话语场域。

本书从反思传统翻译理论的困境及其背后的语言观局限开始,借助当代批评理论对朴素的人本主义语言观的多方面批判,揭开被古老而狭窄的同一性追求所遮蔽的差异主题,展示其在当代翻译理论的范式转换中不同层面的体现,以及其与翻译之文化政治维度的诸多勾连,并探讨在此基础上所引出的对翻译价值判断的反思。

本书第一章勾勒了"差异"这一"问题域"在翻译研究领域的产生根源和大体面貌,陈述其在翻译理论发展不同阶段的问题方式演进,并回顾涉及相关话题的部分文献。

第二章阐述了翻译研究的"同一"主题在传统翻译理论之经验主义模式和翻译研究语言学阶段之科学主义模式中的体现。两种模式共有的实用主义关注背后的理论预设,有着深厚的思想史根源,其中包括人本主义的语言观、本质主义的意义观和哲学层面的普遍主义倾向,本章对此进行了较为深入的探讨。

第三章展示了以"作者意图""原文意图"等观念为核心的传统翻译理念在实际操作中的一些不可能因素和悖论方面,揭示翻译的同一性追求在前提预设方面的不牢靠。

第四章借助语言转向后批评理论的多方资源(包括结构主义理论、诠释学理论和解构主义理论等)对人本主义语言观和本质主义意义观的质疑,揭示翻译的差异主题在多个层面的存在和价值。翻译在共时层面和历时层面,都不是对单一固定意义的忠实复制,而是在不可通约的语言结构和观念体系之间成为差异的生产过程,并在丰富的历史文化情境中表现为对异域文化资源的诠释、操控和挪用。翻译既承受着转换的暴力,也成为质疑、扰乱和颠覆性的力量,这种双重暴力使得翻译在当代文化政治语境中被充分重视,使得翻译成为跨语际话语实践的综合问题平台。

第五章探讨了"差异"主题在当代翻译研究的文化政治关注中的体现和发展。翻译研究的文化转向,先是关注文本在不同

内容提要

历史文化情境中所发生的形变，探索并描述其背后的意识形态和诗学习规对翻译的双重操纵，并充分重视翻译在文化塑造方面所发挥的力量。随着文化批评领域话语、权力、政治等主题的全面介入，差异问题在翻译研究领域得到了充分的延伸和拓展，容纳了以后殖民和女性主义翻译研究为代表的文化身份书写尝试和对文化霸权的抵制。

第六章论述了翻译研究领域对翻译活动天然的文化政治属性的重视和重建翻译活动价值体系的努力。翻译的伦理话题是翻译的文化政治主题的延伸。在翻译的本质主义和普遍主义预设被全面质疑的基础上，传统翻译理论所追求的价值理念，如忠实、通顺等，被不断消解和改写。翻译研究充分凸显其对各种文化政治议程的介入，并强调其对各种文化他者的责任。本章比较了翻译研究领域一些代表性的观点，充分论述了当代翻译研究的视角和立场的多元性，并通过对"他者"话题的探讨，深化对翻译之伦理关注的理解。

Abstract

The production of an "identical" substitute for the original in another language has long been the claim of translation and the sole, sometimes the only, concern of translation theory. The traditional empirical approach and the more sophisticated, linguistics – based scientific approach to translation studies both focus on the full grasp and faithful representation of the original. Behind this concern is the persistant assumption of, or quest for, a fixed, timeless meaning and the profound one-ness of languages and the world, which often serves as a reductive and suppressive force under various disguises. As the humanistic view of language and the essentialistic view of meaning being undermined in contemporary critical theory, translation studies has far exceeded the pragmatical, methodological concern and evolved into a dynamic field of academic discourses. The problematique of difference, hitherto marginalized, plays an essential role in every step in the paradigm shifts in translation studies. Haunted by the necessity/impossibility of bridging incommesurable linguistic systems and incompatible historical – cultural visions, translation is simultaneously the product and producer of difference in all levels. Translation is understood as amanipulating and reappropriating force of cultural – historical recontextualization. As a translinguistic discourse practice, it displays its political nature to the fullest in the general concern for difference in

Abstract

today's academic atmosphere, and evolves into the discoursive arena where linguistic and cultural communities seek visibility and re-write their identities.

This thesis begins with a sketch of the problematique of difference in translation studies, reviewinging its source and development in different phases of the theorctical advancement of translation.

Chapter Two includes a critical review of the paradoxes and limits of traditional translation theories and their linguistic and metaphysical foundations. The pursuit for an unchangeable meaning and its full restoration in all languages is based on the humanistic view of language and the metaphysical essentialism and universalism in history of thoughts, which are targets of contemporary criticism after the linguistic turn.

In Chapter Three, key conceptions of traditional translation theory are examined and questioned, including the author, the original, and sameness.

Chapter Four discusses the problematique of difference persistant in translation. Relying on the resources of critical theories such as structuralism, hermeneutics and deconstruction, difference and its value in translation are studied from multiple perspectives. The disillusionment of faithful restoration of the authorial intention leads to an understanding of the dual nature of translational violence. Translation is, synchronically and diachronically, the product and producer of difference. It is the interpretation, manipulation and reappropriation of foreign rescouces in specific linguistic and cultural contexts. It is both the subject to transformational violence and the power of interrogation and displacement. As this dual nature is explored and highlighted in contemporary cultural – political contexts, translation becomes the platform of transliguitic discursive practice and is engaged in various political agendas.

Chapter Five explores the advancement of the problematique of difference in contemporary criticism and its pervasion in cultural approaches to translation studies. The "cultural turn" in translation studies is motivated first by the concern for the transformation and deviation of texts in specific cultural – historical contexts. In their efforts to reveal and describe the ideological forces and poetical conventions at work, translation scholars emphasize the shaping force of translation. As the concern for difference are deepened and expanded in criticism, translation studies embrace heated themes like discourse, power and politics. Difference in translation is intertwined with political agendas of the (re-) writing of cultural identities and the resistance to hegemony, as examlified in post-colonial and feminist approaches to translation studies.

Chapter Six examines the wake to translational politics of translation scholars and their efforts to modify or rebuild its value systems. The inevitable positioning of translation necessisarily calls for a resketch of the framework of translation ethics beyond translational canons like fidelity, fluency or equivalence. Translation studies values its chance to carry out its responsiblity for various cultural others, despite all the ambivalence and paradoxes. This chapter compares some representative stances and deepened the discussion of translational ethics in the light of the *Other* problem.

目 录

第一章　绪　　论 …………………………………………… 1

第二章　翻译理论的同一性追求 ………………………… 15
　　第一节　传统翻译理论的同一性追求 ………………… 15
　　第二节　翻译"科学"的洞见与盲视 ………………… 20
　　第三节　同一性追求的思想史渊源 …………………… 27

第三章　"同一"的幻影 …………………………………… 36
　　第一节　原义的幻象 …………………………………… 36
　　第二节　作者的退隐 …………………………………… 43
　　第三节　"同一"的悖论 ……………………………… 46

第四章　差异的多重维度 …………………………………… 48
　　第一节　语言观念的突破 ……………………………… 49
　　第二节　差异的学理审视 ……………………………… 52
　　第三节　翻译的双重"暴力" ………………………… 94
　　第四节　翻译的重新定位 ……………………………… 104

第五章　差异与翻译的文化政治 ………………………… 110
　　第一节　早期文化进路的差异视角 …………………… 112
　　第二节　翻译与文化身份的塑造 ……………………… 124

第三节 "差异"主题的拓展：翻译研究与文化研究
         的融合 ………………………………………… 131
   第四节 话语、权力、政治：翻译研究文化进路的核心
         主题 ……………………………………………… 144
   第五节 "差异"主题的样本："差异""抵抗"与
         "杂合"——后殖民翻译研究 ……………… 159

第六章 他者的维度：差异与翻译的伦理表述 …………… 176
   第一节 翻译伦理问题的兴起 ………………………… 177
   第二节 译者的身份嬗变：主体性的困惑 …………… 179
   第三节 忠实的嬗变：翻译伦理的多元定位 ………… 184
   第四节 翻译伦理讨论的多元模式 …………………… 196
   第五节 "差异"的先声：从施莱尔马赫到贝尔曼 … 200
   第六节 韦努蒂与翻译的"差异伦理" ……………… 206
   第七节 他者的维度：翻译伦理问题的实质 ………… 223

结　　语 ………………………………………………………… 233

参考文献 ……………………………………………………… 235

绪　　论

　　本书的标题暗示的是：翻译研究的理论话语经历了从对同一性的追求到对差异性的张扬这一发展过程。这大致能够勾勒当代翻译理论在学科爆发过程中呈现的纷繁景象——翻译研究逐渐超越了对如何精确、全面地在另一种语言中恢复原文这一执着追求，而转向对差异问题的全方位的关注、解释和彰显。

　　不过，这并不是说所有（或大部分）翻译行为完全背离了人们对翻译最朴素最基本的理解——在另一种语言中以恰当的方式重现原文的意义，达到交际的成功[1]，也不是翻译的理论思考完全放弃了同古老而执着的同一性追求，让翻译成为脱离原文的任意创作，而是说翻译研究的理论重心在当代文化语境中发生了变化：翻译不是语词或思想在语言之间平安无虞地传递，翻译的理论关注也远远不止于为这种传递提供具体可行的规范和指导。当代翻译研究的共识之一就是：翻译不应被简单定义为某一语言的特定文本在另一种语言中的复制或重现，而应被理解为文化之

---

[1]　值得注意的是，这种对于翻译的最常识性的定义，本身也包含了诸多自我矛盾之处：实现交际目的（如功能主义视角）和重现原文往往不能完全重合；以何种方式才能真正重现原文这一问题，带来的争议也远远多于共识，这些也都是翻译的"差异"问题产生的最初根源，也都在当代翻译理论的诸多问题场域中得到放大。

间复杂的传介行为及围绕之而产生的混杂多元的问题场域（problematique）。这也是为什么当代翻译研究学者更倾向于用"翻译研究"（translation studies）而非"翻译学"（translatology）来命名这一学科，因为后者暗示的是一个从有限的前提预设中演绎出来的、建立在清楚有序的目的论和方法论基础上的理论系统，而前者则暗示了研究进路和问题关注的多元和不可化简，远不是一个边界清晰、体系分明的学科。翻译自身就是对差异的最好说明。

本书试图去探索："同一"是对翻译的朴素认定和一贯定义，但翻译却如何一直悄悄背弃着它的同一性承诺；而"差异"这一古老的、在当代批评语境中至关重要的（非）概念，是如何弥漫在翻译的理论话语当中的（用"弥漫"而非"贯穿"这样的语词，是因为翻译因其理论视角的多元、现实关怀的各异，而使得差异这一主题注定以播散的形式出现在众多彼此交叉甚至相互冲突的论述当中——"差异"的问题，被差异地展示着、重复着、延宕着），在当今的理论话语中，"差异"问题又如何从单纯的语言层面问题中脱颖而出，迅速地与文化研究的诸多主题发生勾连，成为一个公共的隐喻，承载了越来越多的权力政治诉求，并成为对翻译进行价值评判的核心表述。

然而，这一论题的表述本身已然包含着棘手的翻译问题。如果试图用"同一"和"差异"来大致地区分当代翻译研究在范式转换过程中的主题转变，并展示翻译研究被当代学术语境中的多重视角下的文化政治关注所渗透和浸染的样貌，我们首先要追问的是，这两个词指的是什么。本书是用汉语来写作的，在现代汉语词典中，"同一"的释义是：1. 共一，合一，统一。2. 相同，同样；而"差异"的释义是：1. 差别，不相同。2. 指统一体内在的差异。（《现代汉语词典》2009 年版）这一在日常使用中并不显眼的界定，已然打开了问题的几个侧面，如"同一"

第一章 绪 论

所包含的"统一"与"相同"两个相关而又区别的方面。然而，语词的含义决不仅仅是由特定语言的工具书中带有规范性质的条目所决定，每一个语词都承载着繁复的使用痕迹——用更加学术的语言来表述，就是众多的"书写"留下的"虚迹"。尤其是，现代汉语的学术话语本身已经浸染了它经由翻译而产生的异源性特征，哪怕是过于单薄的界定，都要借助通过其他语言表述出来的思想资源来参照。在用英语写作和翻译成英语的当代批评理论领域的众多文献中，"同一"和"差异"的话题，是通过许多组成对的语词来表述的，其中经常被使用的包括 Unity/Diversity；Identity/Difference；the Same/the Other（the other）；the Self/the Other（the other）（大小写的区分对于特定的思想家的论述来说十分重要，如列维纳斯用大写的 Other＜L'Autre, L'Alterité＞来强调其对"他者"和"差异"问题的深入认识）；等等。这些语词各有区分和侧重，又往往交叉渗透在一起。围绕这些语词的讨论，构成了"差异"主题在当代思想领域的多元图景。当我们用 unity/diversity 来表述的时候，其问题侧重在于：事物就其根本性质和/或发展方向而言，是一样的还是不一样的？这实际上是关于哲学层面的普遍主义（universalism）的讨论，对普遍和终极的古老追求，贯穿着形而上学全部历史，而当代批评领域多种不同侧面的多元主义立场（multiplism）则与之形成鲜明的对照，对前者保持着充分的警觉乃至抵制。当我们用 identity/difference 以及它们不同词性的变体来讨论的时候，问题侧重的是：事物本身是否自足的（自我同一性，self-identity），事物之间是否能够一致（identical），事物之间的差别（difference）又是在什么层面上表现出来的。更为麻烦的是，在界定事物自身、追寻并表述其自我同一性的时候，必然启动了一个区分与界定的辨析与认同的过程（identification），这一过程已经是一个身份建构的过程（the construction of identity）。［在英语，还有当代批评理论的重要母语之一法语（此外还有一些笔者并不熟识的其他欧洲语言）中，identity ＜identité＞都有身份/一致/认同的多重含义。］而在当代批评语境中，这个过程既是借助差异（difference）来进行的，又是差异的生产过程（differentiation，différance）。尤其是，当 identity/difference 潜藏的身份/认同过程性被发掘出来的时候，它就不仅仅是个体意义上的问题，而是特定共同体确立其文化身份（cultural identity ＜identities＞）的过程，这一过程必然承载了丰富的文化政治内涵。而 same/other，self/other 的使用，常常是和 identity/difference 相仿，唯其在特定语境中使用得更为频繁和突出，它们共同指向当代批评领域最为关注的问题之一——"他者"或"他（她）性"的问题。

鉴于翻译研究的跨学科特征，在其频繁地挪用各个批评领域的思想资源的过程中，对"差异"问题的关注和讨论显得更为复杂和混乱（也正是因为这种原因，本书在英文标题的书写中就遇到了翻译困难，只保留了较为宽泛的 difference 一词）。上述简单陈述中的这些问题层面，在翻译研究领域不同阶段的理论关注中都有体现，甚至可以说，它们是翻译理论话语发展的重要推动力量，我们依然能够从翻译研究发展的基本走向中粗略地辨析出一些线索。

翻译的产生就是一种悖论：它从语言（和语言所承载的生活世界）的差异中产生，却致力于在差异中寻找同一。在西方思想的传统表述中，"巴别塔"的神话是一个贯穿始终的隐喻，它被用来解释语言多样性的起源。根据《旧约·创世纪》的记述，上帝因为要阻止人类建成通天塔而变乱了人类的语言，原本单一的、带有神圣性的语言不复存在，人类只能在各自语言的迷雾中相互摸索。翻译诞生于语言的堕落，却又承载着救赎的使命：翻译的天然要务，似乎就是对抗着语言的变乱，消弭差异而寻求同一，以重建通天之塔——实现基于语言同一性基础上的无障碍的

第一章 绪 论

交流。这一"大同"理想正是现代性进程的折射,其蕴涵的危机也正是现代性危机的体现。

对同一的追求贯穿于翻译理论的经验主义范式和"科学"范式当中,不仅体现在直接的操作层面,更体现在其背后的理论预设中。传统翻译理论大体上是趋向同一的。它首先关注的是如何在两份语言产品之间实现同一(sameness or identity),让译文成为原文的忠实复制。语词变动不居,但意义有本可原。意义(作者意图)是确定的,所需要的只是尽可能全面地在另一种语言中重新表述出来。其更深的思想基础是西方思想的理性主义传统和人本主义的语言观。这个体系的核心是语言—思维—实在三者的同一性和语言的同等表达力——其实质是,不同的语词系统,可以追溯到同样的理念世界。

进入到 20 世纪,翻译研究的"科学"模式开始兴起。它同样关注如何在技术层面实现两种语言中原文和译本的同一,尽管它意识到,由于语言的结构性差异的存在,在另一种语言中对原文意义的全面再现是不可能的,"同一"被弱化和分化为各种不同层面的、可以更精确地评估的"对等",以更好地服务于翻译的实用目的。不过总的来说,翻译研究的"科学"进路同样体现了对同一性的执着,其理论基础在于寻求语言结构(乃至思维结构)的普遍性。翻译的"科学",在其静态的、共时的理论模式中延续了西方思想史一以贯之、在启蒙哲学中发挥至极致的理性主义传统。

在两种模式共有的技术性关注主导之下,"差异"是表层的、次要的、负面的,是翻译的阻碍,是交流的阻碍,最终也是进步的阻碍。当语言被视为工具的时候,当直接、即时交流成为翻译理论最重要甚至唯一的关注的时候,翻译理论研究就被局限为文字转换的技巧总结,而翻译所牵涉的丰富的历史情境和微妙的权力政治被遮蔽了。

翻译的同一性追求，要求的是甲语言中的"译本"成为乙语言"原本"的完满替代，使作为"这一个"语词构成物的文本完全成为"那一个"语词构成物的充分"在场"（presence）。并且，传统翻译理论的理想就不仅仅是两种以上的文本建立起语词、语句、章法的严格对应关系，而且要建立从作者到读者、原本意义到译本意义乃至原本的阅读想象到译本的阅读想象之间的严格对应。

如果翻译的同一性追究的基础并不牢靠，如果并不存在一个统一自足的意义的原点，如果语言并不是透明的媒介，不是称手的工具，语言产品（文本或话语）不是对现实的再现，而是符码的编织和"现实"的生产，那么，翻译对于"同一"的执迷就值得怀疑，它在将翻译自然化的同时，悄悄地掩盖了渗透在话语的编织和符号的生产中的文化碰撞和权力角逐。

当代批评理论的诸多思想资源，尤其是以德里达为代表的解构理论，都撼动了翻译的同一性追求的形而上学根基。语言并不能建立与思维或实在之间直接清楚的指涉对应。它既是我们存在的基本方式，也是束缚我们的囚笼。翻译并不能、也不是在消除差异的过程中实现同一，而是布朗肖所说的"差异游戏"，它处在语言和文化的冲撞地带，既体现着本土的习规对外来文化产品的强制改造，也为目的语文化带来了扰乱和冲击，这种双重的"暴力"使得翻译不是一个认识论意义上主体对客体的认知加工过程，而是生存论意义上的生发过程。本雅明所说的"转生"（survival），德里达强调的"增补"（supplement），强调和发掘的都不是传统意义上差异的负面内涵。

"差异"在翻译中最朴素的体现就是：翻译的出发点是寻求同一，但翻译呈现的往往是与原文的背离。对差异的思索，代表着对翻译的技术性关注的超越和对翻译本质的拓展认识。翻译涉及的差异问题体现在各个层面。在共时层面，差异表现为语言间的结构性差别导致的翻译困难和意义扭曲,语词的对等背后,往往隐伏着巨大的差异和不平衡。在历时层面,翻译是一个在不同的历史地域中展开的诠释的过程。此过程也决定了翻译的同一性追求之不可能,因为诠释不是站在一个超脱于历史情境的中立点上对原义的充分把握和再现,而总是被语言和语言所承载的传统、偏见所左右(所谓传统、前结构或偏见造成的"误读",未必是负面意义上的)。翻译是一个不断展升的诠释过程(或者创造过程),也必定是一个差异的产生和体验过程。

当代翻译理论的许多理论问题,都可以表述为"差异"问题。其大体的表现是:通过对传统翻译理论的求同模式和翻译"科学"的对等范式的反思,来发掘并撼动其背后的语言观设定,从而揭示被朴素的语言再现论所掩盖的翻译作为文化政治实践的本性及其所必然牵涉的各种权力因素,并进而为被翻译的同一性追求所压制或放逐的各种差异性的(话语)存在而正名,直至在此基础上产生了对翻译的所谓伦理思考。"差异"一词凝缩了当代翻译理论的诸多问题关注,从最根本的语言本体论关怀到最直接的文化政治诉求,中间显然有着相当大的跳跃,对于这个主题在翻译研究中的体现,我们也许真的难以为之建立一个清晰有序的问题结构,而只能以法国思想家列维-施特劳斯所说的"硬用"(le bricolage,笔者拙译,强调不能彼此兼容的理论范式中相关的成分被强行连通和使用)方式来加以陈列——事实上,当代翻译研究对"差异"的张扬,就是一种将各种与之相关的理论资源加以"硬用",并将之泛政治化、泛伦理化的尝试。

20 世纪八九十年代翻译研究的"文化转向",拓展了对差异的认识,为差异引进了权力的视角。差异不是单纯的语言学问题,也不是宣扬译者个人的风格和创造力的自由发挥(不是从对作者主体性的尊崇转变为对译者/读者主体性的抬高,这一点在国内翻译理论探究中一直是一个误区)。使翻译表现为一个差异的过程的所谓理解的前解构或者偏见，也不是纯粹个体意义上的译者/读者的主体性，而是特定的历史地域中阅读习规的集合。而习规的背后，渗透着意识形态和美学规范的双重操纵。

"差异"的主题体现在翻译研究的文化转向当中：前期的描述倾向是对翻译"科学"的结构主义模式的突破，将翻译的理论关注延伸到了文化和历史维度：翻译不是单纯的语言文字转换，也不是在对有限的、静态的语境把握和意义传递。翻译表现出的差异，不是偶发的，而且往往也不是单纯技术性问题。翻译是在一个时代特定的习规作用下，对"原文"的改写和操纵，是被权力所渗透又行使着权力的话语实践。翻译在特定语言和特定时空中产生的变异，应该在文化层面当中得到显现和解释。其实质是揭示特定历史上下文中的阅读习规（即集体的"前结构"或者"偏见"）如何影响和操纵着翻译，并在此过程中凸显翻译所牵涉的话语—权力关系。总体而言，早期的文化进路侧重于历史的方法和个案分析，强调描述的纯粹和客观。

而后期的文化进路则进一步发掘了"差异"的文化政治内涵："差异"不只是针对个案的作品，而且也是一个根本的文化身份/认同问题。它和"他者"与"他性"的问题绑定在了一起，成了一种政治姿态。语言和翻译的问题，根本是政治性的，其实质是通过对意义、本源或者能指的稳定性的质疑和对语言的去迷思化（demystification），显露被传统翻译理论和翻译"科学"的同一性追求所还原、化简、剥夺的各种"他者"的存在和视域。翻译实践也不仅是传达意义，更是凸显特定共同体语言和文化的不可通约性、炫示差异的"身份书写"。后殖民和女性主义翻译研究，体现的正是对差异和差异所体现的身份政治的关注和干预。

翻译与权力的共生，必然为翻译带来了价值判断层面的问题。并且，价值判断的基础不是基于意义传递和交际目的的实现。这并不是要无视翻译的交流方面，而是在对交流所牵涉的不对称的权力关系保持警觉的基础上，认识翻译所必然面对的他者与他性问题。所谓翻译的伦理问题，从根本上讲，也是一个差异的问题。翻译的"科学"追求所主张的认识论模式中的理解和再现，体现的往往是主体对作为客体的认识对象的加工、还原、同化和吸收，尤其表现在翻译的同一性追求所必然导致的"归化"翻译当中。翻译应该是在认可差异和他性的不可化约基础上展开的对他者的关注，是凸显而非压制或融化差异的过程。

  本书所涉及的主要问题，国内外学者已有不少的论著。此处只能约略提及其中的一小部分。对于传统翻译理论之粗糙和不足的批评，散见于翻译研究在学科形成的过程中几乎所有的关键著作当中。在英文或已译成英文的文献中，比较重要的有美国学者劳伦斯·韦努蒂在《重思翻译：话语、主体性、意识形态》（*Rethinking Translation: Discourse, Subjectivity, Ideology*, 1992）、《译者的隐身：一部翻译史》（*The Translator's Invisibility: A History of Translation*, 1995）、《翻译之耻：为差异的伦理鼓与呼》（*The Scandal of Translation: Toward an Ethics of Difference*, 1998）等著作，他对"忠实"（fidelity）、"通顺"（fluency）等传统翻译理念进行了深入批判。在国内学者的论著当中，比较有代表性的有王东风的《解构忠实——翻译神话的终结》（《中国翻译》2004年第6期）、《反思通顺——从诗学的角度看"通顺"在文学翻译中的副作用》（《中国翻译》2005年第5期）、《传统忠实观批判——韦努蒂反调译论解读》（《翻译季刊》2005），等等。

  关于以解构主义理论为代表的对传统翻译理论认识误区的批判，国内外学者均有大量的论述。戴维斯（Kathleen Davis）著有《解构与翻译》（*Deconstruction and Translation*, 2001），从对德里达的文本解读出发，论述解构主义思想对传统翻译理论所依赖的人本主义语言观的颠覆，修正了对限制、单一性、普遍性、文本、意义和意图等概念的理解，对解构之于翻译理论的影响作了全面的论述，并约略提及了打破了稳定的源语文本所带来的翻译的伦理问题。艮茨勒（Edwin Gentzler）所著的《当代翻译理论》（*Contemporary Translation Theories*）中，专辟一章讨论解构主义翻译思想，以相当长的篇幅介绍海德格尔、福柯、德里达等人的直接翻译论述及间接理论暗示。国内学者在重要期刊中发表的对于解构主义和翻译理论的研究论文，大部分是宏观层面的介绍，论述解构主义翻译思想的一般特征，如《德里达的解构翻译理论初探》（黄汉平，《学术研究》2004年第6期），《解构主义翻译：影响与局限》（黄海军、马可云，《外语教学》2008年第1期）、《解构主义翻译观刍议——兼论韦努蒂的翻译思想和策略》（任淑坤，《外语与外语教学》2004年第11期），等等，其中也存在着一些误解因素，比如将解构主义对原文意义稳定性的颠覆引申为对翻译之创造性和译者主体性的张扬，从而以变相的方式回到了传统翻译理论"运用之妙，存乎一心"似的经验主义立场，如《解构主义的翻译创造性与主体性》（黄振定，《中国翻译》2005年第1期）；甚至还有不少基于对解构主义的理论实质和思想脉络的不充分了解之上的误解，如《当"信"与"化境"被消解时——解构主义翻译观质疑》（刘全福，《中国翻译》2005年第4期）。

翻译研究在突破传统的人本主义语言观的束缚之后，先后经历过语言学转向和文化转向两个重大的问题范式转换。翻译研究领域历来比较关注的是如何将词法、句法层面的语言比较运用到翻译实践当中，以解决具体的技术性问题，故多集中在对奈达、卡特福德等以语言结构比较为本位的翻译学者的介绍、阐释和运用，而对以信息传递为直接关怀的翻译理论背后的实用主义倾向所可能带来的理论误区和文化政治方面的盲视缺少深入的剖析，对结构主义语言学理论的理解往往局限于直接的功利目的。而王宾《论不可译性——理论反思与个案分析》（王宾，2001）一文，却代表了从经典结构主义理论出发来审视翻译问题的不同进路，尤其是共时层面的差异问题，对翻译研究的实用主义倾向和经验主义传统形成了有力的纠正。而在其随后的《不可译性面面观》（2004）等文章中，翻译的差异问题的理论根源和潜在的文化政治内涵得以从结构主义、解构主义、诠释学、语言哲学等多个学科层面得到全面清晰的揭示。

对于作为翻译研究中文化政治方面的理论根源，尤其是普遍、同一、差异等主题，研究论著散见于哲学和文化研究领域，譬如托德·梅在《重审差异》（*Reconsidering Difference*：*Nuncy, Derrida, Levinas, and Deleuze*，1997）一书中对法国哲学中"差异"问题的全面回顾。近几年中对这些主题的关注也开始向翻译研究领域延伸，在本书初稿写作过程中，一些重要研究著作不断涌现，如孙会军在其专著《普遍与差异——后殖民批评视域下的翻译研究》（2006）中比较全面地探讨了差异问题在后殖民翻译研究中的理论渊源和具体运用，通过丰富的例证阐述了差异所承载的文化政治内容。而费小平在《翻译的政治——翻译研究与文化研究》（2004）一书中深入探讨了翻译的政治问题产生的根源及其在后殖民与女性主义进路的翻译研究中的表现，两位国内学者著作中的文献丰富程度和讨论深度是令人景仰的，相形之下，本书在这些方面显得单薄。

对于翻译理论研究中对于话语、权力、政治等主题的关注，比较重要的国外学者论著包括西蒙（Sherry Simon）所著的《翻译中的性别：文化身份与传播的政治》（*Gender in Translation*：*Cultural Identity and the Politics of Transmission*，1996）、斯皮瓦克所著的（Gayatri C. Spivak）《教学机器之外》（*Outside the Teaching Machine*，1993），尼南贾那（Tejaswini Niranjana）所著的《为翻译定位：历史、后结构主义和殖民语境》（*Siting Transla-*

tion: History, Post-structuralism, and the Colonial Context, 1992),等等，主要是从女性主义和后殖民研究的理论视角来探讨翻译问题，并倾向于将翻译作为特殊的文化政治手段来撼动不平等的权力关系。此外还有巴斯奈特（Susan Bassnett）等编选的论文集《后殖民翻译研究：理论与实践》(Post-colonial Translation: Theory and Practice, 1999)、蒂莫志克和艮茨勒编选的论文集《翻译与权力》 (Tymoczko, M & E. Gentzler (ed.), Translation and Power, 2002) 等，后者对于权力问题在翻译研究中的体现有全面深入的理论探讨和实例分析。从文学翻译与意识形态操纵之关系方面来探讨权力和政治因素的代表性著作有勒弗维尔（André Lefevere）所著的《翻译、改写及对文学声望的操控》(Translation, Rewriting and the Manipulation of Literary Fame, 1992)，在翻译研究领域展开对（英美）文化帝国主义的批判的论著有美国学者罗宾逊（Douglas Robinson）所著的《翻译与帝国》(Translation and Empire, 1997) 以及前文所提及的韦努蒂的著作。探讨翻译与文化身份塑造的代表性著作有国际译联（IATIS）2005年的年度论文集《翻译与身份塑造》(House, J, M. R. M. Ruano & N. Baumgarten (eds.), Translation and the Construction of Identity: IATIS Year Book 2005) 等。对于其中相当多的专著，国内翻译研究领域有大量的评介论文，此处不再罗列。一些关键文献已经被国内学者编选翻译成论文集，其中最重要的有陈永国主编的《翻译与后现代性》(2005) 和许宝强、袁伟主编的《语言与翻译的政治》(2000)，并附有极具参考价值的评介文章。

对于翻译的"伦理"问题，国外学者的论述散见于诸多专著和文章中。戴维斯在《解构与翻译》一书中专辟一章讨论解构、翻译、伦理的话题（Response and Responsibility），但似乎更局限于德里达的文本中通过翻译话题对伦理问题的探讨，与当代翻译理论中关注的翻译本身所产生或面临的伦理问题有些距离。

第一章　绪　论

罗宾逊（Douglas Robinson）著《论译者转向》（*The Translator's Turn*）中有专门一章（Chapter 4）也谈及翻译的伦理（题为 *The Ethics of Translation*），却是讨论翻译的文本处理手段中的一系列-versions（conversion, diversion, aversion, perversion 等等），体现了一定的后结构主义背景和文字游戏风格。皮姆在其《翻译者伦理的探讨》（*Pour une éthique de traducteur*）一书中探讨了翻译者的伦理责任，但其基本立场是让翻译成为跨文化活动中的价值中立的中间地带，而事实上这样的中间地带难以成立，也未必符合翻译这种文化政治实践的本质。芬兰学者科斯基宁（Kasa Koskinen）在其学位论文《超越含混》（*Beyond Ambiguity*）中，借助保曼（Bauman）关于后现代性的理论框架，深入探讨了后现代语境中、尤其是解构主义视域中翻译的伦理责任问题，对皮姆、韦努蒂等人的翻译伦理立场有比较详细的比较。此外，不论是以诺德（Christian Nord）为代表的功能学派翻译理论，还是以西蒙为代表的女性主义翻译理论，都提出了关于翻译伦理问题的表述，各不相同乃至相互冲突的立场体现了翻译学科本身的多元性及其向文化政治各个领域渗透过程中体现的复杂性。当前，对翻译的伦理问题提出最有影响也最富争议论述的要数意裔美国学者韦努蒂。他于1995年发表的《译者的隐身》一书是对英美翻译学界在实用主义哲学和人本主义语言观的主导之下，在翻译中表现出来的追求通顺透明、以英语语言文化价值观为旨趣的误区进行了深入的批判，其理论启示十分丰富。稍后的《翻译之耻——声张"差异的伦理"》（*The Scandals of Translation: Towards an Ethics of Difference*, 1998），则更加深入地阐释了翻译与话语、权力之间的关系，声张差异与多元话语，将翻译作为一个去中心化的过程，作为对种族中心主义的暴力（ethnocentric violence）的一种抵制。近年来，翻译研究领域也有不少讨论翻译伦理问题的实质——文化他者问题的论述，其中比较有代表性的有《超越后现代的"他者":翻译研究的张力与活力》(刘军平,《中国翻译》2004年第1期)、《西方当代伦理学的发展与译学研究——翻译研究中的伦理性问题》(杜玉生,《广东外语外贸大学学报》2008年第1期)等等。

以上提及的文献只是跟本书相关的诸多文献中比较有代表性一小部分,只能用来大致说明本书涉及的理论话题在当前的研究状况,具体的引用和评述,本书会在正文的论述中加以展开。

翻译理论的同一性追求

第一节 传统翻译理论的同一性追求

翻译活动和对翻译活动进行解释、评述与规范的理论尝试固然可以追溯到人类文明的源头,而对于翻译比较密集系统的理论思考,以及作为一门学科的"翻译学"的兴起,却是近几十年的事。在短短的几十年中,翻译学成为一门包罗万象的新兴学科,不断消融着其与人文学科乃至自然科学诸多领域的界限,将越来越多的问题拉入自己的研究视域。

在20世纪后半叶之前,即英国翻译学者纽马克(Peter Newmark)所说的"前语言学时代"(the pre-linguistic period)(Newmark, 1981: 4; Munday, 2001: 19),翻译的"理论"问题却并不表现得突出,更多的时候是作为语言学和文学理论的附庸而存在。从最早有文字记述的翻译论述开始直到现代,翻译家们——主要是宗教典籍和文学作品的译者——留下了难以计数的论断。这些论断大致可以分为几类:语言文化差异造成的翻译困难,译者所应具备的各方面素质,理想译文所应符合的标准,等等,且彼此之间充满了诸多重复和循环论证。翻译理论的历史"全然不是一份清晰可辨的、有序的进程之记录"(F. R. Amos语,见 Munday,

2001：23），而是由一系列庞杂的译者的前言、零散的评论等等构成。

  这些论断体现的共同追求和最主要的关注，就是如何在另一种语言中炮制出一个文本，它要与业已存在的某个文本相一致（identical）。传统翻译观要求翻译达到对原文的全方位对应和重构，这种对应和重构应体现在各个层面，包括内容、形式、风格甚至原文和译文读者的阅读体验等等。譬如，在西方翻译理论早期的经典论述中，古罗马哲人西塞罗（Marcus Tullius Cicero）强调"保留（与原文）同样的观念和形式"，16世纪的法国学者多莱（Etienne Dolet）强调"译者必须完美地把握原作者的意义和素材"（the translator must perfectly understand the sense and material of the original author），而18世纪的英国学者泰特勒（Alexander Fraser Tytler）认为"翻译必须完全转写原作的观念"，"在文体和风格方面必须和原文有同样的特质"，并"有原作行文之从容"①（Munday，2001：19-26）。而用西学东渐过程中由严复提出、后被中国翻译界广为接受的经典信条来表述，就是"信、达、雅"。翻译的理论探讨，往往集中在更细致地规定如何以恰当的方式重现原文，并且在原文和目标语言两个方向上都做出了强制性的要求：不光要求忠实于原文的确切意义（作者的意图），还要服从于目的语的规范（读者的接受），即"忠实"和"通顺"的两条金科玉律。而翻译的理论思考则往往徘徊在这两极之间，以不同的名目来调和两者，以期最终实现原文和译文在各个层面的同一。

  固然，在传统翻译理论的经验主义范式中，也充斥着对同一

---

① 1. The translation should give a complete transcript of the ideas of the original work. 2. The style and manner of writing should be of the same character with that of the original. 3. The translation should have all the ease of the original composition.

第二章 翻译理论的同一性追求

性追求的怀疑,即尽善尽美地在另一种语言中重现原文,始终只能是一种可望而不可即的目标,原文与译文的同一,只能是在理想状态中存在。语言文化的天然差异和时代的变迁,使得翻译与原文总是呈现出种种差异,而无法真正实现同一。但是,这种怀疑是在一个普遍有效的前提下进行的,即起点处的确定不移——"原文"作为一个统一自足的意义整体,是以有形的文字记录了原作者创作时的原初意图,是"原义"的可靠载体和翻译的最终旨归。

同时,悖论的是,翻译虽然旨在与原作等同,成为原作忠实的复制而替代原作,但往往又被迫背负着叛逆者、残次品、影子或者奴仆的种种不光彩的称谓,突出地表现在"翻译即背叛"(意大利谚语,Traduttore, traditore)、"误读作者,误告读者,是为译者"(misreads one and misinforms another,19 世纪英国作家塞缪尔·巴特勒 <Samuel Butler> 语)这样的论断当中。这是因为原作/翻译的等级二元根深蒂固地存在于对翻译的常识性认定当中。这一等级二元,是创作与模仿的二分,是原初与衍生的二分。在传统翻译观念体系中,原作的概念总是和神圣的创造性联系在一起的。譬如,在西方翻译的漫长历史中,最重要的是《圣经》的翻译。《圣经》是在神的启示之下的创作,原文即是至真至善的。(悖论的是,按照这种逻辑,《圣经》实质上是抗拒着翻译的。用"复数"的世俗语言去翻译"单数"的神圣的讯息 <the Divine Message>,本身似乎就已经是一种亵渎)。而在启蒙运动所高扬的主体性所支撑的人本主义批评模式中,"作品"是作家的天才和创造力的凝结,而翻译不过是没有创造性可言的依附和模仿。固然,在一千个译者笔下会呈现出一千种不同的《哈姆雷特》,但每一个译本都不能作为原文的同一物而存在,都不足以取代一个神圣的原作。原文所体现的"一",凌驾和统摄着各种译本所呈现的"多"。翻译所呈现的种种差异,是

"一"之下的"多",且往往和缺陷、妥协、失败联系在一起。

于是,在传统翻译理论的话语表述中,翻译和翻译所体现的差异总是被理解为某种残缺或背叛。在神圣的原作笼罩之下,翻译不可避免地烙上了原罪的印记。翻译总是无法全面地再现原文的内容,或达到与原文同等的审美水准。然而另一方面,译者的天然任务就是要克服这些困难和阻碍,使译文在各个层面不断趋近于原文。于是,传统翻译理论的话语表述,又往往在两个极端中摇摆:一方面,翻译理论充斥着对翻译的不信任和贬低;另一方面,又不断流露出对完美翻译的乌托邦式的向往。这种矛盾和焦灼,仿佛正是人类自身处境的缩影(the limitations of human condition)。

传统翻译理论对于同一性的过度执着(不论是体现在正面的规定还是反面的怀疑),并没有为这一学术领域带来多少实质性的突破,反而导致了翻译研究相对于其他人文学科而长期滞后,具体表现如下:

一方面,它导致了理论话语的相对贫乏。从西塞罗到近代,两千年的翻译理论史似乎是在用不同的术语不断重复几个同质的话题。洛克斯(Ronald Rox)甚至将翻译理论的话题归结为两个问题:①文学性的翻译和字面的翻译,哪个应该是第一位的;②译者是否有自由用自己选择的文体或词句来表达原文的意义。① (Steiner,1998:251) 20世纪70年代,乔治·斯坦纳(George Steiner)在其名著《通天塔之后》(*After Babel*)也写道,可以说迄今所有的翻译理论,"都不过是一个单一的、不可逃避的问题的变体。我们可能用什么样的方式(或者应该用什么样的方式)来达到忠实?什么才是源语言中的甲文本和受方语言的乙文本之

---

① Which should come first, the literary version or the literal; and is the translator free to express the sense of the original in any style and idiom he chooses?

第二章 翻译理论的同一性追求

间的最优的对应关系?这个问题已经被争论了两千年"① 从古老的"字对字"还是"意对意"之争（word-for-word or sense-for-sense），到忠实于"本意"（truth）还是"精神"（spirit）之辩，都是在不断重复演绎着"形式的"／"自由的"（formal vs. free）这一对理论区分。(Steiner, 1998: 275)

另一方面，对同一的追求并未使翻译的理论话语呈现出严整统一，而是使它深陷在一系列悖论性的命题陈述中。在究竟以何种方式达到与原文的最大一致性问题上，翻译学者从未达成过一致。早在1957年，萨沃里（Theodore Savory）就曾经对翻译原则做出了相当悲观的评价：

"几乎可以确切地讲，根本就不存在被人们普遍接受的翻译原则，因为有资格制定这些原则的人们之间从来就没有统一的意见，相反，他们如此频繁地、直到目前为止仍然相互矛盾，他们留给我们的是一堆凌乱的思想，这种混乱的状况是无法与其他领域相比的。"

萨沃里总结了翻译原则的一系列翻译的所谓"二律背反"：
（1）翻译必须重在原义词语意思的表达。
（2）翻译必须重在原文主题思想的表达。
（3）译文读上去应像原文那样。
（4）译文读上去应像译文。
（5）译文应反映原文的文体风格。
（6）译文应该体现译者的风格。
（7）译文读上去应该体现原文的时代特征。

---

① It can be argued that all theories of translation—formal, pragmatic, chronological—are only variants of a single, inescapable question. In what ways can or ought fidelity to be achieved? What is the optimal correlation between the A text in the source language and the B text in the receptor—language? This issue has been debated for two thousand years.

（8）译文读上去应该体现译者的时代特征。
（9）译文可以添加或删减原文内容。
（10）译文永远不许添加或删减原文的内容。
（11）译文应为散文体，若原文为无韵诗体。
（12）译文应为无韵诗体，若原文为无韵诗体。
……

（Savory，1957。译文引自厄内斯特－奥古斯特·古特《作为语际间阐释的翻译》，载陈永国，2005：349）这些各自影响深远却又互为矛盾的命题陈述，实际上宣告了翻译的普适原则之不可能性，突出表现了传统翻译研究朴素的经验主义范式中寻求自身理论化、系统化时的困顿。

第二节 翻译"科学"的洞见与盲视

传统翻译理论多停留在对具体作品在翻译过程中意义与修辞层面相似性的比较，而较少从语言、思维等更深层面对翻译的前提条件进行探讨。翻译理论的零散与混乱局面在 20 世纪得到了改观。现代语言学诸多分支的兴起，为翻译研究的理论化提供了有力支撑。肇始于 20 世纪 50 年代的翻译学科的语言学转向（the linguistic turn），其背后主要是（结构主义）语言学理论的推动。其所追求的目标是：告别以往作家—作品—翻译的人本主义翻译评论模式，借助语言学研究的成果促使翻译研究成为一门科学。① 并且，此阶段中最主要的翻译学者所依赖的语言学方法

---

① 需要说明的是，翻译研究中的语言学转向与当代人文学科具有决定意义的语言转向（虽然各自被称为 the linguistic turn）有所不同，其概念相对比较狭窄，总体而言比较侧重于对语言转换过程中技术层面问题的关注（区别于后来的"文化转向"）。

第二章 翻译理论的同一性追求

也不尽相同。20 世纪 50 年代美籍俄国学者罗曼·雅克布森（Romam Jacobson）等人所推崇的索绪尔（Ferdinand de Saussure）的语言学理论，和六七十年代直至 80 年代美国《圣经》翻译学者尤金·奈达（Eugine Nida）所运用的乔姆斯基语言学理论有很大区别，然而总的来说都是以共时性为特征，以科学性为诉求，以方法论为主要关注。

沿着索绪尔开创的现代语言学理路，语言被视为一个由约定俗成的符号组成的系统。索绪尔区分了历时（sychronical）与共时（diachronical）两种不同的研究进路，从前者入手来研究语言，并进而区分了语言（la langue）和言语（le parole），将语言系统和语言现象区别开来。语言系统由一系列规则构成，它逻辑先在于单个的、具体的语言现象。在语言这一符号系统当中，每一个符号都是由能指和所指组成，这两者的关系是任意的，或者说是约定俗成的。语言是个自足的、自律的系统，其中的每个符号并非由自身的属性所决定，而是取决于它与其他符号的差异关系，意义的产生不是因为符号与外部世界的被指涉物之间的对应，不是因为言说者的意图，而是符号系统的运作的结果。（Saussure，1960）

在这种问题框架之下，翻译研究的关注重心从言语层面具体的语言产品而向了语言层面的转换的基本机制和过程。翻译研究的对象是不同语言系统之间的信息传递过程中符号的编码/解码规律。在这方面，罗曼·雅克布森的重要著作《翻译的语言学诸方面》（*On Linguistic Aspects of Translation*，1959）是最具代表性的。雅克布森抛弃了经验主义的意义观，不再将意义视为对语言外的"实在"的指涉，而是符号在意指过程中所形成的差异关系。进而，翻译被定义为一种重新编码（recoding）的过程。在雅克布森区分的语内翻译（intralingual translation）、语际翻译（interlingual translation）和符际翻译（intersemiotic translation）三种翻译类别当中，最重要的是语际翻译（称之为 translation proper），"译者将从另一来源所获取的信息加以重新编码并传递，故而，翻译牵涉的是两段不同的语码中两段对等的信息。"① （Jacobson，1959/2000：114） 翻译研究的任务就是从语言系统的差异出发总结出传达相同信息的手段。

翻译研究的语言学阶段中的另一位领军人物是尤金·奈达。奈达主要借助乔姆斯基语言学理论来推动翻译研究的科学化进程。乔姆斯基语言学的基本预设可以被视为另一种形式的结构主义，只不过，这个"结构"不是索绪尔意义上的作为公共符号系统的语言，而是人类心智所固有的语言能力（类似于康德意义上的认知范畴）。奈达运用得更多的是乔姆斯基语言学中关于语言的核心结构和句法转换的理论。奈达认为，不同的语言有着相似的核心结构，并且，身居不同的语言文化的人们有着普遍的人类经验。通过对变动不居的语言表面形式下的核心结构加以把握和再现，能够实现信息的完整传递。（Nida，1964；Nida and Taber，1982）

事实上，这两种模式虽然都以"科学性"为旨归，但其理论基础的分歧是相当大的。而起点处的矛盾，常常又在直接的实用主义关注中被回避和化解了。这也恰恰说明，所谓翻译的科学，并没有找到一个真正一致的起点来保证科学体系自身所崇尚的普遍、客观和一致，使得构建统一的翻译元理论的期望始终难以实现。并且，不论是走语言路线的翻译科学，还是走认知路线的翻译科学，往往都预先默认了心灵—语言—世界在深层意义上的同一。

在翻译的语言学转向中，对语言的结构性转换过程中信息等

---

① The translator recodes and transmits a message received from another source. Thus translation involves two equivalent messages in two different codes.

第二章 翻译理论的同一性追求

值的追求占据了理论思考的核心位置。翻译学者们期待从对语言系统之间的差异的描述和掌握中总结出一些转换规则，只要按照这些规则从事翻译，就能够用目的语中"最自然"的形式来重现原文的信息，保证交流的成功。语言学本位的翻译学者们试图建立起翻译的"科学"的雄心对翻译研究的理论化起了推动作用——翻译研究面对的不再是作为经验历史个人的作者的意图和风格，不再是对某个特定译本见仁见智的经验性评判，而是可以通过语言学分析予以阐明甚至加以量化的"信息"和使"信息"得以在另一种语言中得以重新表达的规律。翻译研究告别了几千年来经验层面的讨论，实现了相当程度的系统化。

传统翻译理论的同一性追求，集中体现在"忠实"（fidelity）这一近似伦理层面的表述当中。它是译者与原作者的天然契约，使译者背负着无法偿清而又必须偿清的债务。翻译的"科学"范式并没有放弃翻译一以贯之的同一性执着。只不过，它更加冷静地克制了对原文进行完美复制的超验冲动，并不太相信在一次具体的翻译行为当中，译文能够完美地跨越语言的结构性差异而达到与译文全面的等同，而把关注侧重集中在原文的"信息"或"内容"。譬如，雅克布森认为，不同语言的符码单位（code-units）之间并不存在完全的对等，只有差异中的等值（equivalence in difference）。语言学所关注的就是语言结构与语词系统（terminology）之间的差异问题，它体现在语法层面（如性、时态等），也体现在语词的语义区别。故而，"语言间的差异不在于语言可以传达什么，而在于其必须传达什么"。然而，在雅克布森看来，这些差异并不妨碍在不同语言的符码单位间实现"对等"，因为，翻译的首要关注是信息内容，而只有对于高度张扬形式特征的诗歌而言，翻译才是不可能的。（Jacobson，1959/2000：119）

基于对语言形式和信息内容的区分，翻译学者小心地避免使用"同一"（identical）及类似的表达。奈达和泰伯（Charles R. Taber）认为，"同一"意味着"保留语句的形式"而不是对原文的"信息的重构"（the reproduction of the message）；德国翻译学者沃尔夫兰·威尔斯（Wolfram Wilss）也持批评态度，认为这会给人一种错觉，认为语际交流"可以按数学般严格的方式来计算"；英国学者弗劳莱（William Frawley）认为，作为"完全对应的重编码"（exactness in recoding）的同一性，只能在很零散的特例中实现，并且对于翻译并无实质作用。（Shuttleworth and Cowie，1997：72）语言学进路的长处，在于细致地区分意义的诸多层面，并观察和探究在特定的实用目的指引下，在具体的语言环境和文化环境中，如何相应地突出（或淡化）其中的某些层面。

于是，"忠实"所代表的同一性追求，在翻译的"科学"范式中被弱化或者细化为不同层面的、可以精确评估的对等（equivalence）。譬如，英国翻译理论家卡特福德（John C. Catford）在其对翻译的定义中写道："翻译可以作如下定义：一种语言（原语）的篇章材料被与其等值的另一种语言（目的语）的篇章材料所替换"。① 他甚至坚持说："翻译实践的中心问题是找到对应的目的语的问题。翻译理论的中心任务是给翻译等值的实质和条件做出定义。""对等"一词被认为是翻译定义中的最基本概念，它对于翻译学科的自身定位是如此重要，以至于翻译学科和对等之间足以互相界定：翻译就是对等，对等就是翻译。（Baker，1998：77-80）在这个主题的驱动下，如何精确全面地阐述"对等"的性质和类别层次，成为这一时期众多翻译学者著述的最重要内容。翻译学者们，包括彼得·纽马克（Peter Newmark，

---

① Translation may be defined as follows: the replacement oftextual material in one language (SL) by equivalent textual material inanotherlanguage (TL).

第二章 翻译理论的同一性追求

Approaches to Translation, 1981)、莫娜·贝克（Mona Baker, *In Other Words*, 1992）等，都对对等的基本原则和实现手段做出了深入探索。

在诸多关于"对等"的表述当中，最富创见和争议的当属奈达对于形式对等（formal equivalence）和动态对等（dynamic equivalence）或者功能对等（functional equivalence，后来修正后的术语）的区分。形式对等集中在对原文语言形式和信息内容本身的再现。奈达称之为"说明式翻译"（explanatory translation），其目的是使读者尽可能地详尽理解原文本的意义和语境。动态对等是以对等效果原则（the principle of equivalent effect）为基础的，也就是说，信息接受者和信息本身的关系应该与最初的信息接受者与原语言信息的关系相一致。比如，在《新约：罗马书16:16》的翻译中，菲利普（J. B. Phillips）用"和周围的人互相诚挚地握手（give one another a hearty handshake all round）来翻译"用神圣的吻来问候（greeting with a holy kiss）"。动态对等或功能对等的观念，强调的是对原文的调适，以完全自然化的方式达到译文之于接受者语言和文化期待的满足（Nida, 1964: 153, 154）。

翻译理论的"科学"进路，如果推至极端，其潜在的最终理想是制造出严格按照一套单一的、终极的语言规则（乃至思维规律）来进行语际间的意义传递，替代人工翻译的翻译机器。然而，这种追求是建立在对翻译的科学范式对翻译的特定理解基础上的，其洞见之处也是其盲视之处。

首先，翻译科学对于"对等"的强调，大体上仍然是以一个代表了意义的原初性与整体性的原文为最终旨归。译文由于种种天然条件的限制和实用目的的偏重，只能在不同的层面部分地再现原文的某些方面而非全部。原文/译文的等级二元、翻译的次等性质和从属地位并没有从根本上得到改变。在这一时期，实用主义的立场决定了翻译学基本等同于翻译方法学。比如，奈达精心构建的翻译理论体系，就是要提供一个更好的框架来辅助《圣经》译者的工作。

其次，对"对等"的强调客观上仍然是继承了一个古老而执着的假设，即不同的语言可以用不同的形式来传达同样的信息，因为语言之间的差异只是表层的，甚至是可以忽略不计的；语言乃至文化之间的共性远远大于各自的特殊性。于是，翻译的科学模式，往往继承并深化了对形式/内容的古老二分，追求的是用目的语中最合乎规范的方式来再现原文，故而屏蔽了外来文本本身之不同的诗学特质。在翻译研究与文化政治问题挂钩的过程中，往往在不知不觉中成为文化保守主义的同盟。

再次，"科学"范式使翻译被描述为信息在两种静态的语言系统之间传递。对翻译活动的考量局限于从语言结构到语言结构、从文本到文本的封闭过程。翻译活动发生的具体历史语境及其对翻译的影响和制约往往被屏蔽了。

最后，它预设了源语言和目标语言、源文化和目标文化的地位均等，视翻译为两种文化在平等地位上的、价值中立的对话和交流，而实际情况却远非如此。对信息交流的强调也掩盖了翻译行为在具体历史文化语境中的特殊目的性。

其实，翻译科学所赖以栖身的结构主义语言学理论客观上为翻译研究与文化政治问题的勾连埋下了伏笔。原因在于，视语言为逻辑先在的结构或者系统，也会通向与"对等"的目标背道而驰的另一面，产生了诸如语言决定论、语言相对论乃至文化相对论等极有争议性的问题域。在这个方向上，"对等"不但难以得到清晰的定义和有效的保证，也妨碍了对极有价值的语言和文化的差异问题的进一步发掘。这一切都在翻译研究从语言学范式转向文化研究范式的过程中变得尖锐起来。

第三节 同一性追求的思想史渊源

翻译的根本问题是语言问题。传统翻译理论在同一性追求的主导下长期呈现的重复和悖论，究其原因，最重要的一点是传统翻译观背后的朴素的人本主义语言观和本质主义的意义观。这种对语言的朴素认定预设的是意义的自足性和语言的工具性。作者的意图在言说或写作的时刻就已经确定，语言只是以可感的形式传达了先在的思想。语言被视为传达意义的中介，意义则被视为先于并独立于语言而存在的一个确定不移的整体，并且它往往被等同于作为经验—历史个人的言说者的意图。传统翻译理论预设了原文的意义在起点上的自我同一性，而翻译则是同样的意义在另一种符号体系中实现。一言以蔽之，就是为言说者的意图在目的语中寻求相对应的表达。翻译作为原文意义的"再现"（representation），是词与物之关系的经典表述在一般性阅读活动中的体现。它体现的是语言—思维—存在三者之间的同一性，浓缩了柏拉图以降二千余年的认知追求。（王宾，2001：9）

翻译研究的"科学"转向固然在各种（共时）语言学理论的指导下对翻译所涉及的差异问题进行了深入的探讨，语言学本位的翻译学者们不仅仅细致比较了不同语言系统之间意义表述方式的结构性区别，也把目光延伸到了语言之外的"文化"和"语境"差异所带来的翻译困难（如 Nida, 2001），为克服交流的障碍提供了详尽的技术性操作指南。不过，总的来说，翻译的"科学"范式并未动摇，甚至还强化了翻译古老的同一性追求。同样的预设也常常以更加精细的方式深深隐含在翻译的"科学"范式中：原文必定会有、而且仅有一个恒定不变的意义的内核，它通过一定的语言形式表现出来。它可以通过对表面形式的还原而得到，并可以在另一种语言中以恰当的形式重新表现出来。

从同一到差异——翻译研究的差异主题和政治、伦理维度

以重现作者意图为本位的批评模式和翻译理论,是人本主义的思想史范式在文学和翻译研究中的体现,其更大的背景是"主体性"这一人文学科中共通的命题。所谓主体性,笼统地说就是将个人心智视为自省的、自决的、积极的认识主体,它是现代性的基石,在此基础上才产生出原创性、创造力、个性等等传统文学批评和翻译理论所尊崇的属性。哲学史上的人的主体性问题发轫于笛卡尔开创的"我思"(cogito)传统。笛卡尔所说的"我思故我在"(cogito, ergo sum),将哲学的关怀从上帝那里转移到思想着的人的主体性身上,为哲学的探究奠定了人本主义的基础。自我反思的主体之出现,标志着现代性的开始。启蒙运动以降的思想史,最鲜明的特征就是人的主体性被不断强化,人本位取代了神本位。启蒙理性对人的理性和主体性的张扬在康德那里达到了巅峰。康德哲学体系所代表的认识论转向进一步为人和人的理性正名。人的先天理性和认识能力足以保证人可以获得确定的知识(当然是关于现象界而非物自体的);上帝成了一个必要的假设。康德豪迈地宣称"人的理性"为自然立法,这是人的主体性最洪亮的宣言。人的想象力和创造性在浪漫主义运动中得到了最强烈的表达。

建立在笛卡尔之"我思"基础上的主体性的大厦实际上回避不了一些基本的预设:决定人的本质的是其内在的属性,其中最主要的就是理性;心灵的活动是透明的、无中介的;语言是传达先它而在的思想的可靠的媒介。这些预设在20世纪60年代语言转向的拷问之下被——瓦解了:语言不是什么透明的媒介,而是一种先在的结构,一种构塑力量;心灵的活动除了清晰的意识,还有深不可测的无意识的黑暗水域;甚至人和人的理性也不过是人类全部历史进程中的一个即将完成的章节。在当代西方整个人文学科的语言转向中,由启蒙理性传统所支撑的人的主体性受到了不断的质疑、冲击和消解。在此基础上,当代翻译研究不

第二章　翻译理论的同一性追求

断寻找着对传统翻译理论进行批判和突破的强大理论支撑，使得翻译研究超越了对作者意图和风格进行精准复制的一贯追求。人本主义范式下有限的概念和问题，已经无法满足人文学科语言转向后翻译研究的话语饥渴，也无力承载翻译研究丰富的文化政治内容。

很大程度上，翻译研究的经验主义方式和"科学"范式共同体现了对语言的工具性认定，同样是将语言视为表达思想的工具，也是反映"实在"的工具。进一步说，不同的语言只是用不同的形式来传达同样的思想，反映固有的实在。它必然和"人同此心、心同此理"的认识论设定联系起来。用亚里士多德的经典论述来表述，那就是"口语是内心经验的符号，文字是口语的符号，正如所有民族并没有共同的文字，所有的民族也没有相同的口语。但是语言只是内心经验的符号，内心经验自身，对整个人类来说都是相同的，而且由这内心经验所表现的类似的对象也是相同的"。（亚里士多德，1990：49）

于是，基于人本主义语言观和本质主义意义观的翻译理论，其实有着根深蒂固的普遍主义基础。概括地说，语言和翻译理论的普遍主义，就是认为"语言潜在的基本结构，对所有的人来说都是普遍和共同的。人类各种语言之间的差异只是一个表面现象。翻译所以能够实现，恰恰是因为遗传、历史和社会方面那些根深蒂固的普遍特征是存在的，这些普遍性产生了各种语法，并且在一切人类语言中都能被找到、被辨识出来，不管其表面形式多么独特，多么怪诞。"① （Steiner，1998：76－77）甚至一度相

---

① The underlying structure of language is universal and common to all men. Dissimilarities between human tongues are essentially of the surface. Translation is realizable precisely because those deep-seated universals, genetic, historical, social, from which all grammars derive can be located and recognized as operative in every human idiom, however singular or bizarre its superficial forms.

当多的语言学家和翻译学者都认定,任何事物和思想都能在任何语言中得到表达。

《圣经·旧约》中的"巴别塔"神话,讲述的是语言多样性的开端,也被视为翻译的起源。上帝为阻止人类建成通天塔而变乱了人类的语言,巴别塔之后,人类不再有来自于原初的、统一的、来自伊甸园的神性的语言。语言的变乱使跨越语的理解变得困难,也使得翻译成为必需。对"巴别塔"神话的传统解读,体现的是对语言统一性的依恋(a nostalgia for linguistic unity)。创世纪中单一的神圣的语言,意味着语言与实在的完美对应(进而,把握之也就意味着对现实的把握和创造)。而终结语言的变乱状态,重新寻回一个超越于各种自然语言之上,或深藏在各种自然语言中的某种普遍语言,成为语言理论和翻译理论的一个最重要的问题交集。在这个方向上,翻译理论的潜在动力,往往是寻求一种普遍语言甚至人工语言来作为"一般等价物",或者默认一种基于这种普遍性基础上的"可译性"——语际翻译是可能的,因为所有复数意义的自然语言都可以或理应可以还原成一种单数意义的语言。

同时,西方思想史的理性形而上学传统也提供了强大的理论支撑。推展开来,语言和翻译思想的普遍主义倾向,其理论根源也在于西方思想史上一贯存在的、自启蒙以来不断被强化的对普遍性的诉求。笼统地说,普遍主义就是在普遍人性和普遍真理的前提下,认为人类的价值观念、道德规范、行为方式是或者应该是相同的。

对普遍性和同一性的追求是西方思想史一贯的主题。古希腊的柏拉图的理念论自不待言,亚里士多德也视"普遍物"为某物之成为自身的终极力量,中世纪的基督教神学则以上帝之"一"俯瞰万物之"多",流露的都是对本体论层面的终极实在之普遍性的追索。西方哲学进入了认识论阶段之后,人以及人的

第二章　翻译理论的同一性追求

理性或主体性占据了核心的位置。从笛卡尔开创的"我思"传统开始,哲学关注的是如何将世界或者存在还原为心智所熟悉的内容。以康德为代表的启蒙哲学家们大都相信,人类的理性认识能力是共同的,进而,人类可以在价值观念上获得理性共识。对于任何文化族群的人而言,人性是普遍而共同的,面对的客观世界也是共同的,因此可以有普遍有效的知识、普遍而共同的道德和最佳生活方式,哲学家的事业就在于找到这种普遍的道德准则和生活方式并实现之。随着人类的发展和进步,人们的生活方式会逐渐趋同。而文化之间的差异,要么被视为表面的和次要的,要么被视为在历史进程中终将被弭除的。

　　影响了翻译研究"科学"范式的结构主义思潮,一定意义上也是思想史上一以贯之的普遍主义"元叙事"的投射和延续。索绪尔语言学中的"共时性""结构""系统"和"语言"(la langue)等等概念,指向的是变动不居的语言现象之下稳定的意指关系之总和。而奈达翻译理论的基石——乔姆斯基的语言学理论,强调的是对理想的语言使用者之语言使用情形的抽象和总结。两者都旨在寻求可形式化的普遍、恒常的规律,将语言描述为一个由规范上具有同一性的语言形式构成的稳定而不可移易的系统。语言规律是在封闭的语言系统中将语言符号联系起来的规律,个体的言说行为是规范同一的语言形式的折射、变异或扭曲。(沃洛希洛夫,1973/2000:32–50)

　　在翻译的语言学转向中,尽管翻译学者对语言文化之间的差异有深入细致的认识,但其基本立场是认为普遍性大于差异性,甚至一度相当多的语言学家和翻译学者都认定,任何事物和思想都能在任何语言中得到表达,区别只在于表现出来的语言的表面形式。思维—语言—存在的同一性,衍生出语言文化之间的普遍性与同一性。而翻译的目的是克服这些(表面)差异而寻求意义在深层次的传递,翻译表现为一个在不同语言之间摒弃差异而寻求同一的过程。

在这些方面，奈达翻译理论为翻译的普遍主义倾向做了绝佳的注解。奈达翻译理论的基础是乔姆斯基的语言学理论。乔姆斯基最重要的概念是"语言能力"（linguistic competence）和"普遍语法"（universal grammar）。人脑通过进化遗传而获得的先天的初始状态具备了语言的机能（the linguistic faculty），这种机能是人类共有的精神能力。而人们在说话之前他的头脑中存在着一个深层的语言结构或是思维能力，而且会形成一个内在的、语法上正确的句子。奈达则更突出地强调不同语言之间的共同点。凭借乔姆斯基的句法理论，奈达认为，在语言的具体表现形式——语言形式的背后，存在着语言的真正内核——深层结构。深层结构通过"转换部分"可以转换成表层结构，即通过说话时的语音所表达出来的句子，表层结构是句子的形式，深层结构则是句子的意义所在。并且，不同语言之间，尤其是在深层结构方面，有着相当多的共同性。加之不同文化中的人们有着大体相似的经验，足以构成跨语言意义传递的基础。翻译的过程无非是大体遵循以下几个步骤：通过对原文表层结构的分析而确定原文的意义（确定原文的深层结构）——通过转换而将深层结构层面的意义转换成另一种语言——通过重组而将目的语的深层结构还原为表层形式——校验原文和译文之间是否实现了意义的等值。翻译理论的任务是对这些过程进行描述、总结和规范。奈达对语言普遍性的热衷显然与其翻译研究的直接出发点——《圣经》翻译和传教使命密不可分，因为"普遍语法"指向的是"普遍心智"（universal mind），它与基督教的"普遍人性"（universal humanity）观只有一纸之隔。事实上，普遍主义一词（universalism）在基督教教义中也是很重要的术语，指的是'普遍救赎'的信仰或教义（the salvation of all souls），即一切人，不论肤色种族文化如何，都能通过皈依而得到救赎。这也是为什么翻译理论背后的普遍主

第二章　翻译理论的同一性追求

义预设，常常服务于特定文化观念体系的扩张性举动，从而体现出天然的政治性。

不仅是奈达，以共时语言学为理论基础、以认知为先导的"翻译科学"论者，大都坚持语言之间的共同性。语言观中的"普遍主义"，成为他们翻译观的公分母。譬如，德国学者沃夫兰·威尔斯（Wolfram Wilss）也认为，"文本的可译性是成立的，因为有句法、语义方面的普适的范畴以及经验的天然逻辑性作为保证。如果翻译依然在质量上无法和原文齐平的话，原因通常不是特定的译文语言句法和词汇条目之不足，而是译者在文本分析方面的能力有限。"①（Wilss，2001：49）对于以萨丕尔-沃尔夫假说（the Sapir-Whorf hypothesis）为代表的语言相对主义，威尔斯表示完全不能接受。威尔斯同奈达一样，坚持"人类经验的共通内核"（the common core of human experience）所带来的语义层面的相似性以及语言在深层结构上的句法层面的相似性。

普遍主义作为一种哲学态度本身未必会成为问题，但对普遍性的追逐往往会分化出两种方向：一种是承认"普遍"的东西寓居于特殊之中，但是这种寓居既是"临在"的也是"超验"的，并不能被某一特殊所取代（这正是当代翻译学者所乐于解读的本雅明《译者的任务》一文中"纯语言"的观念所奠定的基调 < Benjamin，1923/1992 >）；而另一个方向则倾向于在普遍的旗号下以隐晦的置换方式将某一特殊提升为普遍。也就是说，在对普遍性（universality）的追索，往往会沦落为"普遍化"（universalization）的过程（李河，2005：21）。这也是翻译研究

---

① The translatability of a text is thus guaranteed by the existence of universal categories in syntax, semantics, and the (natural) logic of experience. Should a translation nevertheless fail to measure up to the original in terms of quality, the reason will (normally) be not an insufficiency of syntactic and lexical inventories in that particular TL (target language), but rather the limited ability of the translator in regard to text analysis.

与文化政治问题产生关联的一个重要根源。对于文化研究来说，普遍主义一个重要的软肋就是"谁代表普遍"。如果将普遍语言降格为某一种特定的自然语言（甚至科学主义意义上的人工语言），或将普遍的文化等同于特定文化共同体的文化，那么体现的往往就是特定共同体的文化霸权/统识（cultural hegemony）（需要注意的是，hegemony 一词译作"霸权"比较适合国际文化政治关系的讨论，而译为"统识"则更适用于文化身份/认同政治的探讨，两者在翻译研究的文化政治维度中均有体现）。同时，在追求普遍性和同一性的理论范式当中，自然而然会产生"人同此心、心同此理"的认识论断定。启蒙以来的认识论传统，是将人的主体性（理性）放到核心位置。"自我"是中心，是认知的主体，而"他者"则是被凝视的对象或客体，最终会被主体的认知力量所控制、化简和吸纳。认知的过程，倾向于演变为一种将他者的差异性化约为自我同一性的求同或化约的过程。20世纪后半叶中文化研究的兴起，以及 90 年代开始的翻译研究的"文化转向"，体现的往往是对后一种意义上的普遍主义的警觉和抵制。这也是"差异"主题在翻译研究中得以凸显的重要背景。

在传统翻译理论的经验主义范式当中，在旧有的人本主义的工具语言观支配之下，翻译被狭窄地定义为语言单位所承载的意义在两种语言之间的转换。其所预设的意义的先在性、独立性和稳定性使得翻译在理想状态下完全是可能的。翻译的困难和失败完全是策略层面的技术性问题。意义的忠实无误的传递虽然在现实中难以企及，但至少在理念上是成立的，翻译从来没有放弃过对原文意义（作者意图）的完美把握和对理想译文的向往。而翻译理论界在实用主义哲学和工具理性的主导之下，着重关注翻译实用层面的语义传递和技能训练，"信、达、雅"三字经被长期奉为圭臬，种种乌托邦的追求不仅加深了翻译标准的含混，也

第二章　翻译理论的同一性追求

阻碍了对翻译作为一种文化—政治行为的深入剖析。

传统翻译观衍生出的是一系列等级二元：原文/译文、作者/译者、意义/形式、忠实/自由、意译/直译、异化/归化、形似/神似……并且，在以作者和原文为中心的阅读/翻译模式下，翻译处于等级二元中的弱势地位，是通往恒定不变的原文意义的一个不得已而为之的中介，是原作的附庸。对翻译的讨论常常集中在孤立文本的损失和缺陷，而翻译作为一种文化乃至政治实践的一面却长期被忽视。翻译与译者的边缘状态，既是"原作/再现"模式背后的认知心理积淀所造成，也渗透着需要被重新"问题化"的意识形态动因。"信、达、雅"的乌托邦追求背后所体现的认识论层面的危险跳跃，以及其对翻译大语境中种种现实因素的掩盖，都是翻译的理论思考长期以来的盲点。

在翻译理论的学科爆发过程中，对传统语言观的批判、对"巴别塔"神话的重新解读、对语言的所谓原初性整体性的反思不仅仅是个纯粹形而上的问题。通过对传统翻译理念所赖以栖身的人本主义语言观和本质主义意义观的怀疑和批判，翻译学者们质疑了翻译所默认的"本原"的先在性和合法性，并且也将矛头指向了主体性、普遍性、科学性等现代性的基本理念（正是这些理念以中立的外表掩藏了翻译作为跨语言文化实践的政治维度），于是，语言、翻译和文化政治的问题被纠缠在一起。"将翻译的认识和本体问题，直接或间接地（即通过诗化/审美化中介）政治化、意识形态化，这是当代西方研究的一大亮点。"（王宾，2004：82）

第三章

"同一"的幻影

翻译的古老而执着的同一性追求,其基础是人本主义的语言观,即认为基于言说者(作者)意图的意义是恒定的,它可以在不同的语言中通过各自的语言形式表现出来。即便是在翻译研究的语言学转向过程中,翻译研究者们也热衷于探寻在两种语言的文本中实现"同一性"的可能,并倾向于将这种可能建立在"普遍语言""普遍经验"乃至"普遍心智"的基础上。"同一性"的乌托邦,预设的是原文意义的充分在场性(presence),在此基础上寻求让一种语言中的译文成为另一种语言中的原文的完满替代。这种替代是各个层面的:它不仅存在于语词、句法、篇章、修辞、文体层面,而且还延伸至原本与译本的解释空间与阅读想象、原文读者与译文读者的心理过程等层面。

然而,如果我们检视一下这种对翻译的朴素认定所预设的几个核心观念,即便用并不十分"理论"的方式来观察,也会发现翻译的同一性追求的基础远非牢靠。

第一节 原文的幻象

首先是"原文"的观念。传统翻译理念预设了原文意义的自我同一、确定无疑(或者也提及原文在流传过程中产生的有限

第三章 "同一"的幻影

的文字差异），尽管对原义的把握可能需要特殊的训练和技能（这也是催生各种诠释学理论的最初动力），在另一种语言中对原义的再现也需要特定的理论指引和实践培养（翻译理论中的一大部分内容，就是指导译者的技术性工作，如奈达的对等理论）。然而，即便是在一些最为重要的翻译活动中，译者有没有真正面对确切无疑的原文和全然在场的原义？

《圣经》恐怕是人类翻译得最为频繁的文献，也是最讲究翻译之忠实准确的文献。《圣经》的原文，在从信仰角度是来自神的启示。但在发生学意义上，《旧约》是在古希伯来人漫长的历史中逐步成型，尤其是在犹太人作了"巴比伦之囚"以后的500年中得以编撰整理，后被基督徒接受而编入《圣经》的。公元前250年左右，犹太大祭司以利沙从犹太十二支派中各选出六位译经长老，聚集在亚历山大城，将希伯来《文旧约》译成当时流行的希腊文，这就是著名的《七十子译本》（*The Septuagint*）。到公元70年，当圣城耶路撒冷将被摧毁之际，犹太人召开宗教会议，正式确立希伯来《圣经》正典（即基督教《旧约》）共39卷书。而《新约》部分则始于门徒各自对基督生平和训诫的口述，后转向笔录，并随着教会的成长而逐渐加以编汇，在公元382年及公元397年的两次著名会议上，才确立了《新约》正典27卷书的地位。余则视为次经（apocrypha）和伪经（pseudepigrapha）。（Bruce，1998；魏连岳；"Septuagint.""biblical literature.", *Encyclopedia Britannica.*）

然而，公元1947年的死海附近的库姆兰（Khirbet Qumran）出土了著名的《死海古卷》，是为目前最古老的希伯来文《圣经》抄本（《旧约》），未曾经历后来的正典化过程中的诸多改动。它对现行的诸多《圣经》版本的真确性产生了冲击，也映照了犹太教会和基督教会在历史上对经文的统一、删改、选译或编纂。而1980年代在埃及沙漠中发现的《犹大福音》，经过国际顶尖学者20余年的深入研究于2006年4月由《美国国家地理》正式公布。这部书卷经鉴定产生于公元3-4世纪,其内容被公元180世纪左右的著作引用过,更接近基督生活的时代。书中记载的犹大被描述为基督真正钟爱的门徒,其出卖行为是出自基督自己的授意,以助基督完成其"赎罪"使命(National Geographic,2006)。诚然,《犹大福音》的发现固不足以撼动《新约》中四大福音的正典地位,但至少它说明了编入《新约》的福音书,即《圣经》翻译的最重要的"原文",只是经过教会筛选的、符合特定的教义一致性原则的那一部分。

此外,美国＜圣经＞研究专家厄尔曼(Bart D. Ehrman)在其题为《误引耶稣:《圣经》被谁删改?为何删改?》(*Misquoting Jesus: The story behind who changed the Bible and why*)的著作中,披露了《圣经》被无数人篡改的证据,在他所阅览的5700卷新约手抄本中,学者们编目了20万余处的差异。其中包括女性角色边缘化、经文增删、耶稣形象的一致化、福音书内部矛盾处的删除、有关基督的神性和复活以及反异教徒部分的增添等等。(Ehrman,2005)

原文,尤其是宗教典籍的"原文",本身已经经历了复杂的流传、演变、增删、认定、排除的"正典化"过程,而不仅仅取决于起源上的时间先后。这个过程,连同翻译的过程一样,已经渗透了各种权力因素的操纵,使得"原文"的面目往往模糊难辨。即便是最为渊博的宗教学者,排开信仰的因素,也不能面对一个真正的《圣经》"原文",更不用说全然"在场"的《圣经》原义。

不仅仅是宗教典籍,哲学典籍的"原文"常常也同样难以追寻。古希腊和古罗马的灿烂文明留下的典籍,是西方哲学的源泉。然而,西罗马帝国于公元476年亡于"蛮族"日耳曼人之

第三章 "同一"的幻影

后，西欧社会进入了中世纪的黑暗千年。日耳曼人结合自身民族文化与基督教教义而创造了基督教神权政治，对"异教"文化进行了全面禁毁。在基督教神学统治下的欧洲，哲学成为"神学的婢女"。古希腊和古罗马的文化遗产遭到了大规模的抛弃和破坏，欧洲古代文化遗产在当时欧洲的基督教世界丧失殆尽。而在阿拉伯人占领的原罗马帝国属地，欧洲古典文化却得到了系统的保护和研究。在公元8世纪后期到10世纪初期的百余年时间里，阿拉伯世界的学者有组织地翻译了古希腊和古罗马的文化典籍，称为"百年翻译运动"。期间，亚里士多德、柏拉图等人的哲学著作，希波克拉底和盖伦等人的医学著作，欧几里得、阿基米德、托勒密等人的数学、天文学著作在内的大量欧洲古典著作被翻译成阿拉伯文而得以保存，成功地融入了阿拉伯文明，促进了伊斯兰世界哲学和科学的发展。中世纪接近尾声时，这些以阿拉伯文字保存下来的古希腊、古罗马典籍（其间必然也经过了不同时代不同文明的侵入与渗透），经过阿拉伯学者和欧洲学者的努力，又陆续被翻译成欧洲多种文字，特别是当时通行的拉丁文，重返欧洲，为欧洲文艺复兴运动的兴起提供了最为重要的精神滋养，并重新成为欧洲思想史的若干正典。（刘建军，2004：98-102）

欧洲古典文明的典籍，许多"原文"已永远遗失，而后世认定的"原文"，往往是从译文中剥离和重塑出来的。希腊的辉煌与罗马的荣光，凭借阿拉伯文的"译文"而得以存留；而阿拉伯文的"译文"，又成为文艺复兴时代拉丁文和其他欧洲语言译本的"原文"，并反哺了欧洲文明。对"原文"与"译文"的截然区分，很多时候显得粗糙和武断。"原文"似乎不是单单凭借自身而存在的，它更存在于对它的发现与重新发现、诠释与重新诠释、正典化与去正典化甚至重新正典化（canonization, decanonization, re-canonization）的过程当中。

文学亦然。迄今为止并未发现莎士比亚留下的真正的亲笔手稿,他的著作在他去世前就已经有巨大的版本差异,以至于发展成了博大精深的"莎士比亚版本目录学",甚至对于其著作真正作者的猜测和考证也延续至今。就英文自身而言,莎士比亚"原文"的认定,就已经是一个难度颇高的编辑学问题,依据的往往是特定的文本一致性原则,如18世纪初的莎士比亚学者尼古拉·罗伊(Nicholas Rowe)的拼接法、蒲柏(Alexander Pope)的所谓"取精融汇法"(pick-and-mix)等等,而现代的莎士比亚出版事件,更明显地体现了对不同版本之不同的学术定位和市场期待。而历史上莎士比亚的著作成为不同语言的无数译本的"原文",不仅和作家及著作本身漫长复杂的"正典化"过程纠缠在一起,也浸染了不同时代现实关注和文化政治诉求。每时每刻,莎士比亚都在全球不同语言和文化中以不同的面貌被阅读、演出和诠释,每一个时代、每一种文化的阅读共同体,都有着各自心目中不同的莎士比亚其人其文。即便我们能够真正地追溯到考据学上无可挑剔的"原作",它也只会是一小部分莎士比亚专家的禁脔,而不是在流通、诠释和翻译过程中的"原文"。

再如,唐人李白的《静夜思》有着不计其数的外文译本。而译者无不宣称以忠实于作者李白的意图和诗歌的原义(这两者在实证主义与经验主义批评模式下是一回事)为旨归。然而这些译本普遍都以现今通行的版本(或因受蒙学基本读物、流传较广的蘅塘退士编的《唐诗三百首》之影响)为"原文":床前明月光,疑是地上霜。举头望明月,低头思故乡。而如果真要追溯"原文"的话,那么现存最早的李白集刻本(宋蜀本)则作:床前看月光,疑是地上霜。举头望山月,低头思故乡。宋蜀本以后的李白集刻本,包括《全唐诗》亦如是。如果这是真正的(或者更接近的)"原文"的话,那么仅仅多出的一个"山"字则要大大改变诗的意象和内容。(胥洪泉,2005:48)

第三章 "同一"的幻影

再者,对诗中"床"字的理解,也留下了巨大的争议空间。有学者认为,诗中之"床"实非卧具,甚至亦非作为坐具的胡床,而是井栏或井台。此解释不仅有李白其他诗作中的旁证(如"郎骑竹马来,绕床弄青梅"(《长干行》),"梧桐落金井,一叶飞银床"《赠别舍人弟台卿之江南》),而且有充分的考古学证据支持。而许多著名的外文译本,对此诗的"原文"都是不假思索地接受了较为浅显的通行版本。如许渊冲译本:

A Tranquil Night

A bed, I see a silver light,
I wonder if it's frost around.
Looking up, I find the moon bright,
Bowing, in homesickness I'm drowned.

许渊冲先生的译本流传甚广,据称被钱钟书先生称为"直追李白灵魂",但显然这个译本并没有真正追到李白,而只追到了一个经过加工改造、更符合后来不同的时代中汉语言(其至其他语言)读者之接受喜好与阅读习惯的"李白"。再如法国汉学家德理文(Le Marquis D'Hervey-Saint-Denys)的译本,同样没有"山月",也没有对"床"的别解:

Pensée nocturne

Devant mon lit, la lune jette une clarté très vive ;

Je doute un moment si ce n'est point la gelée blanche qui brille sur le sol.

Je lève la tête, je contemple la lune brillante ;

Je baisse la tête et je pense à mon pays.

而在日语中通行的《静夜思》译文则是：

床前月光を看る
疑うらくは是地上の霜かと
頭を挙げて山月を望み
頭を低れて故郷を思う

由于日文直接借用了汉字，"床"的意义选择没有能够得到辨析（进入日文的这一汉字，未必保留了它的其他方面的意义），使得日文读者和如今大部分汉语读者体会着一样的懵懂，而"山月"的出现却体现了译者对于"原文"的选择性认定。

值得注意的是，世界上最早、最全面地把李白的诗翻译成英文介绍到西方的人就是一位日本人。日本留美学者小畑薰良1922年在纽约出版的 The Works of Li Po, the Chinese Poet（《李白诗集》）是世界上最早的李白诗译文集，其中第27首（第55页）就是静夜思，其译文是：

On a Quiet Night
I saw the moonlight before my couch,
And wondered if it were not the frost on the ground.
I raised my head and looked out on the mountain moon,
I bowed my head and thought of my far-off home.

此译文不光体现了"山月"（mountain moon）的意象，而且也为"床"选择了稍微不同的英文词汇（couch），比bed更加贴近"坐具（胡床）"的解释。（以上几种语言译文转引自翟华，2009）

在《静夜思》的翻译中，面临的版本差异并不仅仅是一个

第三章 "同一"的幻影

考据问题，如果深究起来，它使我们认识到，事实上我们并没有真正面对一个全然在场的《静夜思》的原文或原义，而只能面对一串并不稳定的文字符号。我们对"原文"的认定，往往渗透了时代和地域的差异。我们无法全面地重现李白在创作过程中的全部情境和心理过程（《静夜思》的创作，已经是一个不可重复的"语用事件"），只能根据有限的文字符号去激发我们的阅读想象，而这个过程也不是想象力的自由运演，而是受制于文字所允许的阐释空间和时代的审美规范。《静夜思》的通行版本和通行解释，或因其更简明统一、更加符合后世（而非李白时代）汉语读者和外文译者的生活场景（尤其是在对"床"的理解上），所以更容易被接受为"原文"。读者和译者更多的是按照自己时代的"偏见"（prejudice，加达默尔术语）去解读和翻译李白的诗作的。（德国汉学家顾彬教授在题为《关于"异"的研究》的讲演中，就曾指出西方学者和译者是用西方文学传统的"浪漫主义"的标签去阅读、解释和翻译李白的《静夜思》的，其中隐伏着某种"种族中心主义"倾向。顾彬，1997；王宾，1999a：22）某种意义上，"原文"实际上只存在于阅读、诠释和翻译的接受过程当中。也许我们可以说，不是原文规定了其所被翻译的方式和尺度，而是翻译在决定着原文以什么样的面目出现，翻译选择或创造了它的原文。

第二节 作者的退隐

在人本主义语言观的主导下，语言产品被视为作者意图的外在表现，文学批评往往以忠实地诠释作者的意图为己任，最重要的凭借是实证主义方法，即通过对作者生活环境、生平经历和思想观点的研究而推断作者凝缩在文字作品中的意图。于是，理论上讲，如果我们能够穷尽作者的生平和思想，全面还原作者创作时的心理过程,那么作者的意图就能够从作品中解析出来,成为终极的解释标准。统一自足的作者意图,是翻译同一性追求的基本前提。翻译不过是在此基础上增加了一个将还原出的作者意图用另一种语言再表达一次的过程。然而,将"作者意图"作为意义的本源和翻译的起点的观念,同样不见得牢靠。

首先,作者未必能够给自己的作品一个清晰一致的解释(如诗歌作品),或者对作品的意义有着前后不同的解释。作者本人对于自己作品的阐释,往往也是根据社会文化语境的变迁而不断变化的。其次,不论对批评家还是普通读者而言,我们往往是先从作品和其他的文字记述中去塑造出一个"作者",再回过头去用这个"作者"去统领对作品的阐释,这已经陷入一个循环论证的过程。前已言之,我们并没有真正面对作为经验—历史个人的活生生的莎士比亚,他的生平记述也确实寥寥,我们面对的只是一堆充满差异的版本和扑朔迷离的文字。甚至关于他的性取向、宗教信仰、以及他的著作是否出自他人之手都依然是谜,都要回到作品的文字迷宫中寻找线索。

退一步说,既然作者对自己的创作过程中意图是最清楚的,那么如果作者本身精通双语,无疑会是自己作品的最好译者。然而即便在作者的自译当中,我们看到的通常也是原文与译文呈现的许多重要的不同。这些差异往往不是个别细微表达的差别,也不是语言能力所致,而是作者/译者在受制于不同的语言习规和文学传统而对作品进行的改写和调适(appropriating)。譬如,身为学者、诗人和翻译家的卞之琳先生,在其20世纪30年代英文自译中也背离了汉语原诗最重要的"晦涩"特征。其研究者解释道,"从某种意义上说,卞之琳的'晦涩'是对(汉语)古典诗歌传统的接续,也是汉语固有的弹力的再生。与汉语相比,英语显得更实用、明确。在把汉语翻译成英语时,汉语的模糊带来的张力效果会受到损失,译者仿佛站在汉语的歧路口,而供他选

第三章 "同一"的幻影

择的英语之路只有一条，翻译有时是不得不从汉语的多义走向英语的单义。这是一种明确方向的做法，是一种解释，最明显的例子是卞之琳把最难索解的《无题》诗都译成了有题，如《无题》三译成了 *The Doormat and the Blotting-paper*（《门垫与渗墨纸》），《无题》四译成了 *The History of Communication and a Running Account*（《交通史与流水账》），《无题》五译成了 *The Lover's Logic*（《爱的逻辑》）等。"（北塔，2006：27）这种差异的产生，不仅仅是因为文字转换的技术性困难，更是出自作者应对不同文学传统和文化语境中美学规范的把握而做出的刻意调适。

再者，作者的意图远远不能涵盖文学阐释的全部，也注定不会作为语际间阐释行为的翻译的最终旨归，这已经是20世纪批评理论发展的一个基调。北美新批评文论家们认为，作品应被视为自在自为的整体，用作者的意图来笼罩对文学的评判，既非可行也非必要（即所谓意图的谬误 the intentional fallacy）；俄国形式主义通过对"文学性"（literariness）和机制（devices）的阐述，结构主义对"语言"（la Langue）的探索，都从方法论层面回避了作者因素。而以德里达、巴特和福柯等后结构主义理论家们为代表的极端的反作者中心论者，则从本体论层面对"作者"进行了消解。德里达否定了基于言说者意图的"在场的形而上学"；罗兰·巴特"作者之死"的口号，以"能指"的狂欢推翻了"作者-神"的独裁；福柯则是"作者"为话语的功能函项（author-function）。在这个过程中，最重要的是"语言"向度的凸显。自启蒙运动以来的人（理性）作为自在自为的主体的观念，受到了全面的质疑。作者的意图，即便在发生学意义上是先在的，也只能作为"物自体"而悬置起来。经验性的作者连同读者、译者，都不能穿透语言的中介而直达恒定先在的意义。

第三节 "同一"的悖论

翻译是跨越语言的活动。源语言和目标语言不仅存在巨大的结构性差异,而且各自经历着赫拉克里特式的流变。语言层面的真正的同一性,似乎只能存在于对原文文字的完全重复当中。然而,即便是完全的重复是否就能够保证同一性的实现?

博尔赫斯有一篇短篇小说,题为《吉诃德的作者彼埃尔·梅纳德》。书中的主人公是20世纪的法国象征主义作家,"学问高深,喜爱'用另一文字,重写一本前已存在的书'"。他挑了塞万提斯的《唐·吉诃德》。按照他的计划,他忠实地掌握了17世纪的西班牙语,重新信奉天主教,同摩尔人和土耳其人打仗,忘掉1602至1918年间的欧洲历史,成为米格尔·德·塞万提斯本人。"试写了几度以后,他完成了几个章节,文句完全与塞万提斯的原作相同。但是叙事者却说梅纳德所写者远超塞万提斯原作,更是含蓄结实,因为以一个"20世纪法国人的想法来采用17世纪西班牙风格写作",可以改变原文原作的意义"。(董鼎山,1988)可以说,博尔赫斯的虚构故事无意间对应了翻译的同一性追求的极端情形:彼埃尔·梅纳德对原作者塞万提斯做了充分的了解,还原了本来不可能重复的创作"事件"中所有的情境因素,以至于他的《唐·吉诃德》与塞万提斯的作品实现了文字上的完全同一。然而悖论的是,他的作品(如果"同一"是翻译的终极追求的话,那么这算得上是最彻底的翻译)并没有成为《唐·吉诃德》的完满替代,并没有被当作原汁原味的《唐·吉诃德》来被理解接受。他的重新创作的"成功",恰恰成了翻译同一性追求的失落:即便是同样的文字,也没有获得同样的解释和评价,引起同样的阅读效应,似乎也没有能够承载着完全一致的意义。博尔赫斯巧妙的讽喻,无意间传达了当代文论中"读者

反应批评"的许多洞见。(Barnstone,1993:16-18)

原文本身并不是恒定不变的文字——意义整体,翻译也不是在文字层面对原文的复制,而是包含在不同的时代和地域中的理解和接受过程之中。这个过程并非是趋向于原文同一的封闭过程,而是一个不断展开的生发过程。这个过程在当代批评理论的不同进路中变得复杂而充满思辨魅力。

如果翻译的同一性追究的基础并不牢靠,如果并不存在一个统一自足的意义的原点,如果语言并不是透明的媒介,不是称手的工具,语言产品(文本或话语)不是对现实的再现,而是符码的编织和"现实"的生产,那么,翻译对于"同一"的执迷就值得怀疑,它在将翻译自然化的同时,悄悄地掩盖了渗透在话语的编织和符号的生产中的文化碰撞和权力角逐。

翻译的出发点是寻求同一,但翻译呈现的往往是差异与背离。对差异的思索,代表着对翻译的技术性关注的超越和对翻译本质的拓展认识。对差异的思索必须超越经验主义的点评模式,需要更加深入的学理探讨。同一的幻象掩盖了哪些层面的差异?差异何以是翻译的常态?在什么意义上是翻译的常态?

差异的多重维度

传统翻译理论往往以翻译的某种理想状态为目标，译者们尽管困扰于语言文化的差异所造成的翻译困难，但无不期望在不同语言之间实现完美的传递。在以人本主义语言观和经验主义模式为基础的传统翻译理论话语中，尽善尽美的翻译虽然在实践上无法达到，但在理念上是成立的。"翻译即背叛"的慨叹和"信、达、雅"的追求不仅并行不悖，反而相映成趣。翻译的乌托邦，很大程度上建立在一种不加思辨的"可译性"理念之上，即认为基于言说者（作者）意图的意义是恒定的，它可以在不同的语言中通过各自的语言形式表现出来。即便是在翻译学科的语言学转向过程中，翻译研究者们也热衷于探寻在两种语言中让两个文本实现"同一"的可能，而悄悄地搁置了更有价值的"差异"问题。在此过程中，"翻译是可能的"更是被简化为"信息的等值传递是可以实现的"。其逻辑的必然是，一种语言大体上是可以翻译成另一种语言，只有一些特殊的语言表达例外；不同语言的差异只是表面的，一种语言能够表达的东西，另一种语言也能够表达。有时候，对翻译难题的认识仅仅是重复了古老的形式与内容之分——即认为内容可以传递，而形式往往可以妥协。这一点即便在翻译的语言学转向中也十分突出。形式/意义的二元对立，依然预设了意义的完整性、在场性。在这种思维定式中，翻

第四章　差异的多重维度

译研究长期被局限在语言表达层面的技巧研究,翻译活动所牵涉的复杂微妙的文化政治内容也被长期排除在翻译研究的视野之外。

第一节　语言观的突破

翻译是在语言中展开的活动,对"语言"本质属性的不同认识,决定着我们对于翻译的认识。传统翻译研究的经验主义模式背后的支撑是人本主义语言观和本质主义的意义观,它认定了语言的工具属性,将之视为某个先在而稳定的意义(作者意图)的可靠载体。而翻译的"科学"进路,虽然得益于现代语言学的结构主义范式,然而总体而言却受制于其与生俱来的实用主义导向和技术性关注,缺少对"语言"本身的深入认识,并未真正去撼动语言—再现论的学理基础。并且,其潜在的普遍主义基础强化了"语言同源—同构"的认定。这就注定了对同一性的追求仍然是翻译理论的最主要关注。翻译的古老神话,以更加精细的样貌延续下来。

20 世纪批评理论的一个最显著的特征,就是"语言"维度的凸显。在此之前,西方思想史自古希腊以降,前后经历了本体论和认识论阶段,前者追寻世界的本质是什么(即什么是"实在"reality),而后者则追问人的认识能力何以认识世界(即"心灵" <mind> 如何认识实在。)在认识论阶段,人本位取代了神本位,人和人的主体性成为包括文学研究和翻译研究在内的人文主义事业的基石。进入到 20 世纪,索绪尔所开创的现代语言学理路,则成为另一种问题范式的滥觞,启动了整个 20 世纪哲学思潮中最重要的主题之一——主体的去中心化(the decenterization of subjectivity)。在这个范式中,语言成为各人文学科理论关注的最核心问题,启蒙认识论传统所高扬的人和人的主体性，受到了全面的质疑和消解。构建在人本主义语言观基础上的传统翻译理论，也由此而暴露出越来越多的局限。

在翻译研究的"科学"范式中，结构主义语言学的理论成果常常被用来作为语言规律性总结和语言比较的理论基础，直接或间接服务于语际间的意义传递任务。然而，索绪尔开创的现代语言学范式之更为深远的影响却在于动摇了意义的人本主义基础。意义的起点不在于作为经验—历史个人的言说者的意图，而在于语言系统内部的符号关系。不论是能指还是所指，都不具有个体意义上的心理主义基础。认识论传统下"心智"（理性）所主宰的认知问题，被外化为由符号和符号之间的关系组成的语言系统中的问题。语言从纯粹的思想工具一跃而成为心灵—语言—实在之三角中的处于顶端的支配者，成为人文科学的学术关注重心：心灵与心灵之间（甚至心灵的内部活动），心灵与实在之间，并没有直达的通道，任何概念化的思想，任何对于实在的认识，都必须在语言这一逻辑先在于每一个经验—历史个人的公共符号系统中得到表述。正是在这个意义上，语言的先在性得以确立，语言"主宰"着思想，也"创造"着世界。

当代批评理论的多元视角，大致是在认可语言先在性的基础上基于对语言的不同认识而产生的，也各自从不同方面影响着翻译研究的问题取向甚至自身定位。结构主义语言理论强调语言（la langue）作为约定俗成的符号关系组成的结构或者系统的一面，强调基于能指/所指二分之上的语义确定性和基于聚合/组合二分之上的语法规则的稳定性，故而与建立翻译"科学"的宏伟事业之间有着极强的亲和力。在其影响之下，对不同语言进行结构比较，从中探索翻译的可操作性规律成为翻译研究的最主要关注。然而，对不同语言系统之间差异的探索，也映照出被技能主导的经验主义范式所掩盖和淡化的另一面，即翻译总是在彼此并不兼容的不同语言间展开，意义是语言系统的产物而非先在和

第四章 差异的多重维度

独立的言说者的意图，语言系统先在的结构性差异使得翻译在本质上并不是在不同的语言中寻求同一意义的不同表现，而总是伴随着不同语言的对应和转换的过程中所必然发生的变形、缺失和增补。

而开始于20世纪60年代后期的后结构主义思潮，则突破了能指/所指的二分，动摇了结构或系统的稳定性，而将意义归结为能指符号在"延异"过程中的瞬间即逝的效果。后结构主义的"文本"的概念取代了人本主义文学批评模式中的"作品"。"作品"的观念是基于作为经验历史个人的"作者"意图的"在场性"，而文本则立足于符号运作的所产生的意义的非自足性、开放性和生产性。在翻译研究的语言学阶段初露端倪而又被迅速包藏的差异主题，在此过程中得以全面显现。在随后（70年代以后）的语用学转向中，"话语"（discourse）作为一个新的主题词逐渐凸显出来。它更强调语言使用的情境因素，尤其是渗透在语言使用中的权力因素（不论是可见的还是隐形的）对包括翻译在内的每个语用事件的操纵和制约。相应地，翻译研究关注的重心从对原文和原义的发掘和再现转向翻译作为话语实践的活动所体现出来的权力操纵、译文在译文中发生的形变及产生的效应等等。于是，翻译与差异问题的复杂牵连，使翻译活动与生俱来的政治性得以显现。

而对于文学和翻译研究的哲学基础——诠释学来说，"语言"的维度同样也变得显要，其基本前提也是对工具的语言观和本质主义意义观的突破（Palmer，1969）。如何跨越语言和时空的隔阂，全面准确地理解和阐述作者的原意，这一问题逐渐让位于"文本何以在语言中被阅读、理解、阐释和接受"？而语言并不是直通恒定先在的意义的透明中介，不是掌握在作为经验—历史个人的读者/译者手中的称手工具，而是思想不可绕过的中介，是一个时代的各种阅读习规乃至偏见的载体，是解释和对话得以展开的场所。作为解释行为的翻译，其实质不是对原义的恢复，而是在语言中展开的诠释学意义上的对话过程。这个过程如何受制于特定语言共同体的传统、成见？体现了怎样的当下的关怀和应用？产生了什么样的阅读效应？这些问题都使得对翻译问题的关注超越了古老的同一性追求，而成为对不同文化的交流过程中所体现的"效应的历史"进行考察的平台。

当代人文学科中语言维度的凸显，使得建立在朴素的人本主义语言观基础上的翻译理念显得粗糙，也使得翻译的科学进路所默认的直接技术性关怀变得问题重重。语言观的转变悄悄瓦解了翻译的同一幻象所赖以维持的学理基础，深化了翻译在多个层面上的差异主题，也极大地拓展了我们对于翻译活动之实质的理解和认识。

第二节 差异的学理审视

任何一次翻译活动，实际上都要从共时和历时两个层面上来考量。在共时的层面上，翻译面对的是两种不同的语言系统之间的符号转换；在历时层面上，翻译是在不同的历史地域中对外来文本的理解和接受过程。（在任何实际的翻译情形中，其实都无法对两者做出真正的分割。此处只是为了理论探讨的便利而分别看待）而语言向度的凸显，在这两个向度上都对翻译的同一性追求提出了学理拷问。

一、差异的共时层面

在结构主义语言理论的主导下，翻译表现为两种语言结构的对立。语言的结构性转换是否可能及何以可能，成为翻译的根本问题。然而总的来说，在翻译的语言学转向中，语言在结构层面的差异的问题并没有得到真正的凸显。如前所述，其根源在于翻

第四章　差异的多重维度

译"科学"范式之潜在的普遍主义认定：各种自然语言在深层次是一致的，可以还原为某种单数性的、也许还有起源上的神圣性的原初语言。对这种原初语言的探索、揭示甚至重塑，仿佛可以一劳永逸地解决翻译最根本的理论难题。

正因为如此，"巴别塔"的神话所象征的对普世语言的执着贯穿着西方语言和翻译思想的历史。远至18世纪末到19世纪盛行的旨在构拟原始语言的历史比较语言学研究，尤其是德国语言学家施莱歇尔（August Schleicher）在语言生物主义的基础上建立了谱系树的尝试，近至乔姆斯基的普遍语法理论和语言哲学家（如罗素 Bertrand Russell）们对科学语言（或曰人工语言）的探索，都在不断为语言同构论寻求理论支持。在当代翻译学者的理论探讨中，对本雅明的《译者的任务》一文，尤其是其中的"纯语言"观念的各种阐释，同样体现了对这种语言一统情结（the nostalgia for linguistic unity）的关注和反思。

然而，对语言普遍性的追索，体现的是本体论层面的哲学追索，在这种追索所产生的种种语言假说的基础上，也可以将语言和翻译问题引导至认识论层面，但为贝休的翻译实践提供方法论层面的理论支持，则是另外一回事。换言之，"翻译何以（不）可能"与"如何更好地翻译"是两个不同层面的问题，如果混淆或强行连通，则显得悖论重重。一方面，语言多样性的事实不断挫败着寻求语言的共同结构的努力，它展现的图景更倾向于支持这一认识：不同语言只有家族类似，没有共同本质。另一方面，在这个方向上翻译的科学进路对于某种翻译元理论的追索，似乎违背了现代科学的先验范式和演绎方法，而试图将理论基础建立在（不完全的）归纳结果之上。所谓语言的普遍性，更像是一个无法证伪的假说或者信仰。（作为翻译"科学"的主要推动者，奈达所创立的翻译理论，其学理基础其实主要是信仰的。）

甚至，即便是对这种"普遍语言"（神学意义上的大写的

Word，上帝的语言，纯语言等等）的追索是可能的，它也并不至于保证翻译同一性追求的实现，因为，虽然理论上它临在于一切自然语言之中，但其超验本质并不允许它作为一种小写的、复数意义上的语言而真正进入流通并取代各种自然语言，或充当其一般等价物。而各种自然语言，即便可以追溯出起源上的同一性，也不等于可以还原为同一种语言。即便是"科学语言""通用语言""人工语言"被构建出来，它也只能是作为一种方言（dialect）而被使用，充当切分和言说世界的一种特定方式，其实质和任何一种暂时获得广泛的流通性的语言（如英语，或者说符合特定标准的英语）没有真正的不同。

同时，对语言普遍性（universality）的追求，往往导致以特定语言上升为普遍语言的冲动（universalization），不论是以人工的科学语言的样貌，还是某一种现实中的强势语言的样貌。在这个意义上，普遍主义的追求，又往往掩盖了霸权主义的统治欲求。20世纪后期的文化政治格局，尤其是争议重重的全球化进程，更加深了人们对于普遍主义元叙事的忧虑。其中最明显的问题之一就是语言优势与文化霸权的关系。譬如，歌德曾经憧憬让德语成为一种进行普遍贸易的市场，让各民族在这里贩卖（文化）商品，促进相互间的精神交流。而今，当时为了抵制法语文化霸权而设想的德语市场，已经被大写的"英语"所占领。（陈永国，2005：14）德里达也表达过这方面的关注：要避免可能会以激烈的方式表现出来的身份/认同政治是很困难的——"如果人们不想消解一个普世的（universal）、空洞的、形式的语言之下的变体、差异或个性的话，而这种语言总是借助某个霸权国家、语言或国家集团的威权才扮成'普世'的。譬如，英语如今是处在霸权地位的，它不仅取代着地球上的所有其他语言，而且成为第二种普世语言。"这种普遍的翻译语言，承载着特定民

第四章 差异的多重维度

族的霸权。① （Davis，2001：6）西方学者如菲利普森（Robert Phillipson）等在近年来提出的"语言帝国主义"（Linguistic imperialism. Phillipson，1992）的命题，就是出于这一方面的关注。这也是为什么在翻译的科学呼声达到巅峰之后，文化进路的翻译学者多倾向于对翻译的科学范式保持警觉和批判，认为它会不自觉地成为文化帝国主义的帮手（如 Venuti，1998；Robinson，1997）。

相形之下，语言相对主义的声音反而愈显突出。语言学家们注意到，不同的语言是在以不同的方式切分着经验世界。19 世纪德国语言学家洪堡特（Wilhelm von Humboldt）认为不同语言因各自的独特性而无法通约，（洪堡特，1998）20 世纪北美语言学家进而发现，不同的语言在以不同的方式来切分被经验的世界。著名的"萨丕尔－沃尔夫假说"（the Sapir-Whorf hypothesis）包含了两个重大的命题：语言决定论（思想遵循语言的图式来获得对所谓"真实世界"的知识）与语言相对论（linguistic relativity，不同的语言塑造出不同的认知和思考世界的方式）（萨丕尔，1985；Whorf，1956）："对于言说者来说，不同的语言背景形成的事实不尽一致"②（Venuti，1992：115）。它使我们强烈地感受到，语言的差异性不仅仅是表层的，不同的语言不仅仅是用不同的方式描述或表现着同样的世界，而是造就了不同的经验世界本身。语言相对性问题为各种文化相对主义提供了强大的支撑，成为不同语言共同体乃至不同文化族群强调自己不可通约的差异性存在的，制衡语言和文化的普遍主义霸权的理论动因。

---

① It is difficult to avoid potentially violent identity politics if, at the same time, "One doesn't want to simply dissolve the idioms or the differences, the singularities within a universal, empty, formal language—which, as we know, is always pretending to be universal, always under the authority of a hegemonic state, language, or group of states."

② Facts are unlike to speakers whose language background provides for unlike formulation of them.

从同一到差异——翻译研究的差异主题和政治、伦理维度

我们依然不得不接受语言的复数状态,也不得不承受不同语言的结构性差异为翻译带来的永恒的焦灼和张力。在将结构主义的共时视角真正引入翻译理论的探讨时,翻译的理论问题就首先是一个认识论的问题。问题的出发点不只是翻译的方法——对于特定的文本如何进行翻译或者如何翻译得好(how to translate well?)而首先是一个康德式的提问:一切翻译是如何(不)可能的(how is translation < im- > possible?)?从共时角度来看,构成语言系统的是符号之间的组合和联想两大类关系,即横组合(syntagmatic relations)和纵聚合两大类关系(paradigmatic relations)。而其中具有决定意义的是符号间的聚合关系即联想关系。不同语言的符号,在各自语言中所体现的聚合关系是不同的,这决定了语言之间并不可能有着真正的对等,不同语言的产品之间的对等不是翻译的常态,而只是其狭义的所指之间的交叠。正是因为以纵聚合关系为主的语言的结构性差异,传统翻译观所追求的意义的完美再现在本质上是不可能的。这并不是一个程度上的可译性问题,而是说,语言符号的所赖以形成的语言内部的差异关系网络,是无法整体搬迁的。跨语言的翻译,必然伴随着语言结构的彻底转换,表面意义的雷同无法掩盖系统的根本扭曲(王宾,2001,2004)。(尽管这并不意味着在另一种语言中表达某种语言产品部分的信息内容的交流目的不可实现。)譬如,属于语法系统的"性属"(gender)问题,雅克布森举例道,"俄国画家列宾会惊讶于德国画家将'罪恶'画成女人,因为他不知道德语中此词(Die Sünde)是阴性的,而在俄语中(Грех)是阳性的;同样,当俄国儿童读翻译过来的德国故事的时候,也会不解,在俄文中显然是女人(俄语的смерљн是阴性)的'死(神)'何以被描绘为一个老年男子(德文中 der Tod 是阳性的)。而包里斯·帕斯杰尔纳克的诗集 *My Sister Life* 标题在俄文中再自然不过(因为 life 是阴性的 жизнь),却足以使其捷克文译者、

第四章　差异的多重维度

诗人尤瑟夫·荷拉却感到束手无策,因为捷克语中这个名词是阳性的 zivot"(Jakobson,1959/1992:117)。在这些例子当中,即便具体的语境中对应的语词可以相应地传达所指的某些方面,即交流活动所重视的内容信息,但语词本身所负载的结构性特征却是无法转换的。而在汉语言中,名词本身并不存在语法层面的阴阳性问题,这甚至在一定程度上影响到汉语文化圈对文化研究中"性属研究"(gender studies)问题的敏感程度。

共时层面的差异,最直观的体现可见于不同语言的语词在语义方面的差异,甚至对应语词的阙如。譬如汉语言中十分常见的"感慨"一词,其英译应当如何,就曾使精通多种语言的翻译界泰斗傅雷先生感到为难。为此他专门请教了同为英语专家的杨必教授,后者提供了"感慨"一词五种英译,或者毋宁说是比翻译更松散自由一些的解释和例举:①deeply affected with painful reflections;②stirs up painful memories;③starts a train of melancholy thoughts;④the music calls forth painful memories.⑤the letter is full of sad reflections on life。傅雷在反复推敲之后,对此五种译法都有言不尽意之感,认为感慨不同于 recollection,因为 recollection 太过肯定和具体,也不同于 reflection,因为 reflection 过于抽象和笼统,sad 和 painful 则程度太过。傅雷只得在家书中承认,"'感慨'是描写中国人特殊的一种心理状态",可以意会而不可言传,准确的翻译几乎是不可能的。事实上,我们很难找到"感慨"一词在英文中的天然对应,正如我们无法为英文的"languish"一词①找到一个匹配的语词或表达式一样。如果换用

---

① 根据《韦氏大学词典》,Languish 一词所涵盖的心理状态至少有以下方面:1 a:to be or become feeble, weak, or enervated; b:to be or live in a state of depression or decreasing vitality; 2 a:to become dispirited; b:to suffer neglect; 3:to assume an expression of grief or emotion appealing for sympathy.

结构主义的惯用表达,其实质就是:并不存在不同语言共同体所共有的、跨越语言的"感慨"这一心理或情感事实。汉语中的"感慨"一词,其意义或所指的确立并非凭借自身,也非凭借个体言说着的特定使用,而是通过其与"感动""感伤""愤慨""慨叹""悲伤"等其他词汇之所指的区别来获得的。如果再加上词性方面的思考,还要更加复杂。这种区分所体现的聚合关系,并不能被英语的某个特定语词在英语中的聚合关系所替代。在这个意义上,虽然我们在具体的使用情境中可以根据特定的对等原则,为之寻求某一个对应的英文词汇或表达,但却无法真正地将它在英语中转换出来。进而,有学者认为,这是由于不同的民族有不同的文化,包含不尽相同的思维特征。"汉语中的'感慨'所覆盖的胸臆,可以从辽阔的苍茫、共鸣的惆怅、凄苦的怀旧,一直到纤细的怨愁,如此广泛的感情幅度,都可以用'感慨'一词概括,这反映了思维方式的高度综合性。这种综合性的思维却不见于英美民族的思维模式。因此他们的英语中,也就没有概括性如此强的通用词来覆盖同样宽阔的感情幅度。他们倾向于用具体的 somber, upset, nostalgic 或 melancholy 来分别描述不同场景中的 reflections,也就是说,英美人的思维方式更多地倾向于分析性……"(范家材,1992:24-25)不同语言的语词不对应,也体现出了各自语言共同体所共有的、凝缩在语言中的文化心理积淀。

除了最基本的语言系统之外,翻译还涉及语言所承载的各种观念体系。作为先在于每个经验历史个人的系统,不同文化的各种观念体系之间也无法相互兼容。美国科学哲学家库恩在1962年提出的"不可通约性"(incommensurability)论题(Kuhn, 1970),可以类推到语言、社会、文化各个领域,也间接反映了外来文本在进入目的语的各种文学文化习规体系时所必然承受的"转换暴力"。各种基于语言并先在于经验—历史个人的观念价

第四章 差异的多重维度

值体系,共同构成了我们身处其中的"语言的牢笼",使得语词的单纯对应和意义的平安转移成为不可能完成的任务。表面的对应之下,往往潜藏着深刻的观念差异,也常常蕴含着翻译的微妙政治。譬如,就时政新闻中最常见的 administration 一词而言,在汉语媒体上通常译为"政府",如"布什政府"(the Bush Administration)。然而,严格说来,administration 只能对应总统所代表的行政分支。因为在美国这一以"三权分立"为基本制度的国家,国会、最高法院与行政分支三者共同组成美国政府(U. S. Government),总统只能代表行政分支,而不能代表其他两个分支,其权力要收到国会和最高法院的制约,没有财权和立法权。而在中国的政治制度传统当中,则显然缺乏这种细致的区分。将 administration 译为"政府",固然体现了翻译实践所遵循的某种对等原则,但却无法承载不同制度文化的深刻差异。(值得注意的是,在词源意义上,"政府"一词的现代用法①也是清末以来西学东渐中翻译的产物,它本身也产生于两种政治文明在接触时所感受到的差异和空白。在这个词进入现代汉语语汇和政治学说体系的过程中,已经经历了复杂的理解、接受和调适过程。这一语词的所指,也在中国近现代持续的翻译活动所推动的政治文明变革中悄悄地发生着变化。)

同样值得重视的是现代汉语中的"国家"一词。在中英文不同的语言系统中,并不存在全然一致的"国家"观念。(国家一词是由日本学者在翻译引进西学典籍的过程中通过对古汉语词素的改用而形成②,并在中国学者后来的翻译和著述中逐渐获得

---

① 汉语文言中的"政府",原指唐以后三省六部长官日常办公的"政事堂","府"是官署的通称。

② 古汉语里面也有"国家"这个词汇,不过最初是指诸侯封地"国",士大夫封地"家"的合成词,有时也含天下的意思。

其相对固定的现代含义。乔颖，2009）。在它业已形成、相对固定的所指中，覆盖了相当于英文中的"state"（侧重政权）、"country"（侧重疆域）、"nation"（侧重民族）等几个词的含义。这三方面的微妙区分，在近现代欧洲民族国家的形成过程中变得显要，也常常在当代西方政治话语中扮演这重要的角色。汉语语境中对这几方面关系常常不作细致的区分，比这几个英文词汇更为宽泛和模糊，其背后是汉民族特殊的观念和制度传统。而近来在我国媒体上经常被引用的、来自西方政治学者著作和政客演说的"流氓国家"一说，其英文原文是"rogue state"，在其语言和学术观念体系的细分中，指的是不按国际政治规则行事，威胁和平的独裁政权。① 而严格来说，就原说法的学术语境和语言使用来看，其中的"state"并不能等同于现代汉语的"国家"一词，而只和其所指的一小部分交叠，即侧重于"政权"的一面。在国内传媒的汉译中，刻意使用了相当笼统含混的"国家"一词，却回避了其所侧重的"政权"含义，其实质是利用了不同语言的概念系统差异，将"国家"与"政权"（以及民族）相混同，以服务于特定的舆论导向，其背后的隐性权力操纵是值得探究的。

更何况，对于那些意义最为重大、影响最为深远的翻译活动而言，译者面对的往往不是语言和各种观念体系的相似，而恰恰是目标语言文化中的缺失和空白。翻译的实质也不是在不同语言间寻求对应的表达，而是将成套的观念体系甚至语言表达本身以不同方式、不同侧面、不同程度地搬迁和移植到目标语言当中。

---

① Wikipedia: Rogue state is a term applied by some international theorists to states considered threatening to the world's peace. This means meeting certain criteria, such as being ruled by authoritarian regimes that severely restrict human rights, sponsor terrorism, and seek to proliferate weapons of mass destruction. The term is used most by the United States, though it has been applied by other countries. *http：//en. wikipedia. org/wiki/Rogue_ state*.

第四章 差异的多重维度

共时层面的无法通约,恰恰是翻译的起点状态和契机所在。它说明了翻译的性质就其深层意义而言,并非是像翻译科学的"对等"所鼓吹的那样,是在目的语中的现成语言材料中为语词、句子乃至篇章寻求最规范、最自然的对应表达,而是语言和文化间艰难的相互理解过程的最直观表现。翻译就其本性而言,与其说是对差异的克服,毋宁说是对差异的真正体验。而翻译的"对等"理念,往往会驱动译者过多地套用自身语言中现成的语言材料,其间已经隐伏了对外来文化的强制改造,也抹平了其至关重要的差异性特征。

一个例子可见于一个世纪前西学东渐中严复的翻译。在其翻译的西学典籍中,对西方思想有深刻了解且古文功底深湛的严复,为大量西方术语精心选择了汉语文言中已有的词汇以作对应。而日本学者(如中村上民)的翻译中,却充斥着大量的生造或重组的汉字词汇,这些词汇又经过后继中国学者的二度译介而进入中文。如"Economy"一词在严复的翻译中为"计学",而日译为"经济";"Society"在严复的翻译中为"群",日译为"社会";"Capital"被严复翻译为"母财",而日本人的翻译为"资本";"Evolution"在严复的翻译中为"天演",而日译却为"进化";"Philosophy"在严复的翻译中为"理学",而日译为"哲学";"Metaphysics"在严复的翻译中为"玄学",而日语中的翻译为"形而上学",等等不一而足。固然,严复的翻译确实推动了中国知识群体对西方学术文明的初步接受。但他的译词,却在语言发展的进程中几乎全面败给了日文新造词。日文中二度翻译过来的大量新词,反而成为现代汉语中大量的和西学相关的词汇的最主要来源。(乔颖,2009)

严复译词的被淘汰,固然有着更为复杂的特殊历史原因(如白话文运动的影响),也受制于其深刻的政治和文化动机和特殊的读者定位(首先便利士大夫阶层对西方思想的了解),却也深刻体现了翻译的"差异"主题。相当程度上，严复使用了类似"格异"的方式（如西方传教士在早期传教活动中，为便利教义的传播而常常在儒家思想中寻求对应）来翻译西方学术体系中的观念和语言，试图在中国传统学术语言中寻找对应，将西方学术思想体系以经过精心调适的方式嫁接在中国传统文明这株老树之上。而翻译作为对差异的深刻体验，又无时不在映照着这种对应的不足和不稳定。严复深湛的古文造诣，固然有利于实现其翻译的直接功利目的——即改造那些饱读诗书而又顽固的守旧者，但从另一角度去看，古汉语的学术词汇，并无力承载西方学术体系中对应语词的关键差异，如中国传统文化语境中的"理学"并不能真正对应西方的"Philosophy"（尤其是近代以来西方哲学鲜明的智性特征），而"玄学"亦不能传达"Metaphysics"（特别是其不同于中国思想史传统的执着的本体论追索）的确切所指。严复的译词，固然见证了中国学者与西方思想的初步遭遇，在特殊的历史时刻承担起重大的文化使命，但也必定在西方学术体系之为汉语文化圈理解、阐释和接受的过程中被淘汰，让位于更能够表征东西方思想体系差异的新生词汇。

在共时层面翻译所面临的语言结构和观念体系的差异，使得翻译本身就已经是一种悖论，共时层面意义跨越语言的传递，本身就是在不能相互通约的语言和观念系统中展开的，语词对应的背后，往往存在着深刻的错位和不可能性的一面。不同语言中两个文本的对应关系的形成，往往并非翻译和翻译研究的结束而仅仅是开端，必然需要由历时层面的理解、诠释和接受的动态过程来补足。这种悖论处境表明了在直接的交际目的之外，翻译的实质恰恰不是对差异的克服和弭除，而是对差异的体验和审视。

二、差异的历时维度

在历时层面上，翻译体现的是文本在不同历史时间和地域中

第四章 差异的多重维度

被阅读和诠释的过程，原文自诞生时起，就已经被剥离了最初创作和阅读的情境，而开始在不同语言和不同情境中与不同的阅读共同体遭遇。在这个层面上，文本解释和翻译的准哲学基础——哲学诠释学的对理解和诠释之本质的深入探讨，也表明了在语言中展开的诠释活动，并非只局限在对固定单一的意义的理解与重构，而是意义在不同的诠释场景中的生发过程。从诠释学的角度来看，翻译作为"语际的阐释活动"，与"语内的阐释活动"并无本质的不同，甚至，它比"语内的阐释活动"更加鲜明具体地体现了诠释行为的诸多本质特征。

从施莱尔马赫（Friedrich Schleiermacher）、狄尔泰（Wilhelm Dilthey）到客观主义诠释学的代表贝蒂（Emilio Betti）、赫施（Eric. D. Hirsch），都将诠释视为方法论问题，把理解看作对作者原意重构，认为真正的理解活动是与作者处于同一层次，通过文本来把握作者的生命的独特体现。施莱尔马赫甚至主张要比作者理解他自己，而赫斯则主张严格区分两种意义：通过对作品以及承载作者意图的所有外在表征进行详细的语文学分析所得出的文字意义（verbal meaning, Beteutung）和与作品之于当下的意义（significance, Bedeutsamkeit），并希望通过这种方式来确定在文本形成之初就已经固定下来的作者意图。不过，在作品的解读和阐释实际过程中，两种意义并不可能实现严格的区分（Palmer 1969），源于作者意图的"原义"即便存在，往往只能作为"物自体"（康德术语，thing-in-itself）而被悬置起来，在不同情境中发生的解释活动，本身就包含着对原文的"去历史化"和"再语境化"，而不超越历史而进行的静态分析。

对"恢复作者意图"之可能性及合理性的怀疑，贯穿着当代诠释学理论的发展过程。以德国哲学家伽达默尔为代表的当代诠释学理论普遍认为，对作者意图的恢复，远远不足涵盖"理解"和"诠释"的全部内涵。诠释者面对的不是作者，而是文本，时空的距离使得通过文本把握作者原意的企图变得困难重重。进而，作者的意图和文本的意义也不是一回事。诠释活动不是启蒙哲学意义上理性的主体对静态的客体的分割肢解，而是充分表现出其历史性和交互性的特征。对于诠释者而言，并不存在一个超脱历史的、全然中立的视角来保证诠释活动的客观有效。任何对文本的解读都受到某种"兴趣"（interest）的引导，这种兴趣产生于对这一主题先前的理解，它决定我们对于文本提出什么样的问题。（海德格尔称之为前理解，或理解的先决条件 < Pre-understanding, or the pre-conditions for interpretation >，伽达默尔称之为偏见 < prejudice >）这并不是说，文本的意义最终会沦为诠释者主观意识的投射，而是说，意义是在解读者的世界和言说着的文本的碰撞之中产生的，更是一个过程而非一种本质。理解和诠释不仅是个方法论问题，还是个本体论问题，诠释的本质不是借助纯粹的语文学（philology）方法而确定单一固定的意义，而是在特定的历史情境中展开的无限的"对话"过程，而当下的"对话"又总是处在与过去及未来的联系之中，而非站在某个超脱历史的观察点上，诠释不是一种机械的复制行为，而始终是一种创造性行为，体现的是过去和现在、文本和解释者的视域融合过程。

翻译具备了、并且更好地表现了这种"对话"的共同境遇和全部特质。伽达默尔为描述解释的一般情形所创造的一系列术语，完全适用于翻译的普遍情形。译者与文本之间的关系，就是一个和文本之间的无限的对话过程。译者面对的语言文本，不仅是承载着传统的"历史流传物"，也渗透了先前的解释者和翻译者的各种解释和翻译；时间和地域的距离，既是解释和翻译所必须承受的困难和障碍，也是其得以进行的必要前提和张力所在；翻译的过程，体现了译者和文本的视域交融；译者的理解和翻译过程以及译文的最终形式，总是受制于当下的"偏见"或"理

第四章　差异的多重维度

解的前结构",体现了特定的应用情境中特殊现实关怀的投射;甚至,翻译并不意味着解释的最终完成,译本的流传和接受,成为新的对话得以延续和开展的契机;意义不会在翻译中枯竭,而正是在翻译中不断产生。

翻译作为在特定历史情境中展开的诠释活动,同样体现了诠释的历史性和开放性,而不是以某个超验的原义为旨归。诠释活动的历史性在读者反应批评中被引申为不同历史时期的读者对文本的不同理解和接受方式。然而所谓"读者",并不是以主体性为特征、和"作者"并无实质区别"经验—历史个人",而应被理解为特定历史情境中阅读习规的综合。阅读习规在不同时期、不同地域的变动不居,使得对单一、固定意义的追求无法实现,而翻译总是表现为一个意义的生产过程。使诠释得以展开的各种习规体系,既是对翻译的束缚和限制,也是翻译活动的基本凭借。对"原义"的执着,很多时候是将特定历史和地域的阅读习规固定化,赋予其永恒性和权威性。对于当代翻译研究来说,更有意义的问题不是在当下的习规体系的主导下诠释原文的意义,而是回过头来审视翻译的过程、结果和译本的接受和围绕翻译的产生的话题关注,探讨其所体现的阅读(误读)政治(the politics of (mis-) reading)。

翻译总是体现了特定历史情境中阅读习规的束缚,也总是渗透着翻译者、阅读者和评论者当下的关注和"应用"。莎士比亚的作品,不仅仅召唤着一代代的诠释者,也经历了各种语言中无数次翻译,其意义不仅没有因为诠释和翻译而穷尽,而恰恰因为诠释和翻译而不断获得新的生命。莎士比亚的声名起伏,本身就充分体现了诠释的历史性差异:古典主义风靡时期的评论家大部分贬低莎士比亚的艺术成就;浪漫主义时期的评论家却近乎膜拜地颂扬他的天才;维多利亚时代的萧伯纳认为易卜生新兴的自然主义戏剧的出现使莎士比亚作品的风格过时了;20世纪初的现代主义运动却充分发掘其超越时代的现代性;20世纪50年代,新批评浪潮取代了现代主义,为莎士比亚后现代主义研究铺平道路。到了80年代,莎士比亚成为了结构主义、女性主义、非洲美洲研究和酷儿研究等更为时髦的批评流派的研究对象。而在其被翻译和接受的过程中,也同样体现了历史地域的差异与现实关怀的不同。在浪漫主义时期的德国,评论家奥古斯特·威廉·施莱格尔(August Wilhelm von Schlegel)将莎士比亚的作品翻译成德文,使之富有德国浪漫主义气息,并在歌德、席勒、赫尔德等人的大力推崇下成为浪漫主义运动精神的有力表达,并回过头来引发了英国浪漫主义文人柯勒律治、哈兹利特和兰姆等对莎士比亚的重新认识和评价,某种程度上,是18世纪的翻译成就了这位16世纪诗人浪漫主义式的"天才"身份(genius)和西方文化巨人的地位;而20世纪初林纾译自兰姆姐弟(Charles Lamb and Mary Lamb)所著的《莎士比亚故事集》的《吟边燕语》,连同随后仍以小说体译成的莎士比亚历史剧译本,塑造的却是小说家式的莎士比亚,与原本在文类、内容和风格等诸多方面的差异可谓巨大,却成为最成功的莎士比亚译本之一,影响深远(叶庄新,2007)。林纾的译文,体现的不是对原文的亦步亦趋的模仿和依附,而是一种"拿来主义"式的应用。其间不仅体现了本国文学传统对外来文学的系统改造和特定时代特定读者共同体的审美取向,也体现了译者在特殊历史背景中的文化主张和时代关怀。

    不同时代的翻译,以各自不同的方式塑造了属于不同时代的多面的缪斯。有一点可以或说明问题:莎士比亚的作品原本存在着大量的猥亵文字,以至于莎士比亚的传记作者、英国学者劳斯曾写道,"莎士比亚是最富于性的描述的英文伟大作家。他毫不费力的,很自然的,每个汗毛孔里都淌着性。"帕特立芝(Eric Patridge)亦有专著——《莎士比亚的猥亵文字》,并说他是"一

第四章 差异的多重维度

位极有学识的色情主义者,渊博的行家,非常善于谈情说爱的能手,大可以对奥维德予以教益。"(梁实秋,1990)但在许多翻译版本中,尤其是在中文译本中,大量色情意味的文字却通过翻译被消除了。这不仅仅是语言转换的艰难(英语语言的历史演变使得对语言表达的准确理解变得困难,大量英语文字游戏和双关表达也无法在译文语言中重现),也是因为不同文化群体和不同历史时期道德保守主义的约束(这本身也是阅读偏见的体现),更重要的是,在翻译将特定阅读共同体的共同关注投射到原文的过程中,体现了对原文的选择、引导和操纵。发源自草根娱乐、立足于舞台表演的莎士比亚剧本,通过翻译而成为不同语言文化中的高雅文学正典,并服务于各种各样的文化政治主张。在不同时代不同母语的译者和评论者的笔下,莎士比亚或是宣扬个人自由和解放的人文主义者,或是诗才横溢的浪漫主义精灵,或是忧国忧民、解天下于倒悬的志士,或是洞悉了人类普遍境遇的先知,而莎士比亚作品中的猥亵文字所表现的莎翁的另一番狡黠面目,以及可能体现的时代特征(如清教徒思想和文艺复兴人文主义精神的冲突),则在一些翻译活动中迅速地让位于本土的审美标准、道德规范和文化政治关注。

翻译作为不同传统的对话,体现的是文本被不断"再语境化"的过程:在特定的诠释和翻译情境中,翻译连同围绕翻译的评价和争议,是如何被时代的"偏见"所左右,并如何以全然不同的方式对目标语言和文化发生作用。每个时代,都会从自身的关注和需求出发,召唤出不同面目的"原文",生产着不同面目的"翻译";每一次翻译活动,都是在特殊的语境中对文本提出问题,并从文本中寻求回应,在此过程中解读出不同的意义,塑造出文本在这个时代中的特定形象,并在本土文学文化体系中赋予它和原文不尽相同的地位。譬如,爱尔兰女作家伏尼契(Ethel Lilian Voynich)的长篇小说《牛虻》(*The Gadfly*),描绘的是教会统治下的意大利动荡的社会现象和爱国青年亚瑟的成长。这本小说在其本国以及许多其他国家都相对默默无闻,但在苏联和中国却被奉为正典,因为后者在特殊的文化政治语境中,更加关心和青睐小说手法的现实主义因素和"变革与抗争"的主题。同样,在20世纪初林纾翻译的一系列小说当中,《迦茵小传》(*Joan Haste*)的遭遇是最富于戏剧性的。英国作家哈葛德(Henry Rider Haggard)擅长历史题材小说和异国情调的冒险小说,这部言情小说尽管曲折动人,但在其著作中并不显著,在英国文学史上实不见经传。(与之相类,小仲马的《茶花女》小说和剧本尽管诞生之初也曾名动巴黎,但其在本土的文学声望并不如在世纪交替时的中国那样显赫。)而林纾的译本在中国翻译史上的却意义非凡,有人甚至说中国的革命是由两部小说造成的,一部是《茶花女》,另一部就是《迦茵小传》。(邹振环,1996)。之所以如此,是因为它在一个微妙的时刻进入到汉语读者的阅读视野的,在文化转型的时刻被推到了冲突的前沿:汉语读者群体对《迦茵小传》的翻译、评价和接受,与原作在本土的境遇有天壤之别。林纾的翻译,关注的是中国传统文学中相对缺失的爱情主题,通过展现不同于道学传统的西方人的情感方式来予国人以心灵的感化,其引起反响和争议却主要是道德方面的。这部小说原先已有节译本,系经杨紫麟节译、包天笑润饰后,取名《迦茵小传》,以蟠溪子的译者署名于1901年在《励学译编》杂志上连载,1903年又由文明书局出版单行本,只译了原作的一半,前译者托言"惜残缺其上帙。而邮书欧美名都,思补其全,卒不可得"。其实是译者有意删节的,其目的是为隐去男女主人公迦茵与亨利热恋怀孕并有一私生子的情节,以期符合中国读者群体当时的"贞节"观念。此删节本引起了林纾的极大兴趣,认为"译笔丽赡,雅有辞况",惜其未能译全。林纾在译哈葛德的小说时无意中发现了此书的足本,并于于1904年与魏易重新进行

第四章 差异的多重维度

翻译，取名《迦茵小传》，1905年由商务印书馆出版，并多次再版。林译《迦茵小传》在近代中国产生了很大的影响，引起近代许多中国知识分子的强烈共鸣，却受到封建卫道士的大肆攻击，后者甚至将当时社会道德混乱、西方思潮和生活方式的广泛流行统统"归罪"于林译小说，尤其这部《迦茵小传》。如时人金松岑说："曩者，少年学生，粗识自由平等之名词，横流滔滔，已至今日，乃复为下，多少文明之确证，使男子而狎妓，则曰：我亚猛着彭也，而父命可以或梗矣（《茶花女遗事》，今人谓之外国《红楼梦》），女子而怀春，则曰：我迦茵斯德也，而贞操可以立破矣（迦茵小说，吾友包公毅译，迦茵人格为吾所深爱，谓此半面文字胜于足本）。今读林译，即此下半卷内知尚有怀孕一节。西人临文不讳，然为中国社会计，正宜从包君节去为是，此次万千感情，正读此书而起。"而卫道者寅半生（钟骏文，钟八铭）在杭州的一家消遣性杂志《游戏世界》（寅半生为主编）第十一期上发表《读〈迦茵小传〉两译本书后》云：吾向读《迦茵小传》而深叹迦茵之为人清洁娟好，不染污浊，甘牺牲生命以成人之美，情界中之天仙也；吾今读《迦茵小传》，而后知迦茵之为人淫贱卑鄙，不知廉耻，弃人生义务而自殉所欢，实情界中之蟊贼也。此非吾思想之矛盾也，以所见译本之不同故也。盖自有蟠溪子译本，而迦茵之身价忽登九天；亦自有林畏庐译本，而迦茵之身价忽坠九渊。今蟠溪子所谓《迦茵小传》者，传其品也，故于一切有累于品者皆删而不书。而林氏之所谓《迦茵小传》者，传其淫也，传其贱也，传其无耻也，迦茵有知，又曷贵有此传哉！"蟠溪子在翻译中有意隐去迦茵与亨利邂逅登塔取雏的浪漫故事，删削了迦茵与亨利相爱私孕的情节，把亨利为爱情而不顾父母之命而与迦茵自由恋爱的内容亦删而不述，堪称翻译中"春秋笔削"的典范。林译本则对这些情节作了完整的译述。故道学家们均把林纾视为中国礼教的罪人，蟠溪子则成了维护传统道德的功臣。(韩洪举,2005)而进步知识分子则普遍把林纾视为个性自由和思想解放的鼓吹者。这些负面的反馈,和无数正面的赞叹一样,不仅超出了原作的意图,甚至也超出了译作的本意,反映了这本小说在进入中国当时文化语境时的戏剧性遭遇。它说明了翻译的实质恰恰不是在两个文本间实现一致的单纯语言转换,而是体现了外来文本在本土的阅读习规体系中被再语境化时的双重境遇:翻译和翻译产生的阅读效应,如何被不同阅读共同体的关注和偏见所左右,又如何对本土的阅读习规体系产生巨大的冲击,在特殊的时刻成为社会文化变革的巨大推动力量。

翻译和解释一样,是不同阅读共同体在特定的阅读语境中与原文展开的对话。这种对话最重要的特征不是对原义的追溯,而是文本的视域和诠释者的视域的碰撞交融。以莎士比亚的十四行诗为例。十四行诗中有些是写给男子(据说是南安普敦伯爵)的倾慕和赞美之作,但所用的却是恋人般的言辞和语气,表达的是现代读者看来和爱情并无二致的情感。譬如十四行诗第二十首的原文是:

SONNET 20

A woman's face with Nature's own hand painted
Hast thou, the master – mistress of my passion;
A woman's gentle heart, but not acquainted
With shifting change, as is false women's fashion;
An eye more bright than theirs, less false in rolling,
Gilding the object whereupon it gazeth;
A man in hue, all 'hues' in his controlling,
Much steals men's eyes and women's souls amazeth.
And for a woman wert thou first created;

第四章　差异的多重维度

Till Nature, as she wrought thee, fell a – doting,
And by addition me of thee defeated,
By adding one thing to my purpose nothing.
But since she prick'd thee out for women's pleasure,
Mine be thy love and thy love's use their treasure.

这首诗中表达的对同性密友的强烈情感，全然超出了现代读者对"友情"主题的一般阅读预期。此外，如十四行诗第十八首（Shall I compare thee to a summer's day）和第五十七首（Being your slave, what should I do but tend...）等，据文学史家考据是为男子而作，却与情诗几乎没什么区别。不少莎士比亚研究者指出，十四行诗是其爱上一位年轻男子的证据，而另一些则认为这是深厚友谊的一种表达，而普通读者更愿意按照异性恋情诗的方式来理解这些诗歌。（值得注意的是，英语并不具有严格的阴阳性区分，十四行诗中被呼告对象的性别问题，在语言形式上不能充分表现。语法上的模糊性也为解释和翻译的差异留下了充分的空间。譬如十四行诗第十八首，诗的前两行，"Shall I compare thee to a summer's day, Thou art more lovely and more temperate"。如果只从字面内容来看（而非像经过系统训练的文学史家那样具有专业背景知识），我们看不出这首诗表达的深情是同性之间还是异性之间的。（如 Temperate 这一形容词的拼写本身并不能透露 thou 的性别信息）。而同样没有这种词形区分的汉语言，也不能精确地表现性别方面的判断，除非是像专门的文学史研究者那样深入作品背后的历史。不少当代汉语译者是将之作为情诗而加以翻译的，并且倾向于在翻译中传递出异性爱情的主题。在中文翻译甚至围绕翻译的引介、评论和编选等工作中，很多时候都体现出这种选择和引导。而在一些语法上的性属问题在词形上表现表现得较为明显的语言中（如法语），这种性别问题所牵涉的翻译选择会表现得更加明显。譬如，在较为通行的法文译本中，前两句的翻译是：Irai – je te comparer au jour d'été? Tu es plus tendre et bien plus tempéré，其中 tempéré 使用的是分词形容词的阳性形式，而非阴性的 tempérée，表明主语 tu 的身份是男性，诗歌表达的是对同性的爱慕。）

一个现代读者，在阅读此诗时很可能会产生这样的疑问：莎士比亚是同性恋（或双性恋）吗？（事实上，莎士比亚的性取向问题已然是莎学研究的一个主题，有不少文学史家都认真地从作品和有限的传记材料中寻找蛛丝马迹。）这样的问题，是在一个现代读者的阅读视域中产生的：在提出问题的时候，我们已经试图在一种当代的性观念和性心理框架中去诠释过去的文本，去"侵入"（invasion 乔治·斯坦纳在《通天塔之后》一书中使用的术语）文本的所承载的历史，而在现代性别文化的框架中，对性别和性取向的区分更为明确，边界更为清晰，使我们很容易用同性恋（homosexuality）这样的现代性学观念为文本内容加以定性。而解释的过程中，文本也会逐渐向愿意"倾听"而非只顾"独白"的诠释者敞开一个不同的世界：以恋人的口吻赞颂同性男子，不独见于莎士比亚的诗作，而是广泛存在于文艺复兴时期的诗作和剧作当中，成为文学话语的某种固定套路。对于同性之间的情爱，文艺复兴时期的文学作品，如巴恩费尔德（Richard Barnfield）的十四行诗、马娄（Christophe Marlowe）的戏剧（《爱德华二世》，*Edward II*）、锡德尼（Sir Philip Sidney）的长诗（*New Arcadia*）等等，都不乏相应的情节和表达。（Casey，1998）进而，文艺复兴时代文学文化作品中体现的性别和性取向意识，似乎并不同于我们当下对性别身份（sexual identity < -ies >）的理解和认定。英国学者阿兰·布莱（Alan Bray）在其著作《文艺复兴时期英格兰的同性恋现象》（*Homosexuality in Renaissance England*）探究了 16–17 世纪英国的文学作品和其他论述中的同

第四章 差异的多重维度

性恋主题,展示了其性质和形象如何不同于我们对(男)同性性行为的日常认识,并且,(男)同性性爱与公众出于宗教和道德原因的憎恶虽有冲突,但在几个世纪中相安无事,直至17世纪后才发生道德尺度的急剧转变。而男子间近乎恋爱的情感关系,则显然不致引起厌恶,甚至常常是值得称道的。到了18世纪早期,同性恋作为一种"身份"(homosexual identity)才得以建立起来。布莱强调的是,对于"同性恋"(the homosexual)的现代理解并不适用于前现代时期,在当时它并不是现在意义上的身份/认同问题(Bray,1995)。与之类似,在《被禁止的友情:文艺复兴时期佛罗伦萨的同性恋和男性文化》(*Forbidden Friendships: Homosexuality and Male Culture in Renaissance Florence*)一书中,英国学者洛克(Michael Rocke)描述了(男)同性之间的亲密关系在15世纪佛罗伦萨的大肆流行,分析了其深厚的社会文化乃至经济原因,展现了一个不同于今日性文化的历史视域,它是无法用当代普罗大众的性别意识和性取向观念体系来强加嵌套的。(Rocke,1996)两位学者所做的工作,实质上是福柯意义上的"知识考古",它揭示了性别身份作为一种流动的观念产物而非固定不变的"本质",是如何在不同历史时期的话语中被建立起来的。它促使我们去思考:是什么样的力量决定了关于这一问题在不同时期被言说和表现的不同方式?不同时期的话语产物,其背后隐藏着怎样不同的"母体"或者"结构",类似福柯意义上的知识型(l'épisteme)?如何去面对不同时期的文本背后的历史差异?当我们在这种差异间做出调停的时候,已经不自觉地顺从了或抗拒着怎样的体制性力量,或体现了怎样的当下关注?如此,在阅读和解释过去的文本的时候,我们所做的解释活动就不仅仅是一个在"古今同理"的简单认定之下从某种中立的、超越历史的公理体系出发,对文本进行纯客观的肢解分析,从而得出固定的终极意义,而始终处在当下的视域和文本的历史视域的冲突和互动之中,既是从当下的"前理解"去强行解释过去的文本,也因文本所承载的历史而丰富当下的视野,这是一个"遮蔽"与"解蔽"交互进行的过程,体现出阅读和解释之固有的张力乃至天然的政治性。甚至,对原文意义的重新发掘和认定本身也同样体现了当下的关注和应用:对莎士比亚诗歌中的性取向问题的辨析,无形中已经揭开了被当代的性别身份观念所遮蔽的文艺复兴时代的观念世界,也透露了诠释者对当下性别和性取向观念的认同和特定立场性。

在上述例证中,在经历了当代文化研究领域对性别/性取向的身份认同问题所做的深入探讨和激烈争论之后,在当下的学术语境中,任何对莎士比亚诗歌中类似题材的解释和判断,都不可避免地与文化研究中的身份政治问题域发生勾连。无论是盲视或曲解,还是对文本的历史视域进行探索和还原的努力,都可能倾注了诠释者的特定方式的参与,不管这种参与是以消极的顺从还是积极的干预来进行的。对于翻译而言,它同样体验着这种诠释学境遇的张力:在历时维度上,它并非仅仅是对不同语言的原文进行文字转换的技术性工作,而是在两种不尽相同的甚至无法通约的历史视域间作出调停,在特定的历史偏见和目的导向的作用下有选择、有侧重地凸显原文的某些方面。

观念世界的历史差异,成就了翻译在历时维度上不可能的一面:即使我们可以顺利地实现语词间的匹配对应,文本背后的历史与当下的习规之间的鸿沟并不能由此而弥平。就上例而言,对于一般读者和翻译者而言,我们在阅读和解释中可能会回避或无视诗歌中的同性之爱(homoerotic)的因素,而将之作为异性恋的情诗来阅读、翻译和传播,因为文艺复兴时代的情爱模式和文学表达已经不适用于当下的性别文化语境,它可能会引起争议和不适,尤其是在同性之爱成为某种不可言说的禁忌的文化语境中(homophobia)。而在性别和性取向牵涉的身份政治主题在特定的

第四章 差异的多重维度

文化历史语境中变得重要的时候,翻译和对翻译现象的评价往往透露出译者和翻译研究者之无法回避的立场性(the inevitable positioning)。正如图里(Gidion Toury)注意到,在 20 世纪初希伯来语的译文中,莎士比亚的十四行诗中的被提及的对象,其性别(gender)发生了转变,原诗中的被呼告的男性变成了女性。对此,图里是用翻译"规范"(Norms)这一概念来解释的,即翻译代表了文本在不同文化体系中传播时必然遭受的约束性的力量,以保证其在目的语文化中的可接受性,而翻译研究的基本出发点是通过对这些现象的描述而揭示这些规范的存在和影响。在上例中,图里认为,这种差异背后的原因是,对于 20 世纪初犹太教文化的读者而言,同性男子之间的爱是逾规越矩的,面对传统的强大力量,译者的决策表现除了某种程度的妥协(compromise)和自我审查(voluntary censorship)意识(Toury,1995:118)。需要重视的是,这种差异所透露的不仅仅是译者个人的选择,而是特定阅读共同体的偏见和权力意志的投射。而翻译研究者的揭示和判断,同样体现了某种不可避免的介入和干预。如图里在解释这一问题时所使用的字眼本身(如较为中性的表述"love between two men"),就已经体现了其与译者的立场冲突以及与原译本目标文化中价值观念的距离。这使我们看到,翻译和对翻译现象的观察,往往不是在某种价值真空中进行的客观中立的活动,而总在原作、诠释者、翻译者和翻译研究者的不同视域的碰撞中呈现出富有张力的差异性。

在阅读习规与应用关注的双重作用下,翻译常常不可避免地表现为一种"误读"(misreading)、"误释"(misinterpretation)、"误现"(misrepresentation)。(按照美国解构主义批评家保罗·德·曼(Paul de Man)的观点,一切阅读过程都是误读过程。)这也是为什么以"再语境化"为重要特征的翻译,往往体现的不是与原文的同一,而是深刻的差异与背离。这种"误读"所

从同一到差异——翻译研究的差异主题和政治、伦理维度

体现的文化政治内涵是传统翻译的经验主义范式和翻译"科学"所共同忽视的,也是驱动翻译研究的关注从"同一"转向"差异"的内在动因。在那些影响重大的翻译活动中,翻译如何偷偷搁置了对原文和原作者的"忠诚"誓约,而充分体现出译者的创造性叛逆和译者背后特定阅读共同体的集体意志?譬如,在严复创立、被译界长期遵奉"信、达、雅"三大标准中[①],"信"是第一位的,对应着翻译"准确充分地传达原文意义"的一贯追求。然而,对严复译作的考察却会使我们发现,对中国近代文化思潮产生过无与伦比的影响的严译名著,体现的却是以"误读"和"误释"为特征的诠释性转换。严复是在东西方思想的巨大差异面前,怀抱着富国强民的理想而开始其翻译家的活动的。作为窃火的普罗米修斯,他却并没有把火种毫无保留地赠送出去,而是小心地保管着它,规定和限制着它的使用方式和场合。且以其译密尔(John S. Mill,严复译为穆勒)的《论自由》(*On Liberty*)为例(密尔,2008)。密尔是自由主义中功利主义派的代表,其学说的核心是个人主义,坚信社会的最终价值只能是个人的幸福和个性的自由发展,所有社会行为的最终目标都是为了保留一切人的行为完全独立的自由,政府唯有通过最大限度增进个人利益,才能达到最大多数人的利益。也就是说,密尔的理论是在充分肯定个人优先原则和绝对地位的基础上才去考虑对个人利益和自由进行适当限制。在严复的翻译中,他却特意避开"自由"一词,而把标题改为《群己权界论》。严复是通过译作来表达对自由主义的理解的,他始终把群体放在第一位,个人作

---

① 严格说来,严复在《天演论译序》中提出的"信、达、雅",是以论述"译事三难"的问题方式提出的,是问题所及而非标准所在,但译界显然偏爱其高度浓缩和精炼,而将之脱离语境地解读为翻译理应企及的高等境界。这本身也是一种耐人寻味的"误读"。

第四章 差异的多重维度

为群体的组成部分,只有当其自由和权利有利于群体的自由和利益时,个人的自由和权利才能得到充分的尊重。个人与群体的关系成了严复对自由主义进行解读和翻译的思想框架。诚如金盛指出,"事实上西方人所谓的'自由'主要是一个涉及个人权利的概念,所以,自由的本质当数权力的分配,而非地位的重新分配,但严复仍把它诠释成主要是人与人之间的关系,即平等。同时,严复把政治上的平等和自由看作是'无法'。经过这两重的意义更动,严复的'自由'便与西方原初的'自由'在意义上产生了差距。"(金盛,2005:2)联系到严复一贯的"君主立宪"和"开明专制"的政治主张,以及"策勉国人努力富强之术"的现实关怀,这种改动不难得到解释。必须承认的是,作为中国自由主义话语的建构者,他对自由主义显然是有所误读。(金盛,2005:3)这种误读不是语言技能造成的,而是刻意为之。我们可以肯定的是,严复的翻译推销的恐怕是他自己的政治哲学,而不是密尔的。而严复的刻意误读,并非要归结为一个站在文明冲突前线的思想者其个体意义上的自由意志,而是当时中国知识群体中的相当一部分在接受西方思想和制度,思考中国未来命运时的普遍的矛盾心态。严复翻译中的"误读"和"误现"及其影响,集中体现了特定历史语境中汉语阅读群体对西方政治学说的解释和接受状况。而当代学者、译者对密尔《论自由》的重新翻译和引介,也绝不仅仅是出于对原作者的原著内容进行正本清源的需要,而是包含在当代语境中重新诠释"自由主义"之内涵的努力当中,对严复译著的肯定和批评,都在书写着我们当下对"自由主义"的各自见解和认同。

更能够体现解释和翻译的历时差异的是严复译的《天演论》原本(即赫胥黎《进化论与伦理学》,*Evolution and Ethics*)被误读和误现的经历。赫胥黎的这篇著名的演讲,阐述的是英国生物学家达尔文的进化论思想。19世纪后半期,达尔文经过长期研究而发表了《物种起源》一书，成为19世纪自然科学的三大发现之一。进化论突破了基督教《圣经》中关于"上帝造万物"因而"物种不变"的传统观念，以丰富的事实和严谨的推论在与神学原教旨主义的论战中取得了"话语霸权"。然而，就在达尔文的生物进化论在欧洲站稳脚跟的同时，欧洲人却开始了对进化论的集体误读。不论是达尔文还是赫胥黎，都十分严谨地强调进化论揭示的是自然界生命现象的规律，而并不适用于对人类社会发展的解释。而19世纪后期的欧洲，却有相当部分的知识群体和普通大众倾向于将达尔文的理论解读为社会学理论。究其原因，欧洲自文艺复兴以降，在思想、经济、文化方面的深刻变革使之走到了世界文明的前列，随着地理大发现而开始了世界性的扩张，18世纪以后工业革命的巨大威力更强化了欧洲在世界范围内的统治地位。在当时的社会氛围中，进化论的一些核心观点，如"生存竞争""优胜劣汰""物竞天择""适者生存"等，充分满足了欧洲各民族的扩张和主宰愿望，成为种族主义和强权政治的重要理论构成。将进化论观点用于人类社会，虽然在学理上问题重重，但在大众意识和公共舆论中颇为流行。于是，"生物进化论"渐渐演变成为"社会达尔文主义"，成为"弱肉强食"理念的代名词和殖民与征服的驱动力量，集体的癫狂也最终使欧洲人自己也走向灾难的世界大战。英国前首相丘吉尔在其《第一次世界大战回忆录》中也认为，"社会达尔文主义"思潮的泛滥是导致欧洲陷入那次世界大战的灾难的重要原因之一。欧洲人对进化论的普遍误读，是驱动达尔文理论的最重要传播者、"达尔文的斗犬"赫胥黎发表《进化论与伦理学》的文化背景。

赫胥黎非常警惕和担忧对进化论的误读之荒谬和浅薄及其所可能带来的灾难性后果。为了对当时泛滥的"社会达尔文主义"加以回击，他发表了多次演讲，其中最著名的就是《进化论与伦理学》。这篇演讲和它的标题一样，明确地分为两个部分，前半部分是宣传达尔文的进化论思想,后半部分则旨在澄清人们对于进化论的误读,特别强调它并不是鼓吹某种伦理道德观念,伦理学是属于人类社会的事情,生物学的规律不能用于解释人类社会的现象,更不能被奉为人类社会的道德信条。然而,赫胥黎的澄清和警告,注定淹没在躁动不安的欧洲种族主义和扩张主义思潮中。

而严复是在中国"三千年来未有之巨变"的严峻形势下,怀抱着忧国忧民的使命感而接触到赫胥黎的这篇论著的。严复的翻译使我们看到,他在翻译中是如何地不"信"也不"达"。他对赫胥黎的著作误读和误译,主要体现在两个方面:一是完全抛弃了《进化论与伦理学》中"伦理学"的部分,二是完全背弃了赫胥黎原著的初衷,将进化论思想完全阐释为社会政治学说乃至道德学说。严复《天演论》译文,不光比赫胥黎的原著要长出许多,而且填充了大量的借题发挥之处。从《天演论》标题就可以看出,译著中并没有"进化论"与"伦理学"的领域区分。而且,在中国传统文化语境中"天人合一"的观念主宰下,"天道"与"人道"并不存在什么界限,而是合而为一的。"天道"如何,"人道"亦当如此。严复误读和误译的程度甚至远远胜过欧洲人。在《进化论与伦理学》被译为《天演论》之后,"进化论"在严复的译笔下不仅适用于"人类社会",而且"进化论"之适用于生物界的思想与内容几乎被完全略去了。"进化论"变成了专门用于解释"人类社会"尤其是民族国家兴衰存亡的理论。

严复译本透露出来的信息是,赫胥黎著作中只有(被误读的)进化论部分是符合中国特殊的时代需要的,所以需要充分地凸显,而伦理学并不显得重要,应该被回避和隐藏。中国传统思想中似乎并不缺少道德文明的资源,相反,正是"温良恭俭让"、中庸谦和的文化氛围和君臣父子、天下大同的政治理念,

从同一到差异——翻译研究的差异主题和政治、伦理维度

造就了温和驯良、文质彬彬同时也散漫出迟钝、柔弱怯懦国民性格。反观充满竞争精神的、高度组织化的、强悍而尚武的西方国度与人民,严复和同时代的许多知识分子一样,感受到了强烈的反差和危机,这直接造成了他在引进西方思想时的选择性和片面性。在传统的"华夏—夷狄"结构下的文治教化体制崩溃之后,中国同西方民族国家(乃至东方的日本)间的竞争和冲突已不容回避,古老帝国的颓势已经充分显现。寻求富国强民之道,直面民族间的竞争,才能"自立于世界民族之林",免于奴役和覆亡。这使得对西方典章制度的学习和引介不可避免地带上了直接的功利性色彩。严复的《天演论》在当年的中国可谓振聋发聩,整整一代中国知识界都深受其影响。"物竞天择、适者生存",成为知识阶层乃至普通大众广为知晓并信奉不渝的至理名言。严峻的历史形势和救亡图存的危机意识使得人们并不去追究和计较译本和原本有多么巨大的差别,更多的是刻意无视之。严复对进化论的诠释性翻译,突出地体现了诠释和翻译活动所固有的"应用"(application)一面。

然而,以严复为代表的早期西学传播者,却普遍忽略了西方文明中更为深刻的一面。他们大量引进了西方的技术文明乃至典章制度,却相当程度地忽略了对作为人文社会科学之母的道德文明更为全面系统的认识。诚如纪坡民先生指出:"就严复而言,他开始接触欧洲文明时,是带着许多中国文化的'先验'观念,以中国文化特有的价值判断,去观察和审视欧洲文明的。"中国传统的道德元理论("性善—性恶"架构)和政治元理论(不同于西方近代"民族国家"观的"天下"观),连同面对西方思想时"中体西用"的前提定位,阻碍了即便是严复这样的时代精英对西方思想的深入认识。西方近现代的政治学理论,相当程度上是和道德学说紧密地结合在一起的;而近代西方道德学说的根本问题之一,却是"自由"的问题。康德和黑格尔的"道德哲

学"关于"自由"的基本论述就是：允许人民享有自由，是"善"；禁止、限制与扼杀人民自由，则是"恶"，正是在这个基础上确立了西方近代国家制度的基本理念和组织框架，只不过在应用到国际政治的范围时产生了困难。严复在《天演论》以及《群己权界论》等翻译中对于"伦理学"及其学理基础的回避，不仅仅回避了一两部著作中的论题，而是回避了一整个至关重要的问题领域，也延迟甚至妨碍了中国思想领域对西方道德文明的最初理解和吸纳，其负面影响同样深远。（纪坡民，2005）

在"忠实"的口号之下，"忠实"却被偷偷地搁置，这绝非历史的偶然，而更多的是历史的奥秘。翻译常常表现为在阅读习规与应用关注的双重作用下发生的文本的形变，展现的是文本在不同历史和文化情境中流传时的差异面目。这些差异不仅仅是译者主体性的体现，即译者个人的解释发挥与艺术创造，而已经展露了福柯意义上的"权力"维度：是什么样的力量在通过翻译说话？是谁决定了翻译以特定的方式说话？是什么力量在评判着翻译说话的方式？翻译所体现的历时差异，不仅能透露直接明显的政治操纵，也成为探索翻译背后隐性的权力网络的凭借，上述问题方式都在当代翻译研究的文化转向中变得明晰和重要。

三、"本源"的迷失

在当代翻译研究所借助的理论流派中，最能撼动传统翻译理论的同一性追求的形而上学根基的当属解构主义批评理论，它展现了语言的不稳定性和意义在起点处的非同一性，为翻译理论摆脱同一性追求的束缚提供了激进的理论支撑。并且，解构理论借助翻译问题而进行的对"在场的形而上学"的批判，为翻译研究与文化政治问题的结合奠定了基础。

在索绪尔开创的结构主义语言学理论中，语言是一个独立自足、与外部世界几乎无关的形式化的符号系统，意义被描述为符号之间的差异关系,"价值的概念方面是由同语言中其他要素之间的关系和差异构成的,其物质方面也同样如此。…语言中只有差异,没有确定的要素。"①(Saussure,1960:117-120)德里达所开创的解构主义理论则借此充分强调了语言系统中文本意义的无中心、无本源的性质。德里达认为,作为所指的概念并不"在场"——即依靠自身而存在,能指/所指的关系并非如索绪尔说的那样是一张纸的两面,相反,"每一个概念都嵌入一个链条或系统之中,在此间通过系统的差异游戏来指向另外一个或多个概念"②(Davis,2001:13)一个能指必须依靠另一个能指来指涉。意义的产生是一个空间上的差异和时间上的推延不断展开的过程,留下的只是"虚迹"(trace)——虚迹并不是真的不存在,而是能指之间的差异关系不断展开的印痕。德里达自造了"延异"(différance)一词来描述这一过程。延异是语言运作的根本机制。"一切语言要成为语言,必然要通过这一系统的差异运作或游戏。因为意义不能先于'延异'而存在,因而没有纯正的、严整统一的意义之本原,正如巴别塔的故事告诉我们的那样。"③(Davis,2001:15)意义不是先在于语言的本质,而是语

---

① The conceptual side of value is made up solely of relations and differences with respect to the other terms of language, and the same can be said of its material side…Everything that has been said up to this point boils down to this: in language there are only differences. Even more important: a difference generally implies positive terms between which the difference is set up; but in language there are only differences without positive terms. Whether we take the signified or the signifier, language has neither ideas nor sounds that exixted before the linguistic system, but only conceptual and phonic substance that a sign contains if of less importance than the other signs that surround it.

② Every concept is inscribed in a chain or in a system within which it refers to the other, to other concepts, by means of the systematic play of difference.

③ *All languages*, in order to be language, generates meaning through this systematic movement, or play of difference. Since meaning cannot precede *différance*, there can be no *pure*, totally unified origin of meaning, as the story of Babel reminds us.

第四章 差异的多重维度

言的瞬时效果（an *effect* of language）。故而，语言单位的意义，无论是词句还是篇章，都不是在场的（present），而是在系统内的差异关系中被延宕下去。

在此基础上，德里达颠覆了西方传统的"语言—思维—世界"相统一的语言观。在西方传统语言观中，语言符号与思维和世界之间存在着天然的对应关系。不论是希腊文化中的"逻格斯"（logos），还是希伯来文化中上帝以语言创造世界以及亚当为万物命名的神话，都认定了语言的神圣起源及其与世界之间的紧密联系。德里达对西方哲学传统中的语音中心主义（phonocentrism）和逻格斯中心主义（logocentrism）展开了批判。西方哲学的传统强调语音较之书写的优越性，认为言说代表的言说者的在场性与心灵有着本质的直接贴近的关系，而书写是对言说的模仿和再现。进而，西方思想史总是预设了一个又一个超越语言之上的先在的实体或者范畴，不论是上帝、理性，还是以"作者"为代表的人的主体性，乃至被翻译的"原本"，等等，形成了根深蒂固的在场的形而上学（metaphysics of presence）。然而，语言作为我们无法逾越的中介（不是传统意义上直达实在的透明中介，而是先在于每个经验言说者的符号系统），却不承认什么原初性与在场性。任何符号都要经历符号系统的内部的分延关系，没有凌驾于语言之上的先验指涉物（linguistic transcendence）。德里达的最富争议的名言之一"文本之外无物"（Il y a pas de hors-texte，后来修改为"语境之外无物"Il y a pas de hors-contexte），并不是说没有语言之外的物理现实，而是任何言说和文本都不能直指语言之外的存在。

语言是一个充满延异和播散的场域，不可能从中回溯出一个原初整体的意义，或者说，并不存在这样的意义的原点。德里达称，"不管是在言说文本还是在书写文本的序列中，没有任何元素能够不经由另一元素（本身也是不在场的）而充当符号。这

从同一到差异——翻译研究的差异主题和政治、伦理维度

种交织使得每个元素——音素或者义素——是在其内部的、由链条或系统中的其他元素的构成虚迹基础上才得以形成。这种交织、这种编造就是在其他文本的变换中所产生的文本。不论是在这些元素中还是在系统内，没有任何东西是纯粹在场或不在场于某处的。任何场所只有差异，以及虚迹的虚迹。"① （Derrida，1981：26）

作为一种阅读方式，解构强调文本的无中心和无本原的特征，将阅读行为视为不可重复的语用"事件"。文本的意义不是作为一个自足的整体而"在场"的，而是承载了先前无数文本的虚迹（互文性），是不可化约的多元意义的发生场所，阅读本身就已经是一种诠释和翻译。对于翻译研究来说至为重要的"原文"和"译文"的等级二元，并非是一成不变、毋庸置疑的。

以解构为代表的后结构主义思想消解了传统翻译理论所赖以栖身的"原义"的观念。它不再视语言为交流的工具，也不再视之为一系列可以形式化的可能性之总和（结构或者系统）。在后结构主义理论视野中，意义是能指游戏过程中的产物，语言则成为不可化约的多元意义的发生场所。每一次阅读和解释都是一个特殊的语用事件而具有不可重复性。由于能指和所指界限的消除，由于"延异"作为语言运作的根本运作机制的存在，对完整在场的原义的把握是不可能的，基于原义的把握和传递的传统可译性观念是不牢靠的。在这个方向上，对原文或原义全面再现

---

① Whether in the order of spoken or written discourse, no element can function as a sign without referring to another element which itself is not simply present. This interweaving results in each 'element' —phoneme or grapheme—being constituted on the basis of the trace within it of the other elements of the chain or system. This interweaving, this textile, is the text produced only in the transformation of another text. Nothing, neither among the elements nor within the system, is anywhere ever simply present or absent. There are only, everywhere, differences and traces of traces.

第四章 差异的多重维度

之不可能性不只是语言和观念体系的结构性差异问题，更是因为语言本身的不确定性使得任何意指过程不可避免地变得开放和不稳定。翻译既要面对原文意义不可化简的多元性，也要面对自身语言的不确定性。"实际上，先验所指的主题是在一个绝对纯粹的、透明的和毫无歧义的翻译视界中形成的。在它可能或看来可能的界限中，翻译实现了所指和能指之间的区分。但是，如果这一差异从来就不是纯粹的，那么翻译就更不是了，这样，我们就不得不用'变形'的概念代替翻译概念：即一种语言和另一种语言，一篇文本与另一篇文本之间的有规则的变形。我们从不会，事实上也从没有让纯粹所指（能指手段——或'载体'——使之完整无损和未受任何影响）从一种语言'转移'到另一种语言中去，或在同一语言中做这样的转移。"（德里达，2004：24，25）

德里达的"延异"所表征的意义的过程性和开放性，在诸多后结构主义立场的翻译学者的后继论述中有过不同的理论表述。譬如，美籍印度裔学者斯皮瓦克（Gayatri C. Spivak）将语言描述为一种由修辞性（rhetoricity）、逻辑和静默（silence）构成的"三面结构"，这三者之间不是静止的，而是一种流动性乃至破坏性的相互关系。在她颇令人费解的表述中，"修辞"实际上就是语言的符号性所体现的播散（dissemination）特征。"修辞或喻说扰乱逻辑的方式本身表明，在语言旁边，围绕着语言，存在随机不定因素的可能性。这样的衍散不是我们所能控制的。""……修辞会破坏逻辑，从而显现从内部激发着修辞产生的静默的暴力。逻辑使我们得以依据明确标明的连接把言词串联起来，而修辞则必须在言词之间和言词周围的静默中活动，试探着怎样才能起作用，效力有多大。"（Spivak，1993：180-181。译文见许宝强、袁伟，2000：279-280）（斯皮瓦克强调的对原文的"帖服"（surrender），就是对这种"修辞性"的认可，以对抗逻辑的化简力量对他性/她性的消除。）同样，韦努蒂使用了"余留"（remainder）的概念："超越了任何个人控制、使意图意义变得复杂难解的语言形式的集合力量"①（Venuti，1998：108），用它来表征翻译过程中超越了乃至阻碍了语言的透明使用的多元意义的释放。这些都说明，翻译绝不可能是语言符号的平安转换，在试图将意义从符号的散播场域中剥离出来的时候，翻译必然启动了一个化简和凝缩的阅读过程，同时也在另一种语言开始了符号的散播过程。

从最简化的角度来看，后结构主义的语言观带给翻译的启示是：即使文字的直接概念意义可以在另一种语言中得到不同程度的表现，但文本符号运作在源语言文化语境中展开的虚迹，却不可能被搬迁到目的语当中。于是，"翻译从来就不是很'忠实'的，从来就是有点'自由'的，从来就没有（和原文）建立起同一性（identity），而总是有所缺又有所补；译文从来不是一个透明的再现，只是一种诠释性的转换，显示出蕴含在外来文本中的多元分化的意义，而代之以另外一套多元分化的意义。"（Venuti，2000：8）在德里达看来，语际翻译同语内翻译并无实质的不同，不是将确定的所指从原文语言中剥离并在另一种语言中配以相应的所指，而是同语内翻译一样，是用能指去不断填补并不在场的所指，而这种填补却是永远无法真正实现。这就注定了翻译的过程，同任何语内诠释的过程一样，必定是一个不断生产着差异的过程。翻译所生产的差异，不是"一"之下的"多"，而是没有"一"的"多"，不是统一在一个神圣原文之下的各个次等的变形，而是符号的播散、意义的延宕，而任何试图维持着"本源"的稳定性和语言的透明性的"在场的形而上

---

① The collective force of linguistic forms that outstrips any individual control and complicates intended meanings.

第四章　差异的多重维度

学",往往会成为维系着某一特定的阅读习规及其背后的权力体系的帮手。这也是翻译的文化政治乃至伦理问题产生的理论根源。

在德里达那里,对翻译问题的探讨常常是和他的解构哲学的最重要主题——对逻格斯中心主义和传统形而上学的批判结合在一起。翻译的可能性/不可能性,蕴含着解构的几乎全部奥秘,正如德里达在论述其解构哲学的基本立场时说道,"如果要我给'解构'下一个定义的话,我可能会说'一种语言以上'。哪里有'一种语言以上'的体验,哪里就存在着解构。世界上存在着一种以上的语言,而一种语言内部也存在着一种以上的语言。这种语言的多样性正是解构所专注和关切的东西。"(德里达,2001:23)象征着词与物的完全同一的伊甸园语言,在巴别塔之后已经不复存在了,语言的复数性质——不论是各种语言之间还是同一种语言内部,都昭示着传统形而上学的语言学基础的不牢靠。哲学的概念和话语,在跨越语言的翻译过程中,还能维持"所指"的稳定性吗?即便是在同一种语言当中,意义有没有在解释和翻译的历时过程中得以维持不变,抑或在不断的分裂与延迟中缺场?传统形而上学的基础就是真理和意义(先验所指)在语言间传递的过程中能够得到保全,而在哲学家的思想游戏当中,翻译的不可能性所昭示的语言的不确定性,或者说语言的不确定性所造成的翻译的不可能性,成为对形而上学展开犀利解构的契机。

而在翻译研究领域中,对解构理论的运用不仅仅局限在高深理论(high theory)的层面。哲学层面的语言探究,常常被用作讨论和翻译相关的、更为直接具体的文化政治问题的理论准备。传统意义上的翻译研究,根基在于建立在意义的本质主义基础上的可译性观念。推展开来,翻译只是以不尽完美的方式传达了某个先在的意义、本质或真理。对在场的形而上学的解构,对翻译的同一性神话的去迷思化(demystification),则指向了"本源—

再现"这一传统翻译定义的谬误,从而对建立在这种对翻译的朴素认定之上的话语机制进行剖析,使翻译的文化政治问题得以凸显。翻译,并不是在另一种语言中完整客观地表述出一种语言和文化中固定存在的真相、本质、特性或者身份的行为,而往往是在"忠实再现"的旗号下进行的话语的建构,塑造并维系着目的语文化中被言说、被翻译的对象的形象、身份和地位。从这个前提认识出发,当代翻译研究不断质疑和批判着翻译的"同一"幻象,而把目光转向了翻译在占有、挪用、改造乃至编织异域文化资源的过程中所表现的权力角逐。

从微观上看,被冠以后结构主义之名的翻译论述中,有很多都与瓦尔特·本雅明的《译者的任务》一文有千丝万缕的联系。解构主义批评家者如德·曼(de Man, 1986)、德里达(Derrida, 1985a)等批评家对本雅明所做的阐释,以及翻译研究学者如巴巴(Homi Bhabha)、艮茨勒(Edwin Gentzler)、韦努蒂(Lawrence Venuti)、尼南贾那(Tejaswini Niranjana)等对这些阐释的发挥,本身就是一种意味深长的"翻译"行为:"经典"总是在被"误读"的过程中得以产生和延续,也因"误读"而获得生命、保持活力。这些阐释和发挥多数并非对本雅明本人的翻译观的精准注解,而是一种"六经注我"式的解读,简言之,是将本雅明前现代的翻译观做了后现代的解释,它本身就体现了解构的思想资源在被充满现实关注的翻译研究所挪用乃至"滥用"时的多元状况。翻译学者们相信,在对本雅明的诠释过程中,德·曼、德里达等后结构主义思想家们颠覆了翻译一贯尊奉的"原作"与"翻译"的二分,尤其是翻译作为从属的、第二位的甚至拙劣的模仿这样的地位,(Venuti, 1992: Introduction 6-7)认为其所带来的某种"解放"信息足以撼动传统翻译理念的等级观念,让翻译脱离对原本的依附而成为文本的阅读、解释、传播、变形的开放过程的总称。同时,本雅明在《译者的任务》

第四章 差异的多重维度

中流露的语言观,被视为对语言和文化的相对主义和多元主义的鼓吹。

在《译者的任务》一文中,本雅明开宗明义地指出,翻译不是作者意图的忠实传递,不是为了满足不懂外文的读者的阅读期待,甚至也不是以实现某种艺术性的再创作为目标(Benjamin, 1923/1992: 71)。某个外文文本之所以成为"原文"("original"),并非因为它是对作者意图的严整连贯的表达,而是该文本具备了某种属性使之值得翻译,使之注定要依赖"翻译"这样的形式实现它的"后起生命"(afterlife)。原作召唤着翻译,这种属性就是本雅明意义上"可译性"(不同于翻译研究中一般所讲的基于某种同质性定义的可译性),而这种"可译性"并不是说作品的"原意"能在多大程度上在另一种语言中得到体现——传达原文的主题信息在他看来正是坏翻译的标志。它是某些伟大作品的内在特征和"再生"的能力。"译文并不服务于原文,而是借助原文来获得自己的生存。"这种论调充分满足了翻译研究学者在学科崛起过程中的"权力意志",成为以译文及译语文化为导向的翻译研究思维的某种宣言。

本雅明语境中"翻译"更像是一个隐喻,它的背后是本雅明建立在"纯语言"这一观念上的本体论层面的终极关怀:在伊甸园和巴别塔之后,人类的语言四分五裂,而来自于神的、完备自足的、具有创造意义的神性力量的原初语言已不复作为一个整体而存在,只作为碎片而散播于各种自然语言之中。[本雅明从荷尔德林那里借用的"纯语言"(pure speech)一说,则显然是基督教神学中的"逻各斯"或者大写的"词"("太初有道":In the beginning was the word)的另一种变体。]翻译承载的是这样一种黑格尔似的进程:翻译使得包含在各种语言之中的"纯语言性"得以在相互映照和碰撞中展开。

本雅明的《译者的使命》体现的语言思想,依然体现出对于某种语言乌托邦的执着。所谓的纯语言,不过是把巴别塔之前的"普世语言"拔高到更高的层面——神的语言或创世的语言。不过,本雅明的纯语言理念中有一点是非常重要的。对纯语言的追求是一个永恒无尽的过程,没有一种自然语言或曰民族语言可以提升到纯语言的高度。纯语言存在于语言之间永无休止的差异当中。并且,翻译只有在彰显语言间的差异的过程中,才能实现它的救赎使命。正是在这一点上,对本雅明的延伸解读体现出与解构为代表的后现代理论的亲和力。在翻译学者劳伦斯·韦努蒂(Lawrence Venuti)看来,德里达、德·曼等人对本雅明的解读,已经消解了原作/翻译之间的二元对立,而正是此对立造成了翻译的边缘地位和译者的隐身。然而,消解的结果并不是将原作和译作的主从关系颠倒过来,宣扬译作或译者的原创性,而是进而质疑将译作置于原作之下的原创性、"作者"这些观念。(Venuti, 1992: 13)

本雅明对于原作的所谓"后起生命"的说法,尤其是所谓"有机体"的隐喻,是说具备了本雅明意义上的可译性的"原文"不是一个固定不变的整体,而是一个生长的过程。翻译使作品的"后起生命"得以显现,成就了作品的声名,而作品对翻译的召唤和依赖却又动摇了作为恒定不变的意义整体的"原作"理念。对此,德·曼、德里达等人的都将之解释为一种缺失。德·曼认为,"原作并非纯粹是正典,这清楚地体现在它要求翻译这一事实当中,因为它可以翻译,所以不可能是确定的。……翻译使原作得以正典化,得以固着下来,表现出原作的流变和不稳定性(对于这些性质,人们开始常常忽略)"。而德里达则认为,"翻译其实是原文生长过程中的一个时刻,原文正是在不断扩大自身的过程中得以补足自身……而如果原作召唤着补充物的话,那是因为就一开始而言它就不是没有缺陷的、充足的、完备的、整一的、自我一致的(identical to itself)。"所谓原文的变动

第四章 差异的多重维度

不居或者缺陷,就是德里达所说的延异。语言中的意指活动,所指只是关联和差异通过无休止的能指链条所产生的效果,处在无休止的区分和延宕之中,从未作为一个整体而在场。(Venuti, 1992: 6) 外语原文与译文一样都不是什么原初的意义整体;两者都是衍生物,都是以意义不可化约的多元性为特征,包含了多种多样的语言和文化材料,这些材料使意指活动的运作变得不稳定,使意义变得多重复义、分延,超越甚至抵触了作者及译者的意图(*ibid*)。

后结构主义理论对传统翻译理论的冲击是根本性的。尼南贾那曾一针见血地指出传统翻译理论的致命伤:"我期望引起对构成'翻译研究'这一领域的这些问题的关注,这些问题通常未能得到反思,因为要反思就意味着对整个将翻译视为'人本主义'事业的看法加以盘诘。翻译研究的自我观念深深地浸染了德里达所言的'在场的形而上学'。其关于文本、作者和意义的说法都建立在未经质疑的、单纯的语言再现理论之上。"[1] (Niranjana 1992: 48-49) 而后结构主义的语言观则通过揭示文本意义的无中心、无本原性以及意指活动的开放性而动摇了传统翻译理论的形而上学基础,挑战了翻译赖以栖身的"原文"观念。正是因为"原文"从来没有作为自足的意义整体而在场,翻译从来不是"忠实的"(faithful),它从未建立一个同一体(identity),永远不可能是一个透明的再现,而总是一种增补、一种质疑和盘诘,一种诠释性的转换。

---

[1] I suggest we need to draw attention to those questions constituting 'translation studies' as a field, questions that are normally left unconsidered because to do so would be to interrogate the very project of translation as 'humanistic' enterprise. The self-conception of translation studies is deeply imbued with what Derrida has called a 'metaphysics of presence.' Its notions of text, author, and meaning are based on an unproblematic, naively representational theory of language.

从同一到差异——翻译研究的差异主题和政治、伦理维度

就后结构主义理论在翻译学科发展过程中的影响而言,艮茨勒视20世纪80年代的翻译研究为后结构主义阶段的说法并不显得夸张。可以说,正是借助后结构主义的思想资源,翻译研究才真正打开了翻译作为文化政治行为的伦理政治维度,使得翻译研究关注的不再仅仅是(甚至主要不是)语言转换问题。对意义的原初性和整体性的质疑,并不是要通向某种虚无主义的意义不可知论和消极的怀疑主义,并不是张扬某种超历史的文本性和解释的随意性。在这一点上,艮茨勒在其影响广泛的著作《当代翻译理论》中的对解构主义翻译观的介绍显然有些误导性质,他将之描述为"无底的棋局、随意偶发的发展,没有目的可言","不加算计的游戏,没有终点或目的的游荡"(Gentzler, 2001: 159, 167),尽管是赞赏的态度。戴维斯(Kathleen Davis)在其《解构与翻译》(*Deconstruction and Translation*)一书中反驳了所谓解构不注重历史的说法,认为解构恰恰是最强调历史和语境的,因为德里达从不把解释问题一般化,总是在具体的文本中进行,在文本背后的历史语境上做文章。解构反对脱离文本和语境的意义,强调历史的重要性。(Davis, 2001: Introduction, 2)德里达本人也为了消除误解而把"文本之外无物"修正为"语境之外无物",意大利学者翁贝托·艾柯则将解构理解为"再语境化"(recontextualization)。(柯里尼,2005)对意义的诠释和生产所涉及的历史语境的重视,为对同样作为意义的诠释和生产的翻译的研究打开了极其丰富的问题领域。解构作为一种阅读实践,"寻找蕴涵丰富的边缘文本,揭示无法决定的时刻,用能指的积极杠杆使之松动,将固居其中的等级颠倒过来,只是为了迁移之,拆卸之,以重塑业已嵌入其中的东西"[1](Spivak, in Derr-

---

[1] To locate the promising marginal text, to dislocate the undecidable moment, and pry it loose with the positive lever of the signifier; to reverse the resident hierarchy, only to displace it; to dismantle in order to reconstitute what is always already inscribed.

第四章 差异的多重维度

ida 1976: Preface lxxvii)。它强调对一切等级二元的消解,故而被用于种种"解放"目的。在翻译理论中,它不仅被用来反思翻译中的原文/译文、作者/译者之间的关系,还被用来探讨话语、权力、身份、意识形态等问题,如女性主义翻译研究用它来质疑传统翻译话语中的男/女二元,后殖民翻译研究则借此反思翻译所塑造的不平等的文化政治关系。譬如,加拿大女性主义学者西蒙(Sherry Simon)认为:"正是通过德里达,女性主义翻译才找到了对文本权威的全新定义,发展出自己的传播政治。德里达和德里达的追随者们所给予翻译的前所未有的关注给予了女性主义翻译者们以丰富的语汇,来重新定义他们的使命。"[1] (Simon, 1996: 94 – 95)

需要注意的是,解构主义从不是严整统一的理论体系被挪用到翻译理论当中去的。所谓"正统的解构理论"本身就是一种自我反讽。它给翻译研究带来的混乱远多于秩序。不同的翻译学者对解构带来的理论资源有不同的解释甚至"滥用"(abuse),以满足各自不同的现实政治关怀。美国著名的翻译学者艮茨勒在其"翻译、后结构主义与权力"("Translation, Poststructuralism and Power")一文当中(Tymoczko & Gentzler, 2002: 195 – 218)以颇为激烈的言辞批评当今翻译学界对解构主义的滥用。他对解构理论在美国翻译学界中的鼓吹者韦努蒂(Venuti)和莱文(Levine)等人的论述进行了剖析比较,认为美国的后结构主义往往具有选择性,常常带有明确的社会政治议程,实际上已经远离欧陆学者所倡导的那种既带有挑战性又不乏开放性的双重写作(double writing)。譬如,他认为解构主义声称不介入政治,而且不迷信作者权威。但韦努蒂的理论介入了政治,而莱文的翻译则

---

[1] It is through Derrida that feminist translation finds its new definition of textal authority and develops its politics of transmission. The unprecedented theoretical attention given by Derrida and Derrideans to translation itself will provide feminist translators with a vocabulary allowing them to redefine their task.

充分利用了作者的权威话语的体现,就翻译策略而言,韦努蒂的翻译重体现,追求对原文反常(abusive)话语的体现。而莱文的翻译则重选材,追求对具有颠覆性(subversive)的原文内容或主题的选择。艮茨勒的这种理解本身也是成问题的,因为何时介入政治,为何利用权威,因何强调选材或文本策略,已经体现了对原文中心的突破,启动了解构的"阅读政治"。

第三节 翻译的双重"暴力"

"差异"作为翻译的常态,正是在语言维度的凸显过程中才会超越经验主义的感喟而得到全面的理论辨析,也真正成为翻译或基于翻译的理论研究更有价值的主题。传统翻译理论追求的是和原文全面的相似与等同,而差异往往和技术层面的不完美联系在一起,是次要的和负面的。然而,在突破了朴素的人本主义语言观的束缚之后,对翻译的学理审视却映照出传统意义上的以同一为最终旨归的"翻译"在诸多层次上的不可能之处。这并不是说翻译在即时的沟通、交流、信息传递方面终将无所建树,也不是说可以无视几千年的翻译史而粗暴断言没有什么好的翻译可言,更不是宣扬文本意义的不可知或者翻译行为的不合法,而是说,在超越了使用层面的技术关注之后,我们看到的翻译就不再是意义在语言间的平安传递,而是启动了符号在不同语言和历史地域中寻求对应时的流动与播散历程。这个过程往往是伴随着"暴力"的:它总是在两种语言深刻的结构差异中体验着语言的复数状态和意义传递过程中的焦灼和张力,也充满着目的语言结构和语言所承载的各种意识形态与审美规范对外来文本的强制力量,倾注了在不同历史文化语境中的阅读共同体各自当下的时代偏见和现实诉求。在这些向度上,固守建立在语言工具论上的朴素的"可译性"观念和"同一性"追求变得难以成立。对它的固执不仅仅是一种抱残守缺的姿态,也极易成为权力政治的工

第四章 差异的多重维度

具——它一方面宣扬一种无限的认知能力,是由经验直奔超验的危险跳跃(王宾,2001),另一方面掩盖了语言的中介性质,以通顺透明的假象悄悄抹平了翻译活动丰富的文化政治内容。此外,未经思辨的"可译性"往往意味着一种将差异和他性转化为同一的必要性,隐含的是将"他者"的认知转化为"自我"的投射这样的认识论暴力。(王宾,1999:19)在主导着翻译活动的诸多差异层面映照下,无视或轻视这些层面的传统,往往掩盖了追求意义整体性和同一性的翻译过程对符号运作所产生的多元复义的化简和凝缩,并在译文中同样维持着整体性和同一性的假象,使人错认为阅读是清白的解码活动,语言是透明的媒介,通过阅读可以把握稳定的"真理"或"实在"。它掩盖了作为诠释活动的翻译的历史性和主观性,无视翻译行为的具体历史情境的制约,和作为不同时期阅读习规之承载者的译者主观性所造成的差异和流变。对原文意义确定性的追求,非但不能保证"原义"得到准确的阐释和体现,反而极可能使得充满异质性和他性的原文受到自身语言的审美习规和文化价值观强制写入。

而"无法翻译/必须翻译"的悖论,并不会使翻译失去存在的价值。多重的差异所造成的翻译之同一性追求的不可能,从另一角度看来,恰恰是翻译的可能性所在。从另一角度来看,翻译体现的不是文本跨越语言与时空的一致性,而是在差异中产生又不断生产着差异的过程。尤其是在后结构主义理论侵入到翻译研究的过程中,原作在起源上的自我同一性被推翻了,翻译不是对单一稳定的意义的再现,而是因循着原文符号的虚迹在不同时空中展开的书写过程。换言之,原作不再被当作罗兰·巴特意义上的"可读的文本"(readerly text)而被诠释和再现,而是被作为"可写的文本"(writerly text)而不断展开、不断衍生。正如法国哲学家莫里斯·布朗肖(Morris Blanchot)1971年写在《论翻译》(*Traduire*)中形象地描述到:"他(译者)是语言间差异的秘密掌握者,对于差异,他不是要消灭它,而是要在将剧烈或细微的变化加诸自己的语言的过程中使用它,从而在自身语言中唤醒原文本身固有的差异性的存在。"① 布朗肖还写道,"翻译是纯粹的差异游戏:翻译总是涉及差异,既掩饰之,又偶尔显露之,甚至经常凸显之。"(Blanchot, 1971: 71) 这种"差异游戏",释放了翻译作为"能指的游戏"所蕴藏的能量,丰富了翻译的内涵,扩大了翻译研究的学术视野,召唤着对翻译的全新理解和定义。

进而,翻译的"暴力"隐喻不仅限于代表特定语言共同体和阅读共同体的译者和读者在对来自不同语言和不同时代的文本所做误读与误现中所做的调适与扭曲。作为在目的语的具体历史情境中展开的诠释活动,原文和源语文化之不可通约、不可化简的异质性,也为挑战目的语的种种习规体系带来了可能,使目的语产生德勒兹等所说的"a line of escape",使之得以撼动语言所支撑的现有的文化、社会等级,用翻译去消除它的边界(to de-terrorialize it)(Tymozko and Gentzler, 2002: Introduction)。翻译作为布朗肖意义上的"差异游戏",由此表现出"暴力"的另一面,启动了翻译的"扰动""诘问""错置""消解"等充满后现代性色彩的主题。

在当代翻译研究最为青睐的理论表述中,都能找到这一主题

---

① Le traducteur est un écrivain d'une singulière originalité, précisément la ou il parait n'en revendiquer aucune. Il est le ma? tre secret de la différence des langages, non pas pour l'abolir, mais pour l'utiliser, afin d'éveiller, dans la sienne, par les changements violents ou subtils qu'il lui apporte, une présence de ce qu'il y a de différent, originellement, dans l'original. (Blanchot, "Traduire" 71) The translator is a writer of singular originality, precisely where he seems to claim none. He is the secret master of the difference of languages, not in order to abolish the difference but in order to use it to awaken in his own language, through the violent or subtle changes he brings to it, a presence of what is different, originally, in the original. It is not a question here of resemblance, Benjamin rightly says: if one wants the translated work to resemble the work to be translated, there is no possible literary translation. It is much more a question of an identity on the basis of an alterity.

第四章 差异的多重维度

的不同论断。譬如，本雅明虽然没有直接用"暴力"的隐喻来描述翻译，但他在《译者的任务》一文中关心的是对翻译所提供的"救赎"可能，这种可能性不是存在于对"作者意图"的忠实再现之中，也不存在于对读者阅读预期的满足当中，而只存在于翻译所造成的对语言的扰动当中，这种扰动使得语言之间的亲族性得以彰显——不是在寻求语言间的共同之处的过程中，而是显示其差异之编缀互补的过程中。这也是为什么本雅明特别提及鲁道夫·潘维茨写在《欧洲文化危机》中的话，并称之为在德国发表的有关翻译理论的最佳论述："我们的译作，甚至最优秀的译作，都是从一个错误的前提出发：它们要将印地语、希腊语、英语的东西德语化（Verdeutschen），而不是将德语的东西印地化、希腊化、英语化。我们的翻译家对自己语言习惯的尊重，远远超过了对外国作品精神的敬畏……此类译者的根本错误，在于死守自己语言所偶然处于的状态，而不是通过陌生的语言来促成自身语言的强烈运动。尤其是译自与自身语言相距非常遥远的语言时，译者必须返回语言最基本的要素，深入到语词（word）、意象（image）和音调（tone）三者的汇聚点。他必须通过外语来扩展和深化自己的语言。"（Benjamin，1923/1992：81）。对此，翻译学者往往将之作为"异化"翻译的先声，强调对不同语言和文化的异质性的重视和凸显，以启动对自身语言和文学陈规的拷问。

再如，作为解构理论的宗师，德里达并没有鼓吹翻译的全然不可能性，而是区分了不同层面的翻译及其各自使命。他在 *Border Lines: Living On* 一文中写道，"我寻求在可译性中——在两种翻译之间——辨别出界线，一种是由可传递的单声性（transportable univocality）或者可形式化的多义性（formalizable polysemia）的经典模式所主导的，而另一种，则转向播散（dissemination），这条界线也是批评和解构之间的界线。"① （Derrida，1979：92-94）"批评"迎合了传统翻译所追求的对原文意义的辨析、解释和全面精确的传达这一可控的过程，而翻译在另一个层面却启动了对"原文"的解构：文本在不同的历史情境中被不断地"再语境化"（recontextualized）的传播、嬗变的生发过程。

在其讨论翻译的最直接文本 *Des Tours de Babel* 一文中，德里达对巴别塔的神话和本雅明的《译者的任务》的讨论指向了翻译的必要性/不可能性之共存的一面。德里达视翻译为一种使命、债务、责任，既是必需的，又是不可能的。然而，要被翻译的原文也是负债的（indebted）："原文是第一负债者，第一乞求者，它始于缺失和对翻译的乞求。"② （Derrida，1985a：184）这种"双向负债"展示了翻译的悖论：没有任何翻译能穷尽所有的翻译可能性，而原文的初始的缺失永远不能得到补偿。然而，尽管完全可译性是永远达不到的，但"承诺"本身是有价值的。原文对于翻译的召唤和负债也推翻了传统上赋予翻译的第二性的从属地位。翻译是一种增补。所谓"增补"（supplimentarity，supplément），实际上是所指的不在场性造成的永恒缺失由能指来不断填充，而这种填充同样也不能传递纯粹的所指，而是启动了一个符号指涉的过程。"增补"这一德里达语汇中不是概念的概念较之前文提及的"变形"更有正面意义：不同的翻译作为对原文的增补而产生，而原文本身是缺失的，需要翻译来增添、补

---

① By making manifest the limits of the prevalent concept of translation (I do not say of translatability in general), we touch on multiple problems said to be of 'method', of reading and teaching. The line that I seek to recognize within translatability, between two translations, one governed by the classical model of transportable univocality or of formalizable polysemia, and the other, which goes over into dissemination – this line also passes between the critical and the deconstructive.

② The original is the first debtor, it begins by lacking and by pleading for translation.

第四章 差异的多重维度

偿或替代。翻译不是对一个自足的实体的偶然的增加,而是被原文所需要,所召唤。并且,增补却不意味着使原文真正成为一个整体,而是一个不断展开的书写过程。德里达进而将翻译定义为"应原文呼唤而进行的生产性的书写"(Derrida,1985b:153)。翻译是生产性的(productive),而非复制性的(re-productive)。它不是在对先已存在的、稳定的意义进行符码转换,而是在和其他任何书写无异的书写过程中生产新的文本。翻译同样作为福柯意义上的"话语实践"(discourse practice)而积极地参与到文本的编织与意义的生产之中。

书写,增补,或者生产,都是在承认意义的跨语际平安转移之不可能性的前提下对翻译的重新审视,在这样的"翻译"过程中,翻译释放了语言的在无尽的符号运作中所产生的诗学能量。这种能量是富于冲击性和颠覆性的,这也是当代许多翻译学者所热衷于探讨的,对他们来说,这意味着翻译从对原文尽忠的束缚中解放出来,成为一个过程化的、质疑性的、挑战性的诠释活动。它拷问着每一个语词、概念或所指自身的稳定性,并进而指向传统形而上学所赖以奠基的"超验所指"(在任何时空和语言中都能维持自身概念稳定性的所指)的稳定性。于是,翻译的"暴力"隐喻有了另一重理解:不仅仅是指在各种共时与历时因素的交叉作用下导致的必然变形和差异,还有当代翻译理论更加注重的一面:翻译启动了对自身语言和观念体系的拷问,它可以通过从对源语言文化之共时和历时诸多层面"不可译"的异质性的重视和彰显来打破对语言的工具性使用所造成的透明幻觉,使目的语言产生扰动,进而对目的语的习规体系带来颠覆性的力量。

又如,海德格尔在论荷尔德林译希腊悲剧时,在两种意义上说,翻译是对异质的考验(Translation is the trial of the foreign):一是荷氏翻译表现了希腊悲剧之道(the tragic Word)的异质性(strangeness),而其他译本则倾向于掩盖之。二是荷氏发现了索福克勒斯文本中的两种互为矛盾的倾向（the immediate violence of the tragic Word, v. s. the "holy sobriety", the rationality to contain or mask this violence）。翻译正是通过在目的语中的张力而解放被禁锢在原文文本中的这种"violence"，强化这种异质性。也就是说，翻译并不是一个在另一种语言中再现原文作者的意图，而是要彰显文本中差异和断裂。（Berman, 1985）海德格尔发展了施莱尔马赫关于"使本土读者向外文作者靠拢"的思考（尽管在诠释问题上，他的本体论取向决不同于后者的方法论取向），推崇"诗化"（poetizing）的翻译策略，其用意在于通过"古化"（archaism, 这一点也体现在庞德的"古化"翻译当中，而笔者以为，其实古化和异化，都与形式主义诗学的强调的"陌生化"效果同声相应）等非常规的翻译手段，对日常语言施以暴力（violence），以打破语言的习规，使被蒙蔽的真义得到呈现——需要呈现的显然已远不止作者的意图（Berman, 1985/2000: 68）。海德格尔的翻译观不乏和本雅明的有相通之处，他同样关注语言之间的亲族性，尤其是德语和古希腊文化的亲缘关系。语言是存在之家，然而《通天塔》之后，不同的语言却是彼此隔绝的家园，家与家之间的对话几乎不再可能，只能在自己语言的家园中完成对于存在的追求。而翻译则是在承认不可译性的绝对性之下，在承认人的认识能力的有限性和历史性的前提下，在目的语语言中形成张力，使语言的牢笼产生隙缝，展露牢笼之外的"存在"。翻译的暴力，成为救赎的契机。

而在海德格尔的另一篇对话中，则更加形象地展现了陌生语言在相互碰撞的过程中所产生的翻译的艰难，以及这种艰难所孕育的诗性力量。在这次对话中，海德格尔与日本学者手冢富雄探讨了一个最为普通却最不寻常的语词的翻译：

海：您指的问题就是：在您的语言中用哪个词来表示我们欧洲人称之为"语言"的那个东西？

日：直到此刻，我一直未敢说出这个词语，因为我不得不给出一种翻译，这个翻译使得我们这个表示语言的词语看起来犹如一个地道的象形文字，也就是使之成为概念性的观念范畴内的东西了；这是由于欧洲科学和哲学只有通过概念来寻求对语言之把捉。

海：日语里"语言"怎么说？

日：（进一步的犹豫之后）它叫作"言叶"（Koto ba）。

海：这说的是什么？

日：ba 表示叶，也指花瓣，而且特别是指花瓣。请您想一想樱花或者桃花。

海：Koto 说的是什么？

日：这个问题最难回答。但我们已经大胆地解说了"粹"（Iki）——即是召唤着的寂静之纯粹喜悦，这就使我们较容易作为一种努力来回答这个问题了。成就这种召唤着的喜悦的是寂静，寂静之吹拂是一种让那喜悦降临的运作。但 Koto 始终还表示每每给出喜悦的东西本身，后者独一无二地总是在不可复现的瞬间以其全部优美达乎闪现。

海：那么，Koto 就是优美的澄明着的消息之大道发生啰。

日：妙口生花！只是"优美"一词太容易把今天的心智引入歧途了。

（引自许宝强、袁伟，2000：209）

在这个因翻译而引发的思想游戏当中，作为哲学家的海德格尔并没有遵循翻译的经验主义范式和科学主义范式所划定的路线，在陌生语言的两个语词之间建立起简单的对应关系，以一种习而不察的态度来对待语言。在哲学家惊异的目光中，陌生语言的戏剧性遭遇，为突破自身语言的遮蔽提供了契机和动力。诚然，这一遭遇贯彻着海德格尔诗性哲学的精髓，语言和翻译体现

从同一到差异——翻译研究的差异主题和政治、伦理维度

的不是认知问题,而是审美问题,是以审美的跳跃来超脱认知的局限,从语言的牢笼中获得短暂的解脱。这一倾向在种种"后学"进路的翻译讨论中被挪用和放大了,翻译所揭示的差异和新奇,对抗着对语言习而不察的态度和透明幻觉,以及在此基础上建立的各种知识体系的稳固性。

再如,福柯在评论克洛索夫斯基(Pierre Klossowski)译维吉尔之《埃涅伊德》时也区分过两种翻译:在其中一种当中,或是意义,或是美学价值,总之必须有些东西保持相等,当其从相似走向相同时(go from like to same),就是好翻译;而另一种翻译则不然。它"将原语抛向目的语,形成冲撞"。其任务或使命不是要让意义在另一种语言中得以恢复,而是用被翻译的语言来使目的语出轨(to derail the translating language),来造成目的语的震撼。① (Berman,1985/2000:285)可以联系到福柯在其更重要的作品《事物的秩序》(*The Order of Things*)。福柯在序里写道,他的写作动机源于博尔赫斯的一篇散文,提及在一本名为《天朝仁学广览》的书里中国人是如此划分动物的:a:属于皇帝的。b:涂香料的。c:驯养的。d:哺乳的。e:半人半鱼的。f:远古的。g:放养的狗。h:归入此类的。i:骚动如疯子的。j:不可胜数的。k:用驼毛细笔描画的。l:等等。m:破罐而出的。n:远看如苍蝇的。福柯自称是这一段文字中的混乱分类刺激他开始进行词与物的分析。(Foucault,1972:15)此段引文固然是小说家言,甚至也体现了历史上西方学术话语和文学想象对东方之"非理性""无逻辑"负面形象的构建。然而,如果作为

---

① It is quite necessary to admit that two kinds of translation exist; they do not have the same function or the same nature. In one, something (meaning, aesthetic value) must remain identical, and it is given passage into another language; these translations are good when they go "from like to same" [⋯] And then there are translations that hurl one language against another [⋯] taking the original text for a projectile and treating the translating language like a target. Their task is not to lead a meaning back to itself or anywhere else; but to use the translated language to derail the translating language.

第四章　差异的多重维度

一种隐喻来看，它体现了与陌生语言和思想的遭遇时的处境。翻译可以表现为对陌生语言与文化的贬斥与规训，也可以启动对自身语言和文化中业已存在的秩序和结构的盘诘和冲击。福柯显然选择了后者，并未落入"东方学"的俗套，而是开始了对被理性统摄的现代西方思想的拷问和抗争。

此外，德里达的译者之一菲利普·刘易斯（Philip Lewis）也区分了两种翻译：一种是通过压缩能指运作、传达所指信息的"孱弱的翻译"，另一种则是注重语言游戏、颠覆线性句法、传达原作语言的多价性、多重声音或表达侧重的强势的、有力的翻译。（Lewis，1985/2000）他的"僭越（abusive）的"翻译观在韦努蒂那里被赋予了伦理——政治的关怀。后者则通过对归化翻译/异化翻译（domesticating/foreignizing）的区分而强调"异化"翻译对于本土审美规范的冲击及其文化政治内涵（Venuti，1995，1998）。

在这些论述当中，我们都能看到翻译"暴力"的另一面，尽管各自的理论背景与深层关怀不尽一致，话题语境中的直接针对性也各不相同。尤其是在本雅明和海德格尔那里，它服务于语言本体论层面的终极关怀。"翻译"概念的使用常常是高度隐喻化的。然而，这不妨碍当代翻译理论研究对这些和翻译的传统理念相悖的论述的"滥用"，相反，正是因为这些论述全然有别于技术层面语言转换的直接实用关注，才使之进入到翻译学者的视野，在引用和阐释中不断丰富其内涵和适用范围。从最根本的语言本体论关怀到最直接的文化政治诉求，中间显然有着相当大的跳跃，和翻译研究自身一样，它体现的并非是一个清晰有序的问题结构，而更像是法国思想家列维－施特劳斯所说的"硬用"（le bricolage，笔者拙译，强调不能彼此兼容的理论范式中相关的成分被强行连通和使用）。这种"滥用"未必是负面意义上的，其实质是：当代翻译研究对翻译的"差异"的张扬和对翻译的双重暴力的剖析，体现的就是一种将各种与之相关的理论资源加以"硬用"，并将之泛政治化、泛伦理化的尝试。必须承认的是，当代翻译理论所关注的意义的过程性和生产性、语言文化之间的不可通约性、身份/认同的差异性等等，实际上是将"差异"的问题从语言和哲学层面延伸到现实的文化政治当中。在此过程中，他们悄悄搁置了凝缩在本雅明、海德格尔等人的哲学论著中的本体论关怀，也并未在康德传统的认识论层面细加辨析，而借助审美的中介（文本性、陌生化、异化、修辞性等等）直接将它以不同的理论表述转变为伦理政治问题。其间固然存在理论的跳跃，但这种跳跃反而更能说明翻译作为文化政治行为的本质。翻译的问题由此而产生出话语、权力、差异以及自我/他者等等伦理政治维度，问题的焦点往往集中体现在翻译应该是一种以自身语言文化的习规为准绳的文化自恋，还是一种认同差异、张扬多元话语的自觉的"去中心化"过程。

第四节　翻译的重新定位

如前所述，当代批评理论的诸多思想资源，尤其是以德里达为代表的解构理论，都撼动了翻译的同一性追求的形而上学根基，对传统翻译观提出了全面的质疑和挑战。翻译处在语言和文化的冲撞地带，既体现着本土的习规对外来文化产品的强制改造，也为目的语文化带来了扰乱和冲击，这种双重的"暴力"使得翻译成为一个不可化简的、充满张力的多元问题域。正是在对翻译所涉及的诸多层面的差异问题的全面审视中，翻译研究学者，或者说是以翻译研究为凭借的文化学者们，开始了对翻译的重新定义，这种定义并未使翻译研究的边界更加清晰，相反，却使得它更加宽泛模糊，而也正是这种宽泛和模糊使得翻译研究比已往任何时期都富于张力和活力。这些尝试都是基于对"忠实再现"的乌托邦追求中可能存在的误导和掩盖的认识，重视和彰显语言和语言所构塑的生活世界的不可通约性，以及在多面的差异体验中翻译所表现的双重暴力。正如巴西翻译学者罗丝玛丽·阿

第四章　差异的多重维度

罗尤所说：翻译中任何"绝对"物的不可能性正是为翻译打开了理论化和伦理之门。(Davis, 2001:91)

传统上，翻译理论赖以栖身的是西方哲学中关于实在(reality)、再现(representation)和知识(knowledge)这些观念。"实在"被视为确切无疑、"就在那里"(out there)的东西，"知识"被视为对"实在"的再现，而"再现"提供的是通向"实在"的直接的、未经中介干预的(unmediated)途径。(Niranjana, 1992:2)在人本主义语言观和本质主义的意义观的支配下，翻译的定义被局限为语际间的意义传递。翻译的理论问题被压缩为对意义传递过程中技术层面的关注。这也是为什么对"同一"的追求长期主宰着翻译的理论探索，束缚着翻译的现实关注。

当代批评理论的发展，尤其是语言维度的凸显，动摇了翻译同一性诉求的学理根基。"差异"作为翻译的常态，不再仅仅是从经验主义层面上来加以探讨。对"差异"问题的拓展研究，代表了对技术性关注的超越。语言不再仅仅是思想的工具，它既是我们不可逾越的中介，也是我们生存的状态。不论是中介还是状态，都不可避免地和意识形态与权力因素纠缠在一起。(王宾，2004:87)也正是因为语言本身中介/状态的并存，翻译涉及的意义的理解、诠释和再现等问题都变得越来越不清白无辜。"再现"(representation)这一传统翻译理论赖以栖身的概念，在以后结构主义为代表的理论剖析下发生了动摇。质疑"再现"，并进而质疑需要得到"再现"的"本原"，成为翻译研究打开政治伦理维度的突破点。在翻译研究被越来越多的文化政治理论和实践所借用的过程中，"翻译"的内涵和外延被极大地拓展了。"翻译"这个古老的语词在不同的语言及各自的演变中所承载的多重意义［如"拉丁文里的 translatio 和希腊文里的 metapherein 使人联想到运动、扰乱和置换。德文里的 Ubersetzung 也一样。法文里的 traducteur 处在 interprète（口译者）和 truchement（代言人、媒介）之间"，Nirajana, 1992:8］，被重新发掘出来，迅速

从同一到差异——翻译研究的差异主题和政治、伦理维度

地与文化身份、权力政治、族群、殖民等等文化研究的主题相挂钩。翻译不光摆脱了传统上作为文学研究附庸的地位而走到前台,而且成为整个文化研究领域最富张力的理论和实践竞技场。

在当代翻译研究的理论视野中,翻译已经发展成为一个复杂多义的隐喻,这些隐喻都以迅捷的方式指向一个混杂而富有张力的领域——翻译背后的权力关系和文化政治。譬如,在后殖民翻译研究学者尼兰贾纳看来,翻译不仅是语际间的意义传递,而是一个内容丰富的问题系。"它是一组问题,是一个'场',充斥着所有用以陈说难题、解释翻译的术语要义,甚至也包括了传统译论的用语在内。……翻译一指与某些经典的再现和实在观相互支撑的翻译问题系,二指后结构主义对这一问题系的批判所开启的问题系,这便使翻译总是成为'增益'或者德里达所谓的'添补'(supplément)"。"……我们或许可以合阐释与阅读之力造就一种语言转换的实践,其所具有的扰乱力量要比其他两项行为的大出许多。"对翻译的研究,不是要解决什么译者的困境或找到缩小不同文化之间的"隔阂"的更加保险可靠的"办法",而是"对这道隔阂,这种差异作彻底的思索,探讨如何把对翻译的执迷(obsession)和欲望加以定位,以此来描述翻译符号流通其间的组织体系"①。(Niranjana,1992:8-9)翻译被视为一个核心的问题域(a central problematic),用以分析族群和文化的迁

---

① By now it should be apparent that I use the word translation not just indicate an interlingual process but to name an entire problematic. It is a set of questions, perhaps a "field," charged with the force of all the terms used, even by the traditional discourse on translation, to name the problem, to translate translation…. Translation refers to (a) the problematic of translation that authorizes and is authorized by certain classical notions of representation and reality; and (b) the problematic opened up by the post-structuralist critique of the earlier one, and makes translation always the "more", or the *supplement*, in Derrida's sense. …it seeks rather to think through this gap, this difference, to explore the positioning of the obsessions and desires of translation, and thus to describe the economies within which the sign of translation circulates.

第四章 差异的多重维度

移问题,用以质疑启蒙传统所强调的建立在主客二分基础上的"理解他者"(understanding the other)的立场,而致力于思考"翻译的困难的政治,而非压制了困难的政治的翻译。"(the difficult politics of translation, rather than translation that represses the difficult politics. Baker, 1998: 149)

刘禾在其《跨语际实践——文学、民族文化以及被译介的现代性》一书中拓展了翻译的概念:"翻译应被理解为改写、挪用及其他相关的跨语际实践的一种简略的表达方式。"刘禾是在探讨近代中西语言互动实践的问题语境中探讨翻译问题的。她注意到"中国现代的传统就肇始于翻译、改写、挪用以及其他与西方相关的跨语际实践。"(刘禾,2002: 35 - 36)作为跨语际实践(translingual practice)的翻译,成为一个丰富的问题平台,用以探索现代化进程中汉语文化圈对西方思想的接受所产生的形变和效应,揭示不同文明、不同思想传统在特殊历时语境中的冲撞和交融。

同样,关注后殖民文化批评的美籍印度裔学者霍米·巴巴对"翻译"的使用是也是高度隐喻化的。其所关注的不是翻译文本及其功能,而是文化间的相互展现是否能够以不同于传统的多元文化主义的方式来进行。巴巴认为,翻译创造了一个混杂的跨文化空间(the third place),在此空间中存在的是一个不断展开辨析/认同的过程(identification),而不是一种固定的身份(identity),也正是在其中,新的意义和文化身份得以不断产生而不被固着。巴巴所提出文化翻译(cultural translation)的概念,不同于传统翻译理论中的一般性文化视角(后者往往侧重于根据文化心理的差异对翻译作出调适),而是指在本雅明所描述的语言的异质性(foreignness of languages)前提下形成的、在不同文化系统的差异中进行的抗争与流动状态(a constant state of contestation and flux),它形成了文化间以不确定性和暂时性(interminate temporality）为特质的中间地带（in between）。翻译和对翻译的研究，成为这一场域的建构力量，服务于后殖民批评语境中文化身份的不断重新议定，消解着文化领域的帝国主义话语霸权。（Bhabha，2000）

而以女性主义研究为主要关注的加拿大批评家谢莉·西蒙赋予"翻译"的内涵更加广阔而深远。在其《翻译中的性别》（*Gender in Translation*，1996）一书中，她使用了大量的术语来厘定"翻译"作为跨语言实践的多重方面，将之纳入文化间复杂的传介活动来考察，分别称之为"干预调停"（mediation）、语言转换（language transfer）、文化散播（cultural transmission）、书写实践（writing practices）、文化干预（cultural intervention）、文化调整（cultural redress）、"僭越性的挪用"（transgressive re-appropriation）、转化性的能力（transformatory potential）等等，使翻译成为一个多重的隐喻，成为富于思辨魅力和行动精神的文化政治实践。（Simon，1996：4 - 16）

这些论述都超越了语言转换层面的关注，而在"后"学语境的映照下充分发扬了翻译的双重暴力所承载的文化政治内涵。对于这一转变，正如较早也较为系统地将解构学说运用在翻译研究的巴西学者阿罗尤总结到，"作为巴别塔之诅咒的产物，翻译连同其谜题常常和人类自身的局限联系在一起。向往有一种语言能够超越所有差异，这种情结反复重现在对（理应稳固长久、可以在复制而不失同一的）原作的神圣化当中。这种神圣化将翻译置于学术的边缘并使译者的角色始终和不受欢迎却又必需的叛逆者联系在一起。然而，在强调一切阅读和解释都是转换的后现代思想的映照下，在理解我们对如何对他性进行调适、如何重新定位本国和异邦之间的往来交流问题上，翻译变成了首要的场域。同时，这种定位过程所不可避免地重塑着化产品，重新界定着文化身份/认同，其以怎样的方式进行，我们已经对之开始评估。

第四章　差异的多重维度

从这个角度看，我们将要探究，所谓原文和翻译或原语言文化和译文语言文化的传统关系以何样的方式被重新表述，这种重新表述为告诉我们翻译和译者在用何样的方式重新创造和整合本国和外国的资源。也就是说，我们关注的是翻译的"差异的伦理"（韦努蒂）所产生的结果。[1]（Arrojo，2006）在这种境况中，我们几乎不可能剥离出真正纯粹的翻译问题。翻译研究在这个过程中承受着自身的身份焦虑，却也成为最富张力的理论场所。这也是为什么当代翻译研究越来越倾向于用 translation studies 而非 translatology 来命名自身，因为后者暗示的是一个从有限的前提预设中演绎出来的、建立在清楚有序的目的论和方法论基础上的理论系统（如"对等"理论），而前者则暗示了研究进路和问题关注的多元和不可化简，远不是一个边界清晰、体系分明的学科。翻译自身就是对差异的最好说明。

---

[1] As an outcome of the Babelic curse, translation and its conundrums have often been associated with the limitations of the human condition. As a recurrent symptom of the nostalgia for the possibility of a language that could transcend difference, the sacralization of the original (as that which should remain forever stable and thus repeatable in its sameness) has pushed translation to the margins of scholarship and built a reputation for translators that is frequently associated with the role of an unwelcome, but necessary, traitor. However, in the wake of postmodern thought, which tends to emphasize the transformational vocation of any reading or interpretation, translation is turning into a privileged site for the understanding of the ways in which we appropriate otherness and renegotiate the traffic between the domestic and the foreign. At the same time, we are beginning to evaluate the many ways in which this negotiation inevitably reshapes and redefines cultural products and identities. From this perspective, we plan to examine how the traditional relationship between the so-called original and the translation, or the source and the target languages and cultures, can be rearticulated, and what this rearticulation might teach us about the ways in which translations and translators reinvent and recombine both the domestic and the foreign. In other words, we are interested in looking into some of the consequences of an "ethics of difference" (in Lawrence Venuti's words) for translation, and invite specialists to send proposals that address these issues either in translation projects or translation theories.

差异与翻译的文化政治

传统意义上的翻译研究多将翻译视为一个从作品到作品的封闭过程，探索的是文字转换过程中的技巧和规则。然而，语言转向后的批评理论打破了传统翻译理论朴素的语言观认定，20世纪最后几十年的文化政治现实，也促使翻译研究寻求新的理论话语表述。翻译学者们越来越清楚地认识到，翻译研究更重要的价值不在于寻求与原文与译文超越时空限制的同一性，而是对翻译这个因差异而产生、又不断生产和制造着差异的过程进行理论审视。可以说，当代翻译研究的重点已经从对同一的追求转向对差异的解释和彰显。翻译研究早已超越了对文本本身的直接关注，而更多地关注文本周边（paratextual）的因素与翻译活动的复杂牵连，发展成为一个承载着各种在具体的历史—文化语境中展开的、经由语言中介所进行的诠释活动的综合平台。

当代翻译理论的许多理论问题，都可以表述为"差异"问题。在翻译研究和文化研究融合的过程之中，"差异"逐渐成为一个备受翻译学者们关注和钟爱的关键词汇，也成了翻译研究突破狭隘的技术性关注的一个关键表述。它成了一个包罗万象的公共隐喻，凝缩了翻译研究牵涉的几乎所有热门话题。当前翻译研究所体现的对"差异"的重视，其更为深刻的理论背景是当代哲学思潮和文化理论（尤其是在语言转向的过程中）表现出的

第五章 差异与翻译的文化政治

对普遍性和总体性元叙事的警觉和质疑，这些质疑都撼动了传统翻译观之同一性追求的理论根基。在翻译研究领域中，其大体的表现是：通过对传统翻译理论的求同模式和翻译"科学"的对等范式的反思，来发掘并撼动其背后的语言观设定，从而揭示被朴素的语言再现论所掩盖的翻译作为文化政治实践的本性及其所必然牵涉的各种权力因素，并进而为被翻译的同一性追求所压制或放逐的各种差异性的（话语）存在而正名，直至在此基础上产生了对翻译的"伦理"问题的思考。

在翻译研究的发展过程中，对差异的理论审视也有不同的层面，分别大致对应着不同的理论发展阶段，各自的问题方式大体如下：

第一，如果超越直接的技术性关注，在更广阔的文化视野中来观察翻译现象，就会发现翻译，尤其是一些重要的翻译活动，常常不是对一个稳定先在原文的忠实复制。那么，译文相对于原文呈现出怎样的差异和背离？这些差异是哪些因素所造成的？哪些力量在影响和操纵着翻译文本的选择、翻译策略的确定和翻译结果的最终形态？翻译活动的长远影响维系或动摇着怎样的文化权力结构？这是早期文化研究学派的描述性进路所关注的问题核心。虽然还是以描述具体的翻译行为中文本的遭遇为出发点，但已经悄然舍弃了本质主义的意义观，开始视差异为翻译的常态而非零散情形，大量关注文本之外的因素对翻译行为的影响和制约，为翻译研究打开了权力政治的视野。

第二，翻译作为一种文化政治行为，在抹杀、凸显乃至生产文化差异的过程中扮演了什么角色？翻译如何参与到话语的编织和身份的塑造当中去？翻译如何通过对差异性的张扬（或压制）而推进特定的文化政治议程？这是"文化转向"后期的基调。在这个问题层面上，翻译关注的不是意义转换本身及转换的过程，而是如何让本质上就是特殊的"文化政治实践"的翻译行为更主动地、更突出地参与到话语的编织和权力的运作之中。翻译也是一种"以言行事"的行为，说得尖锐一些，是这种进路是以翻译作为展示文化政治问题的综合平台，是让翻译批评服务于特定的政治目的（the hijacking of translation for political use）。这倒不是说翻译变了味，变得不再清白无辜——翻译原本不是清白无辜的，试图用价值中立和科学性来界定翻译，本身也是一种特殊的意识形态，一种特定的文化政治立场。

诚然，"差异"（difference）主题的体现在这两个问题层次的意义区别是很大的，不过，鉴于翻译研究本身不可克服的视角多元性，这对于"差异"这一（非）概念的拓展及其在文化研究和翻译研究中的地位，下文将有论述。并且，这两种问题方式都是在打破翻译的同一性执着的前提下，在不同层面追问翻译问题所承载的文化政治内容。

第一节 早期文化进路的差异视角

就第一个问题层次而言，从 20 世纪六七十年代开始，一些翻译学者就开始反思翻译研究对于普遍性和同一性的过度热衷，探讨差异问题在翻译研究中的价值。其中包括具有形式主义背景的勒维（J. Levy）、波波维奇（A. Popovic）等人。勒维将翻译定义为一个决策过程（a decision process）。波波维奇则在《翻译分析中的"表达转换"概念》（The Concept "Shift of Expression" in Translation Analysis）一文中提出了——或者说拓宽了——"转换"（shifts）的概念（Holmes，1970）。之前英国翻译学者卡特福德也曾用过"转换"的概念，指的是翻译过程中因两种语言在句法结构层面的不可通约性而必然导致的译文词序的细微调

第五章　差异与翻译的文化政治

整,它主要是语言内部的语法问题。(Catford,1965:73)而波波维奇所讲的"转换",则是指译文相对于原文的种种差异,这些差异甚至算得上一般所讲的翻译"错误"。波波维奇认为,对这些差异的解释才是翻译研究更有价值的主题,因为"翻译就本质而言包含了认知和审美价值的特定转换"①,并且,这些转换不是随机的,而是"由两个作者、两种语言、两种文学情境的差异所决定的。"(Holmes,1970:78-79)。不过,波波维奇并没有脱离对原文的"忠实"方面的考虑,强调只有对原著而言必要的转换才可以接受。

较早将文本外因素全面系统地纳入翻译理论视野的当属以色列特拉维夫学派的学者,他们立足于对翻译的外在制约因素的描述,将翻译的关注从原文转向翻译在目标文化系统中的发生的变化。(Baker,1998:176-179)以色列学者图里视"转换"的发生为翻译的普遍情形。(Toury,1995),致力于探索这些转换的"规范"(或"常态",Norms),即"将特定共同体所共有的、关于对与错、充分与不足等等的总体价值和观念转变为与特定的情境相称并可行的操作指导,规定在特定的行为领域中哪些是必需的、哪些是禁止的、哪些是可以忍受或被允许的。"②(Toury,1995:55)对"规范"(Norms)的重视,实际上是将翻译分析的重心从原文转向了目的语言和文化的规范性力量,这些力量决定着译文以怎样的面貌最终呈现出来并被接受,原文作为译文的约束和旨归的一面被淡化了。

---

① Translation by its very nature entails certain shifts of intellectual and aesthetic values.

② The translation of general values or ideas shared by a community—as to what is right and wrong, adequate and inadequate—into performance instructions appropriate for and applicable to particular situations, specifying what is prescribed and forbidden as well as what is tolerated and permitted in a certain behavioral dimension.

而以色列学者伊文－佐哈（Itamar Even-Zohar）创立的多元系统理论（polysystem theory）则将翻译研究的精神极大地拉伸了。佐哈创造性地发展了俄国形式主义文论家蒂尼亚诺夫（Jurij Tynjanov）的由各种文学样式（genre）和文学传统所构成的"多元系统"概念，并以此来作为翻译研究的基本框架，主要理论立场是：各种社会符号现象，即基于符号运作的人类交往形式，构成了彼此之间相互作用、相互影响的系统。系统是多元的、多层次的，各个平行的系统又共同构成了更大的系统，系统之间的互动使得多元系统处在动态的演化过程当中，多元系统内部的边缘和中心的各种子系统也在不断冲突争斗的状态，在一定的内外因素作用下，其地位也不断发生着变化。多元系统决定着外来语言的文化素材以什么样的方式被吸纳进来，并被赋予不同的样貌和地位。翻译文学通常处在文学多元系统的边缘位置，但在特定的情形下会占据核心的位置，例如，当某一文化自身的文学多元系统处在比较稚嫩的状态下，或出现转折、危机或真空的时候。当翻译文学处于边缘的时候，它倾向于套用本土文学中现成的模式，当处于中心的时候，往往会为本土的文学文化传统带来冲击和变革。（Baker，1998：176－179）

多元系统论改变了既往翻译研究的孤立状态，其隐含的信息是：任何对于符号现象的理解，都应该在相互嵌套的多层次文化系统中得到考量和解释。翻译现象不是孤立的、个别的情形，也不仅仅受制于单纯的语言系统规则，而是由目标语言文化系统的多层次因素共同决定。它在文化的多元系统中发生，受制于系统内部的秩序和规则，而同时往往又改变着系统自身的秩序。翻译是两种文化中各自的规范力量之间的较量。并且，与以往原文主导的翻译研究有别，多元系统理论主要是目的语导向的，注重的是对目的语的文化系统之于翻译的影响和控制，以及翻译文学和

第五章 差异与翻译的文化政治

本土文学传统的冲突互动方面的解释。

然而，多元系统论提供的是一种高度形式化的图景，显得过于抽象。佐哈用"形式库"（repertoire）的概念来指系统内生成符号产品的规则和材料，而所谓"形式库"，其实就是各种文学文化"习规"（conventions）在不同层面的集合和体现。不过，它打破了此前翻译研究的结构主义语言学模式的科学主义和静态的系统观念，在共时性研究的基础上引入了历时的视角，关注来自不同语言的文学文化资源在目标语言的接收吸纳过程中所呈现的多样性，以及翻译文学与本土资源动态的此消彼长所透露的约束翻译的体制性力量，以及翻译作为文化实践所发挥的文化塑造作用。

同样将翻译研究扩大到文本语言因素之外的还有发源于欧洲低地国家并传播至英美的"文化研究学派"。他们都直接或间接地疏离了翻译研究的对等追求所体现的规定性范式，而倾向于对翻译的实际情形做出客观的描述和解释。譬如，其先行者之一霍尔姆斯（James Holmes）认为，当时（20 世纪 80 年代）流行的对等说（主要是体现在奈达极有影响力的著作中）没有触及翻译研究的要害所在。霍尔姆斯举例说，即使让五位译者用荷兰语去译美国诗人卡尔·桑德堡的《雾》（Fog）这样简单直白、没有任何音韵要求的印象派诗歌，也不会得到相同的译文，再将之分别翻译回英文则会有更多的差别。（Holmes，1988：53）也就是说，对等并不足以限制翻译操作的实际情形，不足以保证译文的趋同，也有可能使翻译研究陷入过于琐碎且并无结果的争执当中。霍尔姆斯的目标是将翻译研究建立为一种经验性的、描述性的科学，其任务是描述实际翻译中的翻译选择并解释其动因，而不是规定性的翻译标准探究和技能训练。

文化研究学派注重从文化层面来思考翻译活动，视翻译为一个选择过程,而选择背后的影响因素不仅仅是语言差异,更主要的是翻译活动所处的历史文化情境中的种种外部制约因素。翻译研究对于他们来说重要的不是考虑语词之间的对应,而是探究哪些力量在促使译者作出特定的翻译选择。其中最有代表性的是英国学者苏珊·巴斯耐特(Susan Bassnett)和比利时学者安德烈·勒弗维尔(André Lefevere)。他们不满足于以往翻译研究中对翻译过程中发生的文学和语言方面的细节性的转变的那种"只见树木不见森林"式的研究,而试图以"描述性"进路试图解释在诗学和意识形态的双重规范主导之下翻译中所发生的转换。

勒弗维尔的研究代表了这一时期翻译研究的最重要突破。其早期的翻译研究的立足点是描述不同的翻译策略如何产生不同的译本,每一种翻译策略如何带来了特定的翻译可能性而排斥了其他(譬如其 1975 年的著作《诗歌翻译:七种策略和一个蓝图》*Translating Poetry: Seven Strategies and a Blueprint*)(Lefevere,1975)。进入 20 世纪 80 年代以来,他开始关注权力、意识形态和各种规范力量对译者和翻译学者的影响(Lefevere,1992a),开创了卓有影响的"操控学派"(The Manipulation School)。在其代表作《翻译、改写及对文学声望的操控》(*Translation, Rewriting and the Manipulation of Literary Fame*)一书中,勒弗维尔非常详尽地考察了翻译背后的各种操纵力量,把翻译视为在权力、意识形态、赞助人和诗学规范等因素的作用下对文学进行的改写(rewriting),其实质是创造另一个文本形象的一种形式。勒弗维尔注意到,翻译同史志(historiography)、文选(anthologization)、批评(criticism)、编辑(editing)、影视改编(adaptation)等语言活动一样,都是"改写"这一文化交流中最为基本的运作过程的体现。并且,翻译是其中最有影响的手段,因为它跨越其原文化的界限而投射出作者和/或作品的形象。(Lefevere,1992a:

第五章 差异与翻译的文化政治

9) 作为"改写"的翻译在文学系统（literary system）中取决于三个主要因素：（1）文学系统内的专业人士（professionals within the literary system），包括批评家、书评家、译者和教师；（2）文学系统外的提携人、庇护人（patronage outside the literary system），主要指那些促进或阻碍文学阅读、写作、改写的掌握着实权的个人或团体（the powers：persons or institutions），也可以是控制着文学和文学观念流通的一些机构（如国家学院、学术期刊、教育部门等）；（3）主流诗学（dominant poetics），包括"文学技巧"（literary devices）与"文学角色构想"（the concept of the role of literature）两方面，前者指文学样式、象征、母题与原型场景、人物，后者指文学与生存于其间的社会体系之密不可分的关系。勒弗维尔认为："翻译是对原文本的改写，所有的改写，不论意图如何，都是对某种意识形态和诗学的反映，并通过此二者对文学进行操控，使其在特定的社会中以某种方式而发挥效用。"（Lefevere，1992a：xi）并且，在二者中间，勒弗维尔显然更加重视意识形态因素对于翻译或曰"改写"的操纵。勒弗维尔通过大量的实例表明，"在翻译过程的每一个层次上，都能看出，如果语言方面和考虑与意识形态和/或诗学规范方面的考虑相冲突的时候，后者总会胜出。"①（Lefevere，1992a：239）

翻译史就是勒弗维尔意义上的"改写"的历史，它充满了目的语言共同体对外来语言文化材料在诗学层面和意识形态层面的渗透和改造，塑造着外来文化在本土语境中的形象和地位，维系和巩固着目的语文化中特定的权力结构。它首先体现在本土的诗学陈规和审美旨趣对外来文本的注入，以阅读共同体所熟悉的

---

① On every level of the translation process, it can be shown that, if linguistic considerations enter into conflict with considerations of an ideological and/or poetological nature, the latter tend to win out.

文学样式来打扮外来文本，以有时或也赋予其某种适合特定需要的新颖性。19 世纪的英国作家费兹杰拉德（Edward Fitzgerald）翻译的古波斯诗人奥马尔·海亚姆的抒情诗集《鲁拜集》（*Rubayyat*），是英语世界最有影响的东方文学译作之一。然而，费兹杰拉德的翻译并没有表现出对古波斯诗人在诗学手法方面的尊重，相反，他使得诗歌屈从于他的时代中西方文学的主流诗歌规范。同时，他的翻译也体现出了西方中心的意识形态一面，即认为波斯民族在文学传统上要次于西方，故而作为译者，他自认有权采用更加自由的做法（to take liberties）按照西方文学的审美标准（主要是 19 世纪英语世界上流社会的文学规范和品位）来改变原作的"粗糙"，加以改良和提高。（Lefevere，1992a：8）《鲁拜集》的翻译，固然使得波斯诗人的作品在英语读者群体中被阅读，但这种阅读体现的更多是自身审美趣味的投射和意识形态的自我维护，而非对原文之差异性的诗学特质的尊重，在对异域文化产品的改造和消费中形成了不平等的对话关系。

勒弗维尔的"改写"和"操控"视角下的翻译史，体现的不是文本的忠实重现，而是文本在"去历史化"（de-historicization，将文本从原文历史文化语境和文学体系中剥离）并在目标文化中被重新语境化时所体现的意识形态斗争。翻译更多的是目的语中文学文化成规的投射和强势文化力量的独白。在这个过程中，翻译常常上演着一出又一出的"驯悍记"，调适和管制着外来语言的文化产品在本土话语体系中的面貌和流通方式，将富有冲击力的文化异质加以系统地铲除。譬如，在古希腊戏剧家阿里斯托芬的城邦战争和情欲主题的喜剧《吕西斯忒拉忒》中，女主人公吕西斯忒拉忒对扮演和平女神的裸女说了一句话，大意是"微笑着把他们带过来，像个女人应有的样子。如果有人不肯伸手给你，就拉他的×××"（If he doesn't give you his hand, take

第五章　差异与翻译的文化政治

him by the penis.），其大意是用情欲来瓦解战争，实现和平。而在诸多英译本中，勒弗维尔发现了本该用 penis 或类似的词来翻译的地方，常常被更为委婉甚至毫不相干的词所代替，如"membrum virile""nose""leg""handle""life-line"等。这些委婉的翻译并不容忽视，它体现了特定社会特定时代中占据主流地位的意识形态。（Lefevere，1992a：41－42）喜剧的产生原本与性生殖崇拜有关，而阿里斯托芬戏剧中原本就充斥着色情因素，此句更为整剧主题、风格和人物精神的点睛之笔，生动而强悍。在古希腊戏剧中并不显见的"性"方面的表达，在英语翻译过程中被过滤了，原因在于，对于翻译过来供上流社会品读的古典文学文本而言，关于"性"的表述在目的语文化的阅读群体的审美和道德规范中已经成为不可公开言说的禁忌，是一种需要纠正和改造的原始和粗野。在更为现代的例子中，《安妮日记》的翻译和出版同样也伴随着种种改写。原著是德国犹太裔少女安妮在"二战"期间的日记。在 1947 年的德文版译文中，其父作为编辑者就刻意删掉了少女日记中对性和性幻想的描写，以及家族中亲属和纳粹合作的情节。而在 1950 年德文译文中，同样存在大量政治性的省略和调整，关于"二战"期间德国人对犹太人的所作所为的描述被修改了。诸如"世间的仇恨没有比德国人和犹太人的仇恨更深"这样的全称判断，也变成了"世间的仇恨，没有比这些德国人和犹太人之间的仇恨更深"这样更有节制的表达。（Lefevere，1992a：66－69）这些改动都体现了在战后的语境中描述历史时所牵涉的时代认识，避免触动目标读者群在特定话题上的敏感神经。《安妮日记》的翻译遭遇，既受制于接受语境中的意识形态因素，也体现了各种文化权力机构的干预。

在中国漫长的翻译史和文化交流史上，也不乏大量的案例。荷兰学者高罗佩（Robert Hans van Gulik）在其汉学名著《中国古代房内考》(Sexual Life in Ancient China, 亦名《中国古代的性与社会》) 中提及了佛经翻译中的一个案例。高罗佩注意到, 在佛经翻译的过程中,"早期译者(即截至唐以前)尽可能不去伤害儒家的感情。例如, 他们掩盖了有关做爱和娼妓的梵文段落。后来到了佛教鼎盛的唐代, 当密教房中书从印度传入中国, 并逐渐为中国人所接受以后, 这种顾忌也就没有必要了。因此那个时期的译文也就更能保持原文的面貌。直到南宋时期, 理学大兴, 大肆删改佛经才始开风气。"(高罗佩, 1990: 158-160)在注释中, 高罗佩提及了日本学者中村无的论文《儒家道德对佛经翻译的影响》(The Influence of Confucian Ethics on the Chinese Translation of Buddhist Sutras) 和中国学者周一良先生于1945年发表在《哈佛亚洲研究学刊》(Havard Journal of Asiastic Studies) 上的论文 Tantrism in China, 该文附录R说明了佛教故事中菩萨作为妓女降生的故事所发生的变形。高罗佩约略提及的案例, 大致可见于中土文化中鱼篮观音的形象从"纵淫"到"守贞"的变迁。[这固然不是直接的翻译问题, 但如果我们不急于将直接的翻译行为和翻译所引发的接受效应截然区分开来的话, 外来文化(首先是通过翻译)在本土语境中被改写的过程无疑表现得更加清晰和充分。] 鱼篮观音的原型来自佛教经典中菩萨"化倡救淫"的描述。其深厚的佛理基础在于, 菩萨的教化讲究因缘和方便, 弘扬佛法常常是徇俗设缘, 有的甚而以色设缘, 以"性"作为方便法门来传法布道。中土文化中鱼篮观音形象的产生和演变, 见证了佛教思想在中国本土化的过程中, 被儒教文化的价值体系所侵入和改造的经历。在中土传统文化中, 妓女般的菩萨是不可能被接受的。唐代之后密教在中国的衰微, 加之宋代以来理学家们对"人欲"的强烈压抑, 儒教文化价值体系的强大力量使得佛经故事中明显的"性"描述实在是太有悖常理。"以色设缘"的佛教义理, 先是在翻译中被淡化和过滤(如高罗佩所言), 又逐

第五章 差异与翻译的文化政治

渐在文人笔记小说和民间戏剧创作中被改写得面目全非。① （以上材料及脚注文献引自周秋良、康保成，2005：151-156）。

---

① 大致的文献资料包括：佛教经典中菩萨"化倡救淫"的记载并不鲜见，如《维摩诘所说经》中有很直接的说明："……或现作淫女，引诸好色者，先以欲钩牵，后令入佛道……先施以无畏，后令发道心，或现离淫欲，为五痛仙人。"又如《华严经》中有一位婆须蜜多菩萨（Vasumitra），属于高级妓女，身居广厦豪宅，求法者见之，因人而异，或面坐谈话，或执手拥吻，或同床共寝，以求证悟。在密教经典中，也不乏观音菩萨以"性"作为手段，来惩恶劝善的故事。在《四部毘那夜迦法》中，观音则化身为美女，来调伏毘那夜迦王，以无畏的施与来满足他无穷的欲望，然后以大慈悲心去点化，使他信奉了佛法，并成了佛教的护法神，修成了男女双身同体的"欢喜佛"。而来自佛经中的这个题材，却在中土文化中发生了变形。中唐时期李复言《续玄怪录》的"延州妇人"条载：唐大历年间，延州有一个纵淫的女子，人尽夫之，"与年少子狎昵荐枕，一无所却"，最终死去，人们把她葬在荒芜的道路边。后有一胡僧来到此女子的墓前，焚香敬礼赞叹，并告诉大家："斯乃大圣，慈悲喜舍，世俗之欲，无不徇焉，此即锁骨菩萨。"众人开墓一看，真如胡僧所言。于是，大家为她设斋，并为她建塔。从这个女子与人"一无所却"的性行为来看，简直就是一个娼妓，然而，其真相却是"大圣""锁骨菩萨"。到了北宋时期，延州女子变成了"马郎妇"。北宋叶廷珪的《海录碎事》载："释氏书：昔有贤女马郎妇，于金沙滩上施一切人淫。凡与交者，永绝其淫。死，葬后，一梵僧来，云，'求吾侣'。掘开，乃锁骨身。梵僧以杖挑起，升云而去。"南宋志磐的《佛祖统记》卷四十一记载的马郎妇故事，改变了女主人公的淫荡行为，把她写成了一个坚守贞操的烈女，她以自己的婚姻为诱饵，叫人背诵佛经，她虽然嫁给了马郎，但刚入门就死了。这故事虽然没有明确说她就是观音，但后来的鱼篮观音故事就基本以它为蓝本。宋濂在《鱼篮观音画像赞》序中，交代鱼篮观音的来历时，讲的就是"马郎妇"的故事：予按《观音感应传》唐元和十年，陕右金沙滩上有美艳女子，提篮鬻鱼，人竞欲室之。女曰："妾能授经，一夕能诵《普门品》者，事焉。"黎明，能者二十余，辞曰"一身岂堪配众夫，请赐《金刚经》"。如前期，能者复居半数，女又辞，请易《法华经》，期以三日，唯马氏子能。女令具礼成婚，入门，女即糜烂立尽，遽瘗之。他日有僧同马氏子启藏观之，唯黄金锁子骨存焉。僧曰："此观音示现，以化汝耳。"而在元代以后的杂剧中，"倡女"的形象则逐渐演变为"渔妇"，如《观音菩萨鱼篮记》中观音为度化贪恋荣华的洛阳府尹张无尽而化身为美艳的渔妇。张见之，欲娶为妻，渔妇提出下嫁条件是：要求看经、持斋、修善。而《鱼儿佛》中的观音则是化为手提鱼篮的渔妇去渔者金家劝道说法，阻止捕鱼杀生。观音手中的鱼篮，本来是菩萨以性作为方便法门的标志，却逐渐演变成降魔伏妖的法器。

从同一到差异——翻译研究的差异主题和政治、伦理维度

福柯在《话语的秩序》中指出,"在每个社会,话语的制造是同时受到一定数量的控制、选择、组织和重新分配的,这些程序的作用在于消除话语的力量和危险,控制其偶发事件,避开其沉重而可怕的物质性。"(福柯,1972/2000:3)翻译执行着对话语的操控,它是在目的语的意识形态和诗学规范的双重操纵下对外来文本进行的系统改写,是被权力所渗透又行使着权力的话语实践,故而呈现的是与原文的差异和背离。勒弗维尔的"改写"与"操控"的理论,实际上透露了这样一种被后现代理论家们(如罗兰·巴特、福柯、詹明逊(Frideric Jameson)等)连篇累牍地论述过的认识:翻译在更深的意义上,并非是作为经验—历史个人的译者个人才智和创造性的自由表演,而是在一个阅读共同体在特定的习惯、品位和目的导向作用下的"误读"、扭曲和形变,受制于各种有形的权力机构和更加隐蔽的集体意志甚至"集体无意识"(collective unconscious),即福柯意义上的"权力"网络。也就是说,"译者"和当代批评理论中的"作者"甚至"读者"一样,是权力网络中的功能性纽结,承担着对异质性的话语的筛选、过滤、改造和控制。翻译研究的任务,就是揭示操纵翻译的文化政治因素和权力运作,抓住翻译活动背后那只"看不见的手"。原文与译文之间的"差异"不是偶发的、随机的"错误",而恰恰是翻译研究的要害所在,它揭示了翻译的实质不是不同语言的语言单位间的对等转换,而是原作或文本在不同文化语境中进入流通、产生变异的复杂的受控和接受过程。

勒弗维尔的"操控"和"改写"学说,为翻译研究提供了一个从文本内部走向外部,并逐渐与文化研究相融合的突破口。因循这个方向,翻译学者们检视着不同历史时期、不同语言和文化背景下的翻译变形,探索其背后的控制势力和意识形态动因。不过,勒弗维尔的研究仍然主要是描述性的,强调对客观经验事实(翻译现象)的不带价值判断的纯粹描述,并且也体现出一

第五章 差异与翻译的文化政治

种"决定论"的思维,大致对应着前文"翻译暴力"的第一重含义。这一点也是整个文化转向初期的翻译研究的共同特征。

尽管上述这些理论模式常常强调对翻译现象的客观描述,小心翼翼地与价值判断保持着礼貌的距离,但它们都打破了翻译的"科学"的迷思,告别了传统翻译理念的求同模式,关注翻译过程中产生的差异,视差异为翻译的常态,开始将翻译研究与越来越多的文化政治因素联系起来。"差异"的主题体现在翻译研究的文化转向前期的描述倾向当中,是对翻译"科学"的结构主义模式的突破,是将翻译的理论关注延伸到了文化和历史维度。事实上,它的思路已然体现了当代诠释学理论的一些重要立场,尽管显得富于更加直接的文化政治意味。

对文本外因素的关注表明,翻译研究本质上不是纯粹的语言分析,而是文化的、社会的、历史的研究。对于这一范式转变,翻译学界称之为翻译的"文化转向"("the Cultural Turn")。1990 年,翻译学者巴斯奈特(Susan Bassnett)和勒弗维尔共同总结了此前翻译领域问题关注的转变,并提出了翻译研究的"文化转向"一说,认为自 20 世纪 80 年代以来的翻译研究表明"不是语词,也不是文本,而是'文化'成为翻译的运作'单位'"(Lefevere,1992b:8)。对此,埃得温·艮茨勒视为"翻译研究领域的真正突破"(the real breakthrough in translation studies)(Gentzler,1998:xi),意味着这一学科的真正成熟。同样,加拿大女性主义学者谢莉·西蒙也认为,"80 年代以来翻译研究最激动人心的进展就是被称为'文化转向'中的那一部分。转向'文化'意味着给翻译研究增加了一个重要的维度。其间追问的不再是主宰翻译理论家的传统问题——如何翻译,怎样翻译才正确——问题的中心转移到描述性方法上:'译文在做些什么事情,它们如何在世界中流通并引起回应'。这一转向强调的是译文如档案般的实在性,它结结实实地存在着,运动着,增加着我们的

知识库，促动着审美的变革。"①（Simon，1996：7）

第二节　翻译与文化身份的塑造

　　翻译研究的文化进路所透露的最重要的见解之一，就是在种种控制力量之下作为改写的翻译，对于外来语言文化产品乃至异域文化的系统塑造，这种塑造往往并非是对原文的如实再现，而是在本土的文化语境中为异域文本和文化进行重新定位，规定其以何种面貌被接受，以何种身份体现本土的主题关注和审美取向（联系到前文，翻译体现是在当下的视域中对原文的"去历史化"和"再语境化"过程）。翻译不是对稳定先在的文化身份的再现，而是文化身份的塑造力量，这种力量的影响是深远的。对此，美国学者韦努蒂论述道，"翻译以巨大的力量构建者对异域文化的再现。对异域文本的选择和翻译策略的制定，能为异域文学建立起独特的本土典律，这些典律遵从的是本土习见中的美学标准，因而展现出来的种种排斥、接纳、中心与边缘，都是与异域语言里的潮流相背离的。本土对于拟译译本的选择，使这些文本脱离了赋予它们以意义的异域文学传统，往往便使异域文学被非历史化，且异域文本通常被改写以符合本土文学中当下的主流风格和主题。这些影响有可能上升到民族的意义层面：翻译能够

---

① Some of the most exciting developments in translation studies since the 1980s have been part of what has been called "the cultural turn." The turn to culture implies adding an important dimension to translation studies. Instead of asking the traditional question which has preoccupied translation theorists— "how should we translate, and what is a correct translation?"—the emphasis is placed on a descriptive approach: "what do translations do, how do they circulate in the world and elicit response?" This shift emphasizes the reality of translations as documents which exist materially and move about, add to our store of knowledge, and contribute to ongoing changes in esthetics.

第五章 差异与翻译的文化政治

制造出异国他乡的固定形象,这些定式反映的是本土的政治与文化价值,从而把那些看上去无助于解决本土关怀的争论与分歧排斥出去。翻译有助于塑造本土对待异域国度的态度,对特定族裔、种族和国家或尊重或蔑视,能够孕育出对文化差异的尊重或者基于我族中心主义、种族歧视或者爱国主义之上的尊重或者仇恨。从长远来看,通过建立起外交的文化基础,翻译将在地缘政治关系中强化国家间的同盟、对抗和霸权。"(韦努蒂,1996/2000:358-359)

翻译为外来文化塑造了特定的文化身份,并使其维持着一定程度上的连贯性和纯粹性。"本土文化中特定的文化群体,控制着对本土文化中其他群体所作的异域文学的再现,抬高某些特定的本土价值而排斥另一些,并确立其因服务于特定的本土利益而必然是片面的异域文本典律(canons)。"(*ibid*, 358-359)在《翻译与文化身份的塑造》《翻译的窘境》等文章和著作中,韦努蒂讨论了现代日本小说在美国的英译是如何被特定的审美趣味所左右,构造出英语世界对日本文学的陈规见解,以及背后的操纵力量及其所服务的文化政治氛围。在韦努蒂看来,英语世界对日本文学的口味实际上是被有限的读者群体所引导的,他们基本上是和商业出版商有密切联系的学院派专家。战后五六十年代,由霍华德·希伯特、唐纳德·基恩、伊万·莫里斯等大学教授所精心选择和翻译的谷崎润一郎、川端康成、三岛由纪夫等少数日本作家的作品,经由格拉夫、阿尔福雷德·诺福、新航标等出版社出版,并经由其他欧洲语言的转译,塑造了英语世界乃至整个西方世界中日本文学的"典律"(固有形象和共同阅读期待),即类似川端康成的《雪国》那样被认为是典型的日本特色的东西:难以捉摸,迷雾一般,不确不定。这种典律所实施的文化定型把读者的期待限定了大约40年。学院和出版业的文化权威,构造出了广泛的共识。日本被再现成为一个被异外化了的、审美化了的完美的异域国度，与战前好斗黩武、近在咫尺的威胁性的形象完全相反。它所投射出来的感伤意象，传递着更大的地缘政治方面的含义：当日本一夜之间由太平洋战争期间不共戴天的仇敌变为"冷战"期间不可或缺的盟友时，审美化了的国度正好提供了一个恰当的日本形象。不符合这种共识或典律的文本，则被过滤或处于本土文化中的边缘位置，如喜剧性的日本小说，或者表述一个更为当代的、西化日本的作品。直至80年代末，成长在美国的全球霸权之下的新一代英语作家和读者，才对日本小说的学院典律中"令人憔悴的忧伤"引发了全面的质疑。在新的翻译活动中，逐渐确定了日本小说的新的定型。在诸如吉本·巴纳纳的《厨房》等描绘年轻而又极端西化的日本人形象的作品译介中，新的翻译投射出一个高度美国化而又生机勃勃的日本形象，它在隐隐之中回应了美国对于日本崛起的焦虑，为此提供了一个令人安慰的解释：这一形象使人把日本经济力量视为美国文化对日本战后一代影响的结果。翻译不仅塑造着外来文化的本土印象，也传达和推动着本土文化氛围的转变，回应着本土的阅读期待和诉求（*ibid*, 359 – 360）。

翻译对于外来文化的塑造，往往体现的是本土的理解偏向和审美趣味的投射，而非在平等的基础上展开的对话。"翻译是一个不可避免的归化过程，其间，异域文本被打上了使本土特定群体易于理解的语言和文化价值的印记"（*ibid*, 359）。在复杂的历史、政治、文化因素的共同影响下，诠释和翻译常常会产生扭曲，使得翻译的塑造力量往往屈从于本土的价值体系。尤其是在所谓"强势文化"对"弱势文化"的认知过程中，翻译往往并不是按照理想的跨文化接触的方式，让不同语言世界中的文化事物、价值体系和思考方式为另一语言世界所体验和接受，而是以自恋的心态和霸权的方式，以自身为尺度进行单向主观的诠释、翻译和描述，塑造出往往是从属的、附庸的、负面的文化他者的

第五章 差异与翻译的文化政治

形象。这使得翻译,即便是严谨的学术翻译,也不时表现为"我族中心"的独白而非对话。台湾学者张秀珍曾撰文在萨义德的"东方主义"与"强势—弱势"文化之不对称的跨文化沟通模式下,评析"西方译者如何制造中国文化形象"这一主题(张秀珍,1998)。以英国汉学家阿瑟·威利(Arthur Waley)的《道德经》译本(*The Way and Its Power*)为例。《道德经》对于汉语人群的思想行为和价值观念都极其重要,也成为西方学者深入了解中国的首要文本。由于原文的深奥晦涩,难以理解,故而译者权威性的翻译和解释往往就成为最为重要甚至唯一的途径。《道德经》译文是阿瑟·威利的成名著作,被联合国教科文组织列为翻译中国文化系列的重要经典,在西方世界影响深远。然而,对阿瑟·威利的 *The Way and Its Power* 的细读,却使我们看到,汉语文化圈中被奉为古老而高深的智慧杰作的《道德经》,如何经由权威翻译而成为落后文明的典范。

阿瑟·威利为《道德经》译文撰写了长达 128 页的序言和导论,其篇幅甚至超过了正文翻译。导论中关于中国文化的种种描述,是西方知识群体所形成的第一印象的重要来源①。导论透露的是非常露骨的西方中心立场。阿瑟·威利写道,"数十万年来,人类一直处于我们所称的'原始'状态,仅仅在最近几个世纪中才成为'文明的'(如欧洲的情况)……人类必须被作为一个整体来研究。尽管已有非官方史学家执不同见解,但仍有观念认为,中国是(至少过去是)游离于人类常规进程之外,仿佛属于另一星球,而汉学的关注几乎和天文学一样遥远,不管是出于何种独立的兴趣和价值观,都不能对我们自身的过去有所裨益。

---

① 在这个意义上,翻译研究所关注的不只是词汇与句式的对等,而是对翻译活动的前提动机、策略取向和接受效应的全面考量,译者的前言和导论,是至关重要的问题资源,这也是翻译研究的经验主义模式和语言学模式的盲点

此论大谬。很明显,随着中国研究的发展,古代中国的大量事例以清晰明了的形式所展现的东西,在西方只有零散、片段、模糊的遗迹。"① (Waley, 1958: 11 - 12) 从一开始,阿瑟·威利的起点就是按照"文明/原始"的二分切割作为人类文明进程的整体,将欧洲工业时代的到来标志为人类"文明"的起点,从而贬抑甚至否定了中国古代之高度成熟的文明智慧,其实质是将机械时代的到来与人类文明的真正产生相等同。这种硬性划分极易成为西方读者进一步了解中国典籍时的"前见"。进而,他所流露的对中国经典的研究与翻译动机,是有助于西方对自身蒙昧的过去有所了解,因为在西方,原始文化的痕迹是零散的、模糊的、片段性的,而中国古籍中却保留了这些原始文化的完整清晰的记录。这等于给中国文明和典籍划定了"落后"的位置,也为对它们的研究提前定性,它们并不是高度智慧的结晶,而是西方文明的过去之镜,是其认识自身(建构自身的历史)过程中的附属品。

阿瑟·威利在其序言和导论中旁征博引地描绘了中国的宗教、仪式、祭奠、信仰、历史、哲学、思想流派、文学及语言等,引用和简论了包括《庄子》《列子》《礼记》《诗经》大量的重要典籍,相当于撰写了一部中国古代思想史的百科词条。然

---

① For hundreds of millennia Man was what we call 'primitive', he was attempted to be civilized only (as regards Europe) in the last few centuries... And Man must be studied as a whole. Despite the lead given by unofficial historians there is still an idea that the Chinese are or at any rate were in the past so cut off from the common lot of mankind that they regarded almost as though they belonged to another planet, that sinology is in fact something not much less remote than astronomy and cannot, whatever independent interest or value it may have, possibly throw light on the problems of our own past. Nothing could be more false. It becomes apparent, as Chinese studies progress, that in numerous instances ancient China show in a complete and intelligible form what in the West is known to us only through examples that are scattered, fragmentary and obscure.

第五章　差异与翻译的文化政治

而，在这个词条中所塑造的中国形象，是足以令人担忧其可能引起的关键误会。譬如，读者可能会对中国古代的信仰方面产生错误认识，认为在中国古代是充斥着鬼神信仰和迷信仪式的，落后于发达的基督教宗教文明。事实正好相反，自商代以后，鬼神的观念在中国古代正统文化中恰恰是不入流的。《论语》中孔子"不语怪力乱神"，认为其不是统治之正道，《道德经》中偶语之，也同样是持贬抑的态度。如《道德经》第六十章中"治大国，若烹小鲜。以道莅天下，其鬼不神；非其鬼不神，其神不伤人；非其神不伤人，圣人亦不伤人。夫两不相伤，故德交归焉。"老子是无神论者，他并不相信鬼神，但唯有在这一章中一再讲到鬼神，大意是说，治国为政，"处无为之事，行不言之教"，不去过多地烦扰人民，使"民忘于治，若鱼忘于水"，就不需要再用鬼神迷信来辅助政治，于是鬼神膜拜也就没有了市场，鬼神原本也没有什么害人的法力。而阿瑟·威利的译文是："Ruling a large kingdom is indeed like cooking small fish. They who by Tao ruled all that is under heaven did not let an evil spirit within them display its powers; Nay, it was not only that the evil spirit did not display its powers; neither was the Sage's good spirit used to the hurt of other men. Nor was it that his good spirit was not used to harm other men, the Sage himself was thus saved from harm. And so, each being saved from harm, their powers could converge towards a common."。（ibid, 215）翻译所展示的解释倾向于说，按照"道"去统治，能够很好地控制附在人身上的善、恶两方面的超自然力量，使之不致带来祸害。前提是已经默认了这样的力量的存在，而圣贤能够召唤之，使用之，管制之。无神论的重要主题被淡化甚至歪曲了。

不仅如此，在导论中，威利浓墨重彩地强调中国古籍中的鬼神观念，如中国古人迷信鬼神附体之说。称"古代中国人相信鬼神会进入人体，在崇尚'德'的时代，这种观念进一步发展，认为这些鬼神，若其寓居之所足够好，将长居其中，或至少在没有牺牲祭祀仪式（驱逐之）时是如此。"（*ibid*, 27）① 须知附体之说，或偶见于小说家言及民间信仰（即便在这些范围中也不是普遍现象），但并不构成中国正统文化的主流特征之一（反而是基督教《新约》中颇重之，如《福音书》中基督为人驱魔的故事）。并且威利在导论中于先秦之巫卜祭祀着墨极多，并夸大鬼神迷信在中国传统日常生活中的作用，认为"甲骨文和《易经》所表征的征兆与神秘仪式的世界，与我们业已熟知的古巴比伦并无二致。事物被分为两类，一类是人的有目的行为，另一类是自己发生的。后者必有征兆可循，这不仅对古代中国，而且对现代中国而言，在农民中都是如此，正如对于全世界一切偏远地区的农业人群那样。"（*ibid*, 22）实际情形是，中国的政治文明和世俗生活并不屈从于不可知或不可驭的神秘力量，如在《资治通鉴》等较能集中反映中国古代政治思想的著作中，真正对于社会生活发生影响的并不是鬼神之力，而是人尤其是统治者的行为是否符合正道，征兆常常只作为一种警示力量，而民间的鬼神崇拜则零散而功利，祖先崇拜则属于成熟稳固的社会秩序层次。威利对于中国古籍《易经》的描述也十分偏狭，认为是农业社会的迷信。其他负面描绘还包括中国文字之缺少逻辑性、中国古籍研究之缺少西方意义上的科学性等。

如此，阿瑟·威利通过《道德经》的翻译（包括序言、导论），完成了对道家思想乃至整个中国文化之形象在西方的重要构建，其影响可谓深远而重大。直至90年代，在纽约大学出版

---

① The early Chinese, then, were accustomed to the idea of spirits entering into human beings, and in the moralistic period the idea began to grow up that such spirits, if their new abode were made sufficiently attractive, might be induced to stay in it permanently, or at least during periods other than those of sacrificial ritual.

的《<庄子>中的怀疑主义、相对主义和伦理道德》(*Essays on Skepticism, Relativism, and Ethics in the Zhuangzi*)论集中,还有汉学家受其影响,用鬼神附体的观念来解释《庄子》一书中的"庖丁解牛"故事。(张秀珍,1998:45)威利为中国文化典籍在西方的翻译和诠释所确定的"典律",是在西方工业文明和科学理性的尺度下所建构的迷信、落后、原始、非理性的文化"他者",一定程度上满足了西方世界的文化优越感。进一步而言,翻译不仅塑造了异域文化资源的特定文化身份,也塑造本土的接受群体本身,即韦努蒂所言的"本土主体的创造"(韦努蒂,1996/2000:370)

翻译对于文化身份的塑造,往往是在特定中以偏颇的方式来进行的,这种偏颇性回应着、强化着甚至创造着语言世界中的各种"等级二元"。于是,当翻译以"透明再现"的假象来扮演着文化沟通的信使时,那个将语言视为透明工具的古老神话就成为机关重重的陷阱,它掩饰了作为话语实践的翻译对于文化身份的塑造,遮盖了翻译活动之丰富而微妙的诠释学境遇,也阻碍我们去追问,是什么通过翻译被塑造起来,成为我们以为确切无疑的知识,乃至我们视为当然的实在,甚至我们本身?对翻译的塑造力量予以充分的警觉和深入的评估,并对它的实施所造成的后果进行干预和抵制,成为包括后殖民翻译研究和女性主义翻译研究在内的翻译研究新领域的基本思路。

第三节 "差异"主题的拓展:
翻译研究与文化研究的融合

20世纪90年代以后的翻译研究以其爆炸式的发展见证了翻译研究的文化进路所带来的全面彻底的变革。翻译研究不断侵蚀着人文学科的边界,将越来越多的话题纳入自己的关注范围。后现代文化理论中的诸多关键字眼,如他者、混杂性、差异性等等,不光满足了翻译研究对理论话语的长期饥渴,也使翻译得以更加自觉地介入到各种更为具体的现实政治当中。

在这种局面中,"差异"成了翻译研究和文化研究共同主题和张力所在,是两者的交集所在。一方面,文化研究的理论基石是以"差异"为基调的各种后现代理论(于文秀,2003:34)。兴起于20世纪晚期的文化研究,同翻译研究一样,不是一套单一的理论体系,而是一个庞杂的问题域,"是从亚文化和差异政治视角出发的具有复数意义的论题的集合"(*ibid*, 30),其理论基础是各种后现代思想资源,包括德里达的解构理论、福柯的话语权力理论等等,其共有的倾向是反对本质主义和普遍主义的宏大叙事,主张差异和多元,从各种边缘族群和亚文化方面推进自己的理论和实践,展开对各种权力话语的抵制和反抗。另一方面,翻译研究在其学科爆发过程中大大拓展自身对于"差异"的理解:翻译过程中发生的"变异",固然包含在"差异"的范畴里,其背后的文化政治原因固然是极有探究价值的。但是,翻译所关注的"差异"不仅仅是针对特定文本本身在不同历史文化语境中的遭遇而言。翻译研究吸纳并发展了文化研究领域对于"差异"这一主题的全方位关注,对作为跨语际话语实践的翻译问题的讨论,成为阐述并深化这一主题的平台。这两方面的结合,使得翻译研究和文化研究的界限变得越来越模糊难辨。正如苏珊·巴斯奈特总结道,翻译研究和文化研究,因其对全球化进程和民族文化身份的共同探究而走到了一起。他们甚至认为,不仅仅是翻译研究领域出现了"文化的转向"(cultural turn),文化研究领域也出现一个"翻译的转向"(translation turn),因为任何跨越两种或两种以上的文化研究都离不开翻译的中介,或者说它本身就是一种超越了语言字面之局限的文化的翻译。(Bassnett and Lefevere, 1998:133)

第五章　差异与翻译的文化政治

如果审视"差异"这一(非)概念在当代文化理论视域中的演变,就不难理解"差异"何以从语言学内部的问题拓展到权力政治层面,也不难理解翻译研究为何会成为以"差异"为重要主题的各种文化理论思潮的竞技场。

在当代批评理论视野中,"差异"首先是一个语言学问题。如前所述,在索绪尔所开创的现代语言学理路中,"差异"是语言系统最基本的运作方式。索绪尔认为,语言(la langue)是一套由符号构成的系统。每一个符号都由作为物质的能指和作为观念成分的所指两部分构成。不论是能指还是所指,都不是自足的实体,而是一种差异关系:前者"由它的音响形象和其他音响形象的差别构成",后者同样是"由它与于严重其他要素的关系和差别构成"(索绪尔,1980:163 - 165,167)。进而,作为一系列声音差别和观念差别的复合体,"语言中只有差别",差异是语言的意义和价值得以产生的基本凭借,意义就是符号间的差异关系,而这成为非人本主义和非本质主义意义观的滥觞。

德里达所开创的解构主义理论则充分地发挥了蕴藏在索绪尔语言理论中的"差异"观念,并使之成为对"在场的形而上学"进行犀利解构的理论基础。(黄怀军,2008)。德里达认为,在语言系统中,"处于中心的所指,无论它是原初的或先验的,绝不会在一个差异系统之外呈现"。(德里达,2001:505 - 506)德里达认为,"形而上学的所有概念……都掩藏着'差异'的特异'运作'。然而这种构成在场的事物之在场性的纯粹的差异,也从一开始就为在场性引入了其被想当然地排除在外的非纯粹性。在场的事物从其与自身的非同一性,以及持续的虚迹展开之可能性中产生。其本身就已然是一种虚迹。这样的虚迹不能从在场的事物本身去把握,因为后者的存在已经包含其中;在场的事物自身已经是一种虚迹。虚迹不是一种属性;不能说在场的事物自身就是虚迹。原初的存在物只能在虚迹的基础上去看待,而非

从同一到差异——翻译研究的差异主题和政治、伦理维度

相反。这种'元书写'运作于意义的根源。意义,其本身就是瞬时的……从未纯粹在场;它始终参与在虚迹的'运动'中,在'意指'的顺序中。"① (Derrida,1973:85-86) 德里达的"差异"理论,其实质是为索绪尔"差异"观念注入了历时维度。"差异"不是静态的属性的集合,而是一种运动或过程;纯粹的、绝对的差异,是本质主义另一种表述。"正是虚迹使得概念或'原初存在物'得以可能,正是这种空间-时间化的意指过程成为通往意义的渠道。"② (Wolfreys,2004:59)

同时,因为语言是任何事物或理念被认识、思考和言说的场所,故而,差异不仅仅在语言系统中有着本体论层面的价值,它也是任何事物存在的基本方式。德里达的解构理论,尤其是"延异""虚迹"等(非)概念,使得"差异"的问题超越了纯粹的语言学范围而产生与文化研究诸多主题的关联。简言之,意义和身份/认同的产生和确立,不是根源于一些确切无疑的本质属性,而是通过一个不断展开的差异过程而得以实现。对此,法国哲学家南希(Jean-Luc Nancy)将"差异"和"身份/认同"(identity)问题联系起来:"主体的身份/认同和差异的关系表现在三个方面。身份/认同和总体上的差异是对立的,因为差异造就

---

① All the concepts of metaphysics…covers up the strange 'movement' of difference. But this pure difference, which constitutes the self-presence of the living present, introduces into self-presence for the beginning all impurity excluded from it. The living present springs forth out of its nonidentity with itself and from the possibility of a rententional trace. The trace is not an attribute; we cannot say that the self of the living present 'premordially is' it. Originary being must be thought on the basis of the trace, and not the reverse. This protowriting is at work at the origin of sense. Sense, being temporal in nature, …is never simply present; it is always already engaged in the 'movement' of the trace, that is, in the order of 'signification'.

② It is difference that makes available the very idea of aconcept or 'originary being'. It is this spacing-temporalizing signifiying process which gives access to a meaning or a sense

第五章 差异与翻译的文化政治

了'在自我之外'的不相一致性或外在性,或者,它打开了'他性'的一面,而"同一"正是靠着这种'他性'而得以建立。然而,身份/认同在建立起来的时候,吸收和消化了使其自身得以构建的差异:包括它所标示出的和他者的差异(他者也是它投射出来的),以及它与自身的差异(这种差异既包含在也消失在其'把握自身'的运作中)。故而,身份/认同最终也生产着差异:它将自身表现为和其他身份/认同相异,也和其他非同一性相异;通过将自身确定为自身,它将他者归入到另一个不同的自我或自我的缺场之中。作为自我意识的运作,身份/认同——或自我认同着的大写的自我——自身也在制造着差异。"① (Nancy, 1993: 9 – 10)

在对差异的压制/生产的这一双重的过程中,身份/认同得以构建起来,并被赋予一种固定性,获得某种毋庸置疑的绝对性和真实性。后殖民理论的重要推动者、美籍印度裔学者霍米·巴巴

---

① The subject's identity is related to difference in three ways. It is *opposed* to difference in general, insofar as difference creates the disparity or exteriority of being-outside-the-self, or insofar as it posits that otherness with respect to which the identical pulls itself together, *assumes* and reabsorbs within itself the difference that constitute it: both its difference from the other, whom it posits as such, and its difference from itself, simultaneously implied and abolished in the movement of 'grasping itself'. In this way, finally, identity *makes difference*: it presents itself as preeminently different from all other identity and from all nonidentity; relating itself to itself, it relegates the other to a self (or to an absence of self) that is different. Being the very movement proper to self-consciousness, identity—or the Self that identifies itself, difference *proper*.

An important feature of colonial discourse is its dependence on the concept of 'fixity' in the ideological construction of otherness. Fixity, as the sign of cultural/historical/racial difference in the discourse of colonialism, is a paradoxical mode of representation: it connotes rigidity and an unchanging order as well as disorder, degeneracy and daemonic repetition. Likewise the stereotype, which is its major discursive strategy, is a form of knowledge and identification that vacillates between what is always 'in place', already known, and something that must be anxiously repeated…

从同一到差异——翻译研究的差异主题和政治、伦理维度

在其《文化的定位》(*The Location of Culture*, 1994/2000) 一书中的对后殖民语境中的身份/认同问题的描述，或可揭示差异问题和文化研究中的身份/认同政治的融合。巴巴总结道，"殖民话语的特征之一，就是它是建立在意识形态所构建的'他性'的'固定不移'之上。固定性作为殖民主义话语中文化、历史、种族差异的标志，是一种悖论性的再现模式：它传达着严格的区分和不变的秩序，同时也传达着混乱、堕落和妖魔化的重复。同样，炮制出的固定形象（stereotype）作为其主要的话语策略，是知识和同一化的一种形式，游移在业已存在、已然知晓的东西和需要不断焦躁地重复的东西之间……仿佛亚洲人天性的狡诈或非洲人野兽般的纵欲是无须证明的，也不可能在话语中被真正证明。"(Bhabha, 2000: 66)① 在殖民话语中，前殖民地族群的身份是作为固定的或"真正的"身份/认同的对立面而被投射和生产出来的。前宗主国文化族群在构建自身身份的过程中，赋予它绝对的，不容置疑的真实性，而被殖民的他者被认定为其不完美的复制品这种思维代表了形而上学的认定——这种认定也是政治的、意识形态的。

同时，在20世纪后半叶，"差异"的主题在更多的后现代理论家的论述中得到发扬，成为对西方思想一以贯之、自启蒙以来不断强化的普遍主义哲学基础（如第一章所述，这本身也是传统翻译理念赖以栖身的观念基础，也常常是翻译的不自觉地成为以

---

① An important feature of colonial discourse is its dependence on the concept of 'fixity' in the ideological construction of otherness. Fixity, as the sign of cultural/historical/racial difference in the discourse of colonialism, is a paradoxical mode of representation: it connotes rigidity and an unchanging order as well as disorder, degeneracy and daemonic repetition. Likewise the stereotype, which is its major discursive strategy, is a form of knowledge and identification that vacillates between what is always 'in place', already known, and something that must be anxiously repeated…

第五章 差异与翻译的文化政治

"普遍化"为基调的权力政治的帮手的问题根源）进行质疑和消解的问题突破口。

普遍主义的目标是构建并维持着某种文化的统识/霸权（cultural hegemony），这种统识是依靠强制的内部同一性来维持的。普遍主义和本质主义的身份/认同政治，强化的是共同体内部的同一性，这种同一性往往是建立在对内部差异性的压制和消除之上的，它强化了既定的等级二元，掩盖了等级二元内部不平等的权力关系。

对于启蒙运动以来理性主义传统所高扬的整体性（totality）、普遍性的批判，构成了当代批评理论话语的重要内容，对"差异"的诉求成为一个无可争议的切入点。自20世纪60年代以来，"差异"逐渐成为的哲学（尤其是法国哲学）探讨的一个核心语词。正如美国学者托德·梅（Todd May）在《重审差异》（*Rethinking Difference*，1997）一书中总结到，在德勒兹、德里达、福柯、伊里加莱、克里斯蒂瓦、列维纳斯等被冠以后结构主义或后现代主义哲学家的著作中，形成了以"差异"为关键词的哲学模式，"这一模式关注差异及对差异的彰显。很清楚的是，提出一个充分的差异的概念，以及一种彰显差异的恰当的方法，成为近来法国哲学的压倒性问题。用欧陆哲学家们共通的话来表达，这一问题就是如何避免将差异化约到同一的逻辑当中。"①

---

① A pattern has emerged in the French philosophy of this generation, of the generation running roughly from the mid to late sixties up to the present. It is the generation associated with the terms "poststructuralism" and "postmodernism" and the names Gilles Deleuze, Jacque Derrida, Michel Foucault, Luce Irigary, Julia Kristeva, Emmanuel Levinas, and Jean-Luc Nancy. The pattern concerns difference and its valorization. It has become clear that the articulation of an adequate concept of difference, and as well as a proper sense of how to valorize it, is the overriding problem that occupies recent French thought. To cast the issue in terms common to many Continentalists, the problem is how to avoid reducing difference to the logic of the same.

(May,1997:Introduction 1) 这些思想家对于差异问题的共同关注,尽管思想背景、理论角度和哲学风格各不相同,但都是源自对现代性进程中被压制的种种差异性。如果说现代性的核心是知识的普遍性、必然性、客观性和确定性,那么以后结构主义为代表的各种后现代思潮,则旨在挑战西方思想史一以贯之的逻格斯中心主义和主客二分的思维模式,对启蒙传统隐含的认识论暴力(epistemic violence)保持着警觉和抵制。总的来说,后现代思潮排斥的是整体性、一体化和普遍性方案,而强调他者、差异性、多样性和复杂性;它摈弃封闭的结构、固定的意义和僵硬的秩序,而赞同游戏性、非完整性、不确定性、偶然性、过程性。它放弃了天真的现实主义和再现论,以及无中介的客观性和普世真理,而支持各种相对主义和文化多元论。(刘军平,2004:13)

同德里达相仿,法国哲学家德勒兹(Gilles Deleuze)主张的也是一种"差异"哲学。通过对尼采哲学中"透视原则"的阐释和"差异"主题的发掘,德勒兹发展了哲学的差异主题,认为存在两种差异:"在一种情况下,差异被视为外在于概念的。这是被同一个概念所再现的客体之间的差异";"在另一种情况下,差异内在于理念。它作为纯运动展开,创造了对应于理念的能动的空间和时间。"(陈永国,2003:59)他指出差异是事物存在的基本方式,从而挑战了两千年来西方哲学总体性和同一性诉求,而主张用一种"差异逻辑"来把握事物的多样性与差异性。为此,德勒兹则提倡"块茎"(rhizome)思维和分裂分析,来反对传统哲学思维的"树状"(arborescent)思维,消除对根和基础的执迷,为多元化和撒播状态打开局面,并借此对一切社会领域内的个体与群体的无意识进行一种非中心化的、片段化的分析。

另一位法国哲学家利奥塔(Jean-François Lyotard)也以"差异"作为其哲学思考的关键词。利奥塔的哲学中最突出的特征就

第五章 差异与翻译的文化政治

是对总体性的反抗和对宏大叙事的颠覆。利奥塔认为,后现代知识最大的特征就是反对元叙事和拥护异质性(黄怀军,2008)知识和意义总是在分歧中存在,后现代语言观中"语言游戏"的特质就是强调角色的差异性。面对一种处境,可以有多重解释,每种解释都有其理由,始终处在不可为他者同化的"异争"状态中。"现代性"的态度认为"异争"可以解决,"共识"可以达到,而"后现代性"因为始终强调处境的差异,认为不可能达到所谓"共识",故而将"异争"维持着。(黄应全,2004)对这种状况的认识,"可以提高我们对差异的敏感性,增强我们对不可通约的承受力"。(利奥塔,1997:3-4)

福柯也认为,后现代的思想是用差异哲学取代求真求同的哲学,认识的目的不是找出差异下的共同因素,而是要差异地理解差异,避免使差异让位于普遍性。(孙会军,2006:43-44)福柯的许多论著,如《疯癫与文明:理性时代的疯癫史》等,恰恰是对被普遍性压制的种种差异性存在的知识考古,其系谱学的使命就是去恢复被总体化叙事所压制的自主话语、知识和声音。知识并不总是用语言反映一种"预先存在的现实",而更多的是一种"我们对事物施加的暴力",是一种对事物强行施以"规范化"的话语力量。他呼吁反对"总体化话语的暴政",呼唤"受压制的知识暴动",号召那些被认为是边缘性的话语起而反抗中心化话语的压迫性后果。在福柯看来,西方文明重要负面就在于"回避我们现实的差异",他的考古学就致力于分析特殊性和差异性,目的是"打破中心,即不给任何中心以特权"。(刘北成,2001:198)

德国法兰克福学派的哲学家西奥多·阿多诺(Theodor Adorno)也同样强调差异。他反对自黑格尔到卢卡奇以强调"总体性"和"同一性"为特征的辩证法,认为"总体""整体""同一性"都是虚假的,是对个体性、差异性、丰富性的粗暴干预与整合。对抽象、普遍、整体性、同一性的维护，实际上是对侵犯、消灭差异性、个体性的强制性社会结构的虚假辩护。

在这样的思想史转型大背景下，关注特定族群之处境和命运的文化研究，其实质就是把哲学层面的差异主题运用到更为具体的层面。20世纪最后几十年的文化政治语境中，"差异"主要表现为一个文化身份/认同的问题。身处边缘、往往是作为弱势群体而存在的各种文化共同体，如女性、前殖民地族群、少数族裔等等，要通过强调差异和差异的合法性而凸显自身的存在，拒绝被特定的普遍主义和本质主义的身份模式所化约和消融。差异不仅仅是身份/认同的构建者，也是身份/认同的产物。身份/认同是通过和它所不是的方面或和它有异的方面而建构起来的。它体现在社会生活的各个层面，如性别、种族、阶级、民族（国家）、性取向等等，在这些领域中，形成了一系列看似固定的等级二元，如男/女、西方/东方、异性恋/同性恋等等。通过对"差异"的压制/生产，这些等级二元得以确立起来，掩盖了自身的（被）构建的性质，形成固定的身份区分，同时，这种区分是以等级二元中的不平等关系为特征的。在文化研究学者的常见理论框架中，身份/认同在不同领域表现为不同的等级二元中的霸权关系，强势的一方通过种种显性和隐性的手段（主要是话语手段）维持着对弱势一方的压制，将自身表现为高等的、完善的、进步的、优越的，而视对方为不完善的、落后的、从属的。而文化交流是在这种不对称的权力结构中进行的，它表现为等级二元中强势一方的自我膨胀，推行单一的标准，通过对他者排斥、贬低、改造和消融而维持和巩固着自我的优势。借助对差异的张扬，文化研究理论不断揭示着这些等级二元的形成和维持手段，尤其是其在学理上的不稳定性或虚幻性，从而实现对等级二元的消解，反抗着所谓"认知（认识论）的暴力"，揭示着知识背后的意识形态操纵，消解着霸权的话语。于是，对普遍性的批

第五章　差异与翻译的文化政治

判和对差异性的诉求成为一种政治姿态，甚至成为一种伦理态度。不论是后殖民文化研究，还是女性主义研究，都积极地让"差异"承载着某种相对微观的"解放叙事"（不同于启蒙传统关于全人类朝单一方向之进步与解放的"宏大叙事"）。在这种"解放叙事"中，也包含着固有的矛盾：一方面，文化研究理论要为等级二元中被压制的一方正名，凸显其被忽视、被排斥、被隐形的差异性的存在，强调不同种族和人群及其文化不能以强势一方的单一标准来化简还原；另一方面有无时不需要提防对差异的强调又会重新落入本质主义的陷阱。这种矛盾造就了文化研究理论中互为矛盾的多元立场。

而翻译研究在文化转向的发展过程中表现出的"差异"主题，是整个人文科学中差异基调在以翻译为平台的文化传播领域的延伸。传统翻译研究所立足的确定性基础、所承载的普遍性诉求，以及"透明再现"的迷思所维持的身份区分和权力结构，正是以差异为主题的各种哲学思潮和文化研究理论的标的。

就前述的翻译研究文化进路中差异问题的第二个层次而言，翻译研究在其学科爆发过程中大大拓展了"差异"的内涵：翻译过程中发生的"变异"，固然包含在"差异"的范畴里，其背后的文化政治原因固然是极有探究价值的。但是，翻译所关注的"差异"不仅仅是针对特定文本本身的遭遇而言。翻译涉及了"差异"一词在文化研究中的几乎全部内涵：语言的符号运作所依赖的差异、所产生的差异，语言之间的差异，语言所塑造的生活世界的差异，不同族群文化的差异，等等。不论哪一个方面，都是对"透明再现"论的反抗。对差异的张扬，就是对语言的"去迷思化"（demystification），在此基础上，被掩盖的权力政治才能被显现出来，而翻译在文化、族群和语言的交往中的"行事性"角色（the performative role）也才能得到彰显。

在当前翻译研究的理论挪用中，本雅明的翻译思想成为当代诸多翻译论述中差异主题的灵感源头，其中一个重要的原因就是他的论述中埋下了"差异"的种子。本雅明虽然出于本体论关怀而预设了一个"纯语言"，但是却强调，对"纯语言"的追索不是像一般的普遍主义模式所要做的那样，通过寻求各种自然语言之间的共通性来追溯出某种原初语言的样貌，而恰恰在于对语言之间差异性的彰显。翻译的实质不是通过克服差异的障碍而实现与原文在内容或"精神"方面的同一性，而在于让语言之间的差异性来造成"自身语言的强烈震动"，让禁锢在语言中的纯语言性得以显露。并且，本雅明的"纯语言"虽然"临在"于一切自然语言当中，但它同时又是"超验"的，任何自然语言都不能升格到它的位置，都只能各自提供一种碎片化的世界的图景。——它在理论上否定了在现实中找到一种全人类共同的语言的可能性和正当性。本雅明的语言观是与结构主义的认识论传统和科学性追求完全不同的，它提供了一条反科学主义和反实证主义的途径，以应对工具理性所带来的语言的工具性异化。正是"差异"而非"同一"在彰显着语言之间的亲族关系，释放出禁锢在语言中的"纯语言性"，提供了"救赎"的契机。(Benjamin，1923/1992）本雅明流露的"差异"表述，被翻译学者纷纷挪用，成为抵制文化交流中的语言霸权，维护语言和文化之多样性的隐喻性表达。(如 Bhabha，2000)

德里达对在《巴别塔》一文中对《圣经·旧约》中"巴别塔"神话的解读，同样表现出对普遍主义暴力的警觉。翻译的一贯理想是"重建巴别塔"。在传统翻译理论的表述中，巴别塔的倾圮是上帝的诅咒（the Babelic Curse），而重塑巴别塔的努力体现在通过对差异的消除而重新达到语言的同一。然而，在德里达看来，巴别塔的倾圮也许是某种福音而非灾难："为了'给自己命名'，同时建立一种普遍语言和一个独特谱系，闪族人想要把理性带给全世界，而这种理性既意味着殖民暴力（因为他们可能

第五章 差异与翻译的文化政治

会因此普及他们的习语),同时又意味着人类群体宁静的透明性。相反,当上帝强加他的名和反对他的名时,他打破了理性的透明性,但也干扰了殖民暴力或语言帝国主义。他决定了他们要被翻译的命运,他让他们屈从于一种必要而又不可能的翻译法则。"(Derrida,1985a,译文引自陈永国,2005:20)真正的"救赎"可能不是重建起象征语言同一性的巴别塔,而是让差异承担着对普遍性暴力的消解。

翻译理论对差异的强调,不仅仅停留在对语言的哲学反思之上,它成为翻译向文化政治领域渗透的最重要的理论过渡。"差异"代了不同族群和文化共同体对于自身存在的"显身性"(visibility)和话语权的诉求,这些族群和共同体往往是被边缘化、被沉默化(muted)的,如少数族裔、前殖民地民族、女性等等。正如尼南贾那在其后殖民翻译研究著作中所指出的那样,"翻译……炮制了围堵遏制的策略。通过采用特定的方式来再现他者(而他者也是翻译所制造出来的),翻译强化了对被殖民族群的霸权性的再现版本"。翻译是"通过对差异的压制而制造出连贯透明的文本的。"[①](Niranjana,1992:3,42)少数群体的话语,一方面需要通过翻译而存在下去,另一方面又会通过翻译而被多数群体的话语(标准语言)所消融。这种悖论性的处境凸显了翻译的尴尬,也极大地拓展了翻译研究的涉及范围。传统翻译理论的经验主义表述不足以承载翻译在当代语境中涉及的诸多问题领域,而语言学转向后的翻译研究延续了对普遍与同一的一贯追求,强化了所谓的"认识论暴力",加剧了对这些群体的

---

① "Translation…. produces strategies of containment. By employing certain modes of representing the other—which it thereby also brings into being—translation reinforces hegemonic versions of the colonized." "creating coherent and transparent texts through the repression of difference."

文化的边缘地位和"隐身"状态，那么，站在冲突的最前沿的翻译，不可避免地成为各种意识形态和价值观争夺话语权的竞技场，成为"差异"和差异背后的身份/认同政治的施展场域。翻译也因其对各种异质文化、亚文化和边缘话语的关注和发掘而承担着特殊的伦理的责任。"差异"也常常一改其在传统翻译理论中的负面色彩，而成为翻译理论探讨中极具正面、积极色彩的术语。"翻译本身就是一种差异游戏，是在自我与他者、同一性与位移之间的一种差异游戏。换句话说，翻译是从同一性向他者的转换，是从一个对立条件向另一个对立条件的过渡，而过渡的目的不是'为了看到对立被抹除，而是要看到究竟是什么表示一个条件必须作为另一个条件的延异而出现，作为同一性运作中被延宕的不同他者而出现'。"（陈永国，2005：2。单引号内为德里达在《书写与差异》中的话，原文见 Adams & Searle, 1986：130，译文有改动，是针对 economy 一词的误译。）

第四节 话语、权力、政治：
翻译研究文化进路的核心主题

30 世纪 80 年代之后的翻译研究较多地不再是借助结构主义（宽泛意义上的）语言学理论，而是转向了后结构主义的各种思想资源。后结构主义自身从来不是一个严整统一的理论模式，在借用后结构主义思想来观照翻译问题的过程中，局面变得更为复杂。在 20 世纪翻译的学科爆发过程中，翻译不断消融着学科的边界，也似乎迷失了自身，以至于我们几乎不可能再区别出哪些是翻译的问题，哪些是文化研究的问题。如果我们要从纷繁复杂的翻译研究图景中提炼出几个关键词来概括学科爆发背后的问题关注的话，那么，最重要的可能就是"话语""权力"和"政治"。并且，这些关键词之间也是彼此纠缠、密不可分的。翻译是作为一种文化政治实践而活跃于话语的编织之中,为权力所左右也行使着权力,不断塑造/重塑着各种文化群体的身份/认同,这是整个文化转向的基调。

一、从"作品"到"话语"

前已言之,传统翻译理论的出发点是"作品"(work)。"作品"的概念背后是作者的主体性和基于作者意图的意义连贯统一性。它体现了以"作者"为中心的阅读/批评模式,这种模式是单一的、封闭的。体现在翻译当中,它将译者的任务归结为以恰当的方式在另一种语言中重现作者的意图。

语言学转向之后的翻译研究,突出的是作为结构或系统的"语言"(la langue),对语言系统规则的探究成为翻译理论探讨的首要内容。"语言"代表的是翻译对于科学性、客观性、可重复性、可操作性的追求。对规则的总结和遵从,是信息的跨语言传送得以成功的前提。在这种理论框架中,对翻译活动的考察往往脱离了深刻复杂的历史情境。

后结构主义理论带来的首先是"文本"的概念。"文本"象征着与作者中心的阅读/批评模式的决裂。罗兰·巴特《从作品到文本》(From Work to Text)一文中从七个方面详述了这两个概念的区别:方法(method)、文类(genres)、符号(the sign)、多元性(the plural)、来源性(filiation)、阅读(reading)以及愉悦(pleasure),旨在打破作者/读者、书写/阅读的二元对立模式。文本体现的是(语言)符号在指涉链条中所呈现的意义的流动性(mobility)和多元性(heterogeneity)。在在《作者之死》(The Death of the Author)一文中,他指出:"文本并非一串传达一个单一的'神圣的'意义的语词,而是一个多维度的空间,为数众多的书写(没有任何一个是原初性的)在此交融、碰撞。"(Barthes,1968:53)文本没有语言之外的意义的原点,只有文本和文本相互映照的"互文性"(intertextuality)。阅读的过程不是被动的对现成意义的消费过程,而是意义在不同时间、地点的阅读习规作用下不断产生的生产性过程。

"文本"的要义在于打破工具主义的语言观所造成科学性迷思和单一的意义解读模式。在罗兰·巴特那里,这是富有政治意味的。工具的语言观是意识形态的传声筒,它使人错认为阅读是清白的活动,语言是透明的媒介,通过阅读可以把握稳定的"真理"或"实在",它造成能指和所指和谐统一的假象,用独裁的方法把多元的意义归约为一元。将能指和所指的关系或者先验所指的存在视为当然,实际上就像是前语言时代将神、理念或乌托邦理想视为当然一样,都是将语言本身自然化、实在化,带来的只能是意识形态层面的独裁。(王宾,1995)而将"作品"变为"文本",则是要恢复语言本身的自主性和生产性。每一个符号都是双重的,传达某个意义,更重要的是彰显其自身的物质性存在,而不是符号背后的意指对象。

"文本"的概念,固然打破了作者—作品的封闭循环,将意义视为能指符号的无穷潜式(potential)所产生的临时效果,任何试图将意义固着下来的举措,都体现了特定阅读习规共同体的某种真理意志。故而,它必然和翻译的政治发生关联,翻译学者也常常借助对"文本性"的张扬来质疑原文意义的原初性和整体性,为偏离作者意图的翻译寻找合法性,并进而视翻译为同样的意义生产过程。

不过,"文本"常常被理解为某种脱离具体语境的不受限制的纯粹符号运作。韦努蒂在《重思翻译》的序言中也提及了所谓"后结构主义"超历史(ahistorical)的倾向,尽管是源于片面的理解(Venuti, 1992: Introduction 8-9)。福柯在题为《作者是什么》的一篇短文中,也顺带批判了文本概念的不足,认为当时(德里达、巴特等学者)对"书写"(écriture)的强调,是将写作的'主体'归结于匿名的、超验的、超历史的（ahistorical）语言运作（Foucault，1969b）。福柯自己钟爱的不是索绪尔意义上的"语言"，也不是罗兰·巴特意义上的"文本"，而是"话语"（discourse），这是福柯打开历史的档案馆的钥匙。话语是语言使用中的具体事件，它是在特定的环境中展开，围绕特定的问题，为了特定的目的，以特定的形式、手段和策略面对特定的对象，说或写出的"言语"或"言谈"。它总是包含着一个产生和扩散的历史过程，包含着相关的认知过程，包含着相关的社会关系，也包含着特定的思想形式，特别包含着环绕着它的一系列社会力量及其相互争斗与勾结。"西方思想似乎警惕着只让话语在思想和语言之间占据尽可能小的空间，使之变成透明的沟通桥梁而不具有自身的实体性；而福柯则强调话语的自身实在性。"（孙歌，2000：3）所谓"话语自身的实在性"，可以说是话语的"中介"性质——不是一个透明的传递介质，而是认知所无法绕过的物质性存在。话语不仅构造了知识的对象，而且也规范了我们对于认知对象的接受方式。所谓真实，不过是话语构建出来的"真实"（例如，按照萨义德的观点，所谓"东方"，其实是西方人用各种传说、文学、史学、哲学作品所构建出来的庞大的知识体系）。

在翻译研究的文化转向之后，尤其是后殖民和女性主义翻译研究的论述当中，"作品"和"语言"的观念常常是作为人本主义语言观的天真的再现论和所谓中立的科学性迷思而遭到批判的，因为它们在把语言视为传达思想的工具、在把话语透明化的同时，不露痕迹地抹掉了话语与翻译的政治性。"文本"和"话语"的概念有时候也会混用、重叠，但更重要的是后者。翻译不是让一个已经给定的意义在另一种语言重恢复，它更是一种"话语实践"。对天真的语言再现论的否定，促使我们去思考：翻译，如同其他的话语实践一样，如何构建了我们关于特定认识对象的知识体系——甚至认知对象本身（如萨义德的《东方学》中的"东方"）？殖民与帝国不仅是由军事或经济的优越所造成，对知识的控制也是至关重要的方面。在多元价值和多语的环境中，知识并不一定先于翻译，翻译行为本身也参与到知识的创造当中。翻译不是忠实的复制，而是刻意的、有意识的选择、糅合、结构、编织甚至伪造、隔绝信息、编织语码，创造知识并构建着文化。殖民译者的话语实践制造了对非西方他者的统识性的描述，这些描述成了对土著民的真实写照，经翻译而变成了"自然"而且"真实"的东西。"通过创造连贯透明的文本和主体（subjects，笔者注：此词在尼南贾那的著作中包含了"主体/属民"的双重含义），翻译跨越一系列的话语而参与到被殖民文化的'固化'（fixing）之中，使之看来似乎是固定的、不变的，而不是在历史中得以建构的。翻译似乎只是去呈现已然存在的东西，而事实上，'本源'的东西是通过翻译才得以产生的。"①（Niranjana，1992：3）对"话语"的强调，正是旨在打破翻译这种透明幻觉，直指翻译背后的权力政治。

二、权力的双刃剑

从"语言"到"话语"的转变，体现了翻译研究对于"权力"（power）问题的警觉。艮茨勒一针见血地指出，"文化转向之后，翻译研究所选择的新方向，其背后的推动力量是一个关键主题——权力（power）。"（Tymocako & Gentzler，2002：xvi）在他看来，翻译研究的"文化转向"，几乎就可以称为"权力转

---

① In creating coherent and transparent texts and subjects, translation participates—across a range of discourses—in the *fixing* of colonized cultures, making them seem static and un changing rather than historically constructed. Translation functions as a transparent presentation of something that already exists, although the "original" is actually brought into being through translation.

第五章　差异与翻译的文化政治

向"(the power turn),权力的问题走到了翻译史和翻译策略探讨的最前端。(*ibid*)

"权力"(power)一词的含义是极其丰富的。《韦氏大学词典》所列出的条目中,包含了"行动或制造某种效果的能力"(ability to act or produce an effect)、"合法的或官方的权威、能力或权限"(legal or official authority, capacity, or right)、"拥有对他人的控制、权威和影响"(possession of control, authority, or influence over others)等等(*Webster's Collegiate Dictionary*, tenth edition)。传统意义上,权力总被理解为一种遏制性的力量,侧重于禁止和强制的一面。然而,当代批评理论和翻译研究所涉及的"权力"问题,已远远超出这些。关于"权力"的论述中最有影响力的无疑来自法国哲学家福柯。福柯所探讨的权力,主要不是来自于或体现于有形的、具体的社会机构(如政权、教会等等),而是匿名的、隐形的、由各种支配力和控制力构成的关系网络。福柯说:"权力应当作为流动的东西,或作为只在链条上才能运转的东西加以分析。权力从未确定位置,它从不在某些人手中,从不像财产或财富那样被据为己有。权力运转着,权力以网络的形式运作……"(福柯,1999:28)。权力塑造了我们的思想,也规范着我们的行为。

在福柯的理论当中,知识和各种语言再现(representations)是权力的核心方面。"权力"和"话语"是不可分割的,权力总是通过话语而得以实现,而话语又维持和巩固着权力。权力表现为对话语进行操控、占有、支配的各个方面。在每个社会,话语的制造是同时受一定数量程序的控制、选择、组织和重新分配的。福柯在《话语的秩序》等著作中系统地阐述了这些程序,将之分为外在控制过程(外在社会力量的禁止和排斥)、内在控制过程(包括评论原则、作者原则和学科原则)和应用控制过程(话语进入流通的应用条件)等等(Foucault, 1972;许宝强、袁伟，2000：1-31）。所有这些控制过程都体现在翻译这种将外来话语引入本土话语体系的行为当中。从最明显的政治言论和性言论所受到的意识形态监管，到较为隐秘的作者原则等对话语地位的确定，都体现了权力和翻译之间的张力。

对于"权力"的关注贯穿着翻译的文化转向。勒弗维尔认为，"改写即操纵，在操纵的过程中为权力服务。"① （Bassnett & Lefevere，1990：xi）而权力又体现在知识的生产和对话语的控制当中。在后殖民研究语境中，权力更是翻译研究的核心字眼。"翻译这一问题域成了提出再现、权力、历史性等问题的重要场所。"② 尼南贾那也认为，"翻译作为一种实践，塑造着运作在殖民主义之下的不对称的权力关系，同时也在这种关系中被塑造着"。③ 斯皮瓦克的翻译研究，也是遵循着这样的思路：翻译和任何文本构建行为一样，是一个话语实践的过程。这种过程中所建构的话语，背后是殖民权力的操纵，它通过占有、控制这些话语来维持实施在话语中的权力关系，维持既有的话语等级。对于所有这些批评家而言，翻译首先被理解为一种权力关系，是服务于帝国的语言转换（linguistic transfer in the service of empire）。（Bassnett and Lefevere，1998：149）

然而，艮茨勒提醒道，以往对于权力的关注，总是倾向于将之视为自上而下的压迫和限制，形成了某种决定论的思维方式，而忽视了翻译和权力之间的双向互动。他要求我们突破早期文化转向的决定主义倾向，进而思考"既然我们已经被我们所处时代的话语所建构，那么人们又何以能够引发文化变革？我们何以能

---

① Rewriting is manipulation, undertaken in the service of power...

② In a post-colonial context the problematic of *translation* becomes a significant site for raising questions of representation, power, and historicity.

③ Translation as a practice shapes, and takes shape within, the asymmetrical relations of power that operate under colonialism.

第五章 差异与翻译的文化政治

够沟通文化的鸿沟,去体验新的或不同的事物?我们何以能够冲破具体化的世界观,尤其是西方的世界观,把真正的文化差异放进来?……翻译对于文化变革具有什么样的冲击力?在什么情况下,翻译所产生的冲击力最大?什么样的翻译最成功?所有这一切又是如何与文化支配、文化主张和文化抵抗——也就是权力相联系的?(Tymoczko & Gentzler, xvi. 原文着重号)"

翻译从来不是对忠实的再现,而是刻意的、有意识的选择、拼接、编织甚至伪造。翻译总是偏颇的(partial),这种偏颇性(partiality)或未必要被视为缺陷、缺失,它是翻译的必然情形,使之参与到权力的运作、政治话语的进程、社会变革的策略当中去。翻译的这种偏颇性质使得翻译也是对权力的实施。(Tymoczko & Gentzler, xviii)翻译始终是处在与各种权力关系进行"谈判"(negotiate)的地位。翻译与权力的关系往往是双重的,翻译既是权力藉以实现和巩固自身的中介,也是为权力结构带来冲击风险的颠覆力量。翻译也可以引进"反制话语"(counterdiscourse),自下而上对权力结构发生影响。"尽管权力机制在历史中将许多群体(包括宗教群体、女性、男/女同性恋、民族以及各种文化和语言上的少数族群)边缘化,译者……常常同时置身于两个阵营当中,同时代表了权力机制和声张权力的群体",翻译不仅仅是权力的牺牲品,而是"既体现着当下的格局(status quo)又将新的再现形式引入进来"(representing the status quo while simultaneously introducing new forms of representation)的双面的中介(a kind of double agent)(Tymoczko & Gentzler, xix)。

当代翻译研究更强调的是翻译对于权力的警觉和抵制,主张通过翻译的反抗而对话语的等级进行解构。其基本的倾向是质疑与权力共谋的、通顺透明的、自我消除式(self-effacing)的翻译,而通过各种陌生化的策略让新的话语形式在目的语文化中进入流通,形成对权力的撼动,权力并不单纯地和"拥有对他人的控制和支配"联系在一起（借此带来殖民和压迫），也可以是对支配的结构'产生反制的能力'联系起来。翻译可以成为抵制殖民和剥削本身的手段。(Tymoczko & Gentzler, xvii)。

三、"身份"的政治

文化转向后的翻译研究，是将翻译作为一种文化政治实践来看待。诚如学者刘禾写道，"当概念从一种语言进入另一种语言时，意义与其说是发生了'转型'，不如说在后者的地域环境中得到了再创造。在这个意义上讲，翻译已不是一种中性的、远离意识形态斗争和利益冲突的行为；相反，它成了这类冲突的场所，在这里被译语不得不与译体语言对面相逢，为它们之间不可简约之差别一决雌雄，这里有对权威的引用和对权威的挑战，对暧昧性的消解或对暧昧的创造，直到新词或新意义在译体语言中出现。"（刘禾，1999：35-36）"翻译的政治"（the politics of translation）作为一个问题域早已不再显得陌生。对话语和权力问题的关注，其实就是对翻译与生俱来的政治性的关注。显然，此处"政治"含义并不是国家、政权、管理活动等等传统概念，也不是指政策、纲领、宣传方面的翻译活动。对于翻译研究而言，"政治"是凝缩在翻译行为及其语境中的福柯意义上的权力关系（power relations）。福柯指出："在我们这样的社会里，真正的政治任务是抨击那些表面上看来中立或独立的机构的运作，用批判的方法揭去借助这些制度隐蔽地发挥其作用的政治暴力的假面具，以便大家共同与之斗争。"（福柯、乔姆斯基：《论人性：正义与权力的对抗》；载杜小真，1998：238）在话语实践中对隐秘而又无所不在"权力"的揭示，才是当代西学意义上的"政治"，也正是在这个意义上，语言和翻译都是福柯意义上的"话语政治"，往往表现为"边缘群体试图通过抵制将个人置于规范性认同约束之下的霸权话语来解放差异，使其自由发挥作用"。

第五章　差异与翻译的文化政治

（斯蒂文·贝斯特等，1999：74－75）

牵涉到"翻译的政治"的实例可以见于整个翻译史，而"翻译的政治"作为一个问题域的真正突破则在于20世纪90年代。伽亚特里·斯皮瓦克在其1993年的著作 Outside in the Teaching Machine 一书中正式提出"翻译的政治"（the politics of translation）的命题（Spivak，1993。章节汉译见许宝强、袁伟，2000：277－308），从女性主义、后殖民主义、后结构主义的视角对其内涵、外延及产生的语境进行了系统的阐述。斯皮瓦克揭示了翻译在殖民化过程中以及在"播撒"（disseminate）殖民地人民的意识形态化建构的形象（an ideologically motivated image）方面的作用。印度学者尼兰贾那在1992年出版的《为翻译定位：历史，后结构主义与殖民语境》（Siting Translation: History, Post-Structuralism, and the Colonial Context，Niranjana，1992。章节汉译见许宝强、袁伟，2000：116－203）一书中对翻译的政治进行了更为广泛的研究。她认为，翻译和教育、神学、史志编纂和哲学同是传输霸权/统识机制（hegemonic apparatuses）的话语，从属于殖民规则的意识形态结构（the ideological structure of colonial rule）之下。她特别关注殖民者如何以大量作品的英译来建构一个代表真实的重写的东方形象（a rewritten image of 'East'）。而加拿大学者谢莉·西蒙（Sherry Simon）在其《翻译中的性别：文化身份与传播的政治》（Gender in Translation: Cultural Identity and the Politics of Transmission，1996。章节汉译见许宝强、袁伟，2000：309－357）中也提出了翻译的"政治"一说，全面阐述了翻译中的"性别政治"问题。劳伦斯·韦努蒂在《翻译与文化身份的塑造》（Translation and the Formation of Cultural Identities，1996。汉译见许宝强、袁伟，2000：358－382）一文中也论及了翻译中的"文化政治"议程（the cultural and political agenda of translation）问题，阐述了翻译在塑造对外来文学的文化身份过程中体现的再现典律（canons）①，及其在本土文学文化习规体系的维持和变革中体现的微妙的文化政治意味。这些方面的论题在其随后的著作中得以充分展开。

在上述学者对与翻译政治的讨论中，一个共同的话题是"身份/认同"（identity）。某种程度上，翻译的政治就是"身份"的政治。权力对于翻译话语的操控，目的在于塑造出翻译对象的特定的（文化）身份，而翻译的文化政治议程往往集中在对某种被固化"身份"模式的质疑、消解和重塑。翻译的过程，就是（文化）身份的重新议定的过程。正是在这个意义上，后殖民和女性主义的翻译研究都体现出某种"身份的焦虑"。

在后现代语境中，"身份"不再是一个本质主义模式的静态的、固定的、恒常的各种属性的集合，而是一个成问题的（problematic）、不可把握的、不可确定的虚构过程，甚至是一种纯粹的语言构建物。正如霍米·巴巴所说，身份"从不是一个先在的东西，也不是一个已经完成的成品；它总是一个通往某种关于现实的意象的颇成问题的过程。"（…never an a priori, nor a finished product; it is ever the problematic process of access to an image of reality）（Bhabha，2000：73）身份不再作为现代性意义上的整体而存在，而是越来越碎片化、过程化，不再是单一的，而是各种不同的、交错的甚至相互敌对的话语实践中得以构建，在特殊的历史和制度场域中、在特定形式的权力游戏中产生，其变动不居的特征使得它只有在被特定的情境因素激活时才能显露。翻译和跨文化研究都关注身份的概念。在构建文化的、民族的、社会的、个人的、宗教的、分性别的、种族的、职业的、学科的

---

① 这个词在韦努蒂的几部著作中都有出现，指的不是一般所言的正统宗教典籍和经典文学作品，而是翻译在展示外来文学的样貌、塑造其文化身份时所遵循的固定规范。

第五章 差异与翻译的文化政治

(disciplinary) 等等身份当中，翻译和跨文化实践起着重要的作用，如果身份认同只在其显扬时、在通过话语实践而构建和无尽的发展过程中才能被发现，那么不能不考虑翻译和跨文化交流在此中扮演的角色。赫曼斯认为，"翻译展示了文化的自我指涉或自我定义的绝佳表征。在其自我反思之中，文化或文化的某部分，倾向于以'自我'和'他者'的方式来界定自身，也就是说，和那些它视为不同于自身的东西相关联，那些在它自己的运作范围之外的、在它自己的系统之外的东西。"[1] （Hermans, 1996, inaugural lecture。转引自 House, Ruano & Baumgarten, 2005: Introduction 4）

翻译的暴力，体现在对身份的塑造以及对某种固定的身份模式的维持当中。而后殖民与女性主义翻译研究所倡议的文化政治议程，其实质是一种话语的抵抗，一种身份的重新书写。他们对权力通过话语所塑造的种种身份进行历史化（historicization）的审视，凸显其被建构的性质（constructedness），并强调被固化的身份模式所掩盖的种种身份差异。不论是斯皮瓦克强调的对原文（修辞性，rhetoricity）的帖服（surrender）（Spivak, 1993: 183），西蒙所强调的"干涉进路"（interventionist approach），还是其他女性主义者所说的"炫示"（flaunt）甚至"劫持"（hijacking）（西蒙，1996: 325），都是一种强调差异的身份书写，凸显着翻译研究的政治性内涵。

在翻译研究与文化研究融合的过程中，"差异"不只是针对个案作品的遭遇，而且也是一个根本的文化身份/认同问题。它

---

[1] Translation presents a privileged index of cultural self-reference, or...self-definition. In reflecting about itself, a culture, or a section of it, tends to define its own identity in terms of 'self' and 'other', i.e. in relation to that which it perceives as different from itself, that which lies outside the boundary of its own sphere of operations, outside its own 'system'.

和"他者"与"他性"的问题绑定在了一起，成了一种政治姿态。语言和翻译的问题，根本是政治性的，其实质是：通过对意义、本源或者能指的稳定性的质疑和对语言的去迷思化（demystification），而显露被传统翻译理论和翻译"科学"的同一性追求所还原、化简、剥夺的各种"他者"的存在和视域。翻译实践也不仅仅传达意义，而是凸显特定共同体语言和文化的不可通约性、炫示差异的身份书写。后殖民和女性主义翻译研究，体现正是对差异和差异所体现的身份政治的关注和干预。

四、从"描述"到"干预"

早期的"文化转向"，倾向于将翻译现象放在更大的社会历史背景中考察，强调客观的描述性进路（descriptive approach），以区别于之前翻译研究出于实用主义目的和技能传授需要的（"如何译好"）的规定性进路（prescriptive approach）。然而，在它所启动的"学科混杂化"的过程中（process of disciplinary hybridization）（Simon，1996：ix），随着理论视野的扩大，描述进路所强调的客观中立原则显得越来越难以维持。撇开描述行为本身能否做到客观、中立不谈（描述本身就是立场的体现，如前章提及的图里对十四行诗译本的讨论），文化研究所展示的翻译与意识形态和权力因素之间的错综关系，自然而然地带来了价值判断的问题。描述进路的主要倾向是将翻译视为在各种或明或暗的体制性力量的作用下对外来文本进行编纂、调适、增减甚至篡改的过程，译文就是这个过程的产物而非对原文的复制，在揭示翻译背后的权力政治方面卓有建树，但却往往将翻译归结为被动的适应，以一种受迫害者的观念（victimized）来看待翻译，而忽视翻译所承载的对这些体制性力量产生抗拒的一面。并且，描述进路的翻译研究对"文化"概念的使用是过于宽泛的，并且倾向于将之理解为静态的系统。对此，西蒙批评道，他们对"文

第五章　差异与翻译的文化政治

化"一词的使用,"仿佛是在指一种显而易见的、不存在争议的实在"(an obvious, unproblematic reality)(Simon,1996,ix)。这种边界清楚而又大而化之的"文化"概念,体现的是现代性的某种迷思,而非后现代所强调的"文化"自身不断被建构的性质。翻译研究的文化视角实际上揭示了翻译并不是什么第二位的、衍生的,而是第一性的文学手段之一,被更大的社会机构(social institutions)(包括教育系统、文化机构、出版集团甚至政府)用以操控(manipulation)社会来建构其所期望的文化(例如,教会主持《圣经》翻译,政府支持民族史诗的翻译、学校讲习的名著的翻译,都出于关乎意识形态和文化权力的自身目的)。(Tymoczko & Gentzler,2002:xiii)那么,在构建的过程中,翻译形成、维持、巩固了什么样的(文化政治的)权力结构?铸造了什么样的文化统识?对哪些文化群体造成了什么样的不平等?如何对之进行评判?更重要的是,如何(通过翻译)来撼动被(翻译)话语所固化的权力等级?这一系列的问题,已远非纯粹"描述"所能应对。

进入90年代之后,翻译研究总体显得更为激进,不再仅仅满足于通过揭示文化政治因素对翻译的操控来解释翻译现象,而是充斥着各种各样的"行动宣言"(calls to action)。翻译学者们不仅从文化研究的角度(或者也可以颠倒过来说,文化研究学者们从翻译角度)去揭示(翻译)话语所造成的不平等的文化权力关系,围绕着意识形态、身份/认同等主题来反思翻译,而且尝试借助翻译研究(和翻译实践)而推动特定的文化政治议程(cultural-political agendas)。其中最具代表性的当属后殖民翻译研究与女性主义翻译研究。前者关心的是翻译在殖民化进程中及在对被殖民民族的形象的塑造和散播中所发挥的作用[如斯皮瓦克《翻译的政治》(*The Politics of Translation*);尼南贾那《为翻译定位》(*Siting Translation*)等等],并试图在翻译研究和翻译实践中挑战不对称的（文化）权力关系①；而后者则质疑传统翻译理论中的男性中心表述（见西蒙对翻译的性别隐喻的揭示，西蒙，1996；及于德英、崔新广，2007），并进而通过翻译张扬被男性中心的霸权话语所压制的女性身份。并且，他们都强调译者的更主动、更积极的干预。例如，尼南贾那主张译者必须质疑殖民主义和自由民族主义的每一个方面，"从内部瓦解霸权的西方"（dismantling the hegemonic West from within），解构并且辨识西方借以压制非西方（non-West）并将自身内部的他性边缘化的那些手段，号召译者采用"干预主义"的进路，主张"审慎的、防范性的、干涉性的翻译实践"（a translation practice that is speculative, provisional and interventionist）（Niranjana, 1992: 167 - 173; Munday, 2001: 135），以抵制殖民话语的同化暴力。而女性主义立场的翻译学者同样也强调这种干预。芭芭拉·高达尔德（Babara Godard）宣称："女性主义译者，通过强调其至关重要的差异性，其在无休止的重新解读和重新书写中的愉悦，炫示其对文本的操纵的标记。"②（Godard, 1990: 91）另一位女性主义译者哈伍德（de Lotbiniere - Harwood）说得更为明确："我的翻译实践是一种政治实践，让翻译为女性说话。因而，我留在译本中的'签名'意味着：这份译本使用了一切翻译手段来让女性在语言中显身。"③（转引自 Simon, 1996: 15; Munday, 2001: 132）

---

① 鉴于后殖民进路在翻译研究中的分量及后殖民研究在矛盾重重的"全球化"语境中所占据的重要位置，有学者甚至认为，这代表着翻译理论研究的"后殖民转向"（如孙会军，2006）。对此，笔者认为，文化转向本身十分多元的理论立场足以涵盖后殖民研究的基本问题模式，唯后者更富直接的、激进的政治性，是文化转向的延伸。

② The feminist translator, affirming her critical difference, her delight in interminable re-reading and re-writing, flaunts the signs of her manipulation of the text.

③ My translation practice is a political activity aimed at making language speak for women. So my signature on a translation means: this translation has used every translation strategy to make the feminine visible in language.

第五章　差异与翻译的文化政治

第五节 "差异"主题的样本："差异""抵抗"与"杂合"——后殖民翻译研究

不难看到,文化转向后的翻译研究,表现出越来越强烈的"权力意志"。翻译实践连同对翻译的理论思考,成为在不同领域对抗文化政治霸权/统识的工具。翻译研究的差异主题,得到了全面的运演。其共有的特征是:首先,他们都借助了后结构主义对天真的语言再现论的批判和对单一意义的质疑。"翻译研究者更多地不是与单一源义本的统一的意义相比较,而是和任何义本建构物背后的多重意义的链条及语言的复义性相比较。"(Tymoczko & Gentzler, 2002: 4)在此基础上打破翻译对原文的简单依附,从而为译者的自主翻译策略提供合法性①。

其次,强调翻译行为的政治意味。正如巴斯奈特所说,"把作品从一个文化系统翻译到另一个文化系统,并不是价值中立、动机单纯、使原语文本得到透明彰显的活动,而是一种带有强烈使命感的侵越行为。翻译作品和翻译活动所涉及的政治问题不应像以往那样不受重视。"(陈德宏、张南风,2000:194)

最后,总的来说,在方法层面,大都倾向于用和以忠实通顺为标准的"自然化"(naturalization)相对的方式(如斯皮瓦克所主张的修辞对逻辑的颠覆,韦努蒂所主张的"异化"翻译)来凸显被同化性的翻译所抹杀的差异性,展开对统识性话语的抵制。

---

① 这一说法本身也是极具悖论的:脱离原文和深入原文的观点在诸多当代翻译学者的表述中同时存在! 尤其是"深入原文"的呼唤,似乎是向传统译论的回归。但其实不然,一是"原文"的观念本身已经不是传统意义上的,对"原文"的消解是对可转换的单一稳定意义的消解,并不妨碍对"原文"之多元异质性的承认;二是展现"原文"的手段也不是传统意义上的。参见本书第五章关于"忠实"的讨论。

从同一到差异——翻译研究的差异主题和政治、伦理维度

正是出于对"差异"的全方位关注和参与,翻译研究实现了它对文化研究的渗透,或者说,文化研究凸显了作为跨语言实践的翻译维度,发展了有关翻译的一系列概念、判断及喻说,使得翻译成为承载以"差异"为主题的各种文化政治进程的问题域。其中,后殖民语境中的翻译研究提供了多方面展示这一问题域的典范,它突出地表现了"差异"的主题在翻译研究中所表现出来的深度和张力,连同其固有的自我矛盾。

后殖民翻译研究产生于被压抑在文化边缘的前殖民地国家在全球化进程中的日益加深的文化身份焦灼,翻译理论的出现正是知识分子们为寻找或重构文化身份所做的尝试。后殖民翻译研究的'谱系学'根源至少可以追溯到美籍巴勒斯坦裔批评家爱德华·萨义德及其20世纪70年代中期的《东方主义》(Orientalism, 1978)这一开创性的著作。萨义德梳理了西方世界中关于"东方"(主要是阿拉伯和伊斯兰意义上的东方)的话语表述,辨析了东方学作为一种现代知识体系其中所包含的各种权力关系,论说东方学如何与西方殖民过程中的社会经济及政治体制互动,如何影响到西方对自身文化身份的认识和对自身文化体制的建立与完善。这部著作和后继作品深入剖析了西方的东方主义文本传统里关于文化差异的表述与翻译问题。萨义德的研究,实质上是对于西方世界中关于"东方"的种种话语所作的福柯意义上的知识考古,展现了"东方"这一知识体系是如何在西方的文学、历史、传说、民族志、游记、翻译等话语活动中被建立起来,并被视为被如实描述和再现的实在的。在历史上,"东方"这一文化符号也曾承载了西方人一切美好的乌托邦想象。然而,在启蒙运动之后,当西方的种族主义随着经济、政治和军事霸权而增长的时候,体现在西方话语中的"东方",往往是对事实或真相的歪曲。欧洲人"在描写'神秘的东方'时,总是出现那些刻板的形象,如有关'非洲人(或者印度人、爱尔兰人、牙买

第五章　差异与翻译的文化政治

加人、中国人)'的心态的陈词滥调，那些把文明带给原始的或野蛮的民族的设想，那些令人不安的、熟悉的、有关鞭挞和死刑或其他必要的惩罚的设想"。(萨义德，2003：1-2)。以至于在"东方主义"话语里，东方成了西方的负面印记。在对"东方"的文化身份建构中，翻译扮演了非常重要的角色。譬如在《东方主义》一书中，萨义德展示了英国学者雷恩（Edward William Lane）的东方学作品和翻译中的问题（第二章第三节"东方的居所和研究、词典编纂和想象的必要条件""Oriental Residence and Scholarship: The Requirements of Lexicography and Imagination"）。在其经典作品《现代埃及风俗录》（*An Account of the Manners and Customs of the Modern Egyptians*）中，雷恩首先通过一个长长的"脚注"对拿破仑远征时期形成、后持续出版近30年（1801-1929）的法国埃及学丛书《埃及志》（*Description de l' Egypte*）进行贬斥———轻蔑地称它为论述埃及的"了不起的法语作品"这体现了在拿破仑时代结束后法国霸权被英国取代时，英语霸权在文化领域的延伸）。在"序言"中，他将他的所谓穆斯林朋友阿赫默德（Ahmed）描述为一个"异类的吃玻璃者"和"多配偶者"，其对穆斯林形象的建构大大偏离了真实情况。正像萨依德所说："作为穆斯林行为的中介者和翻译者，雷恩进入了穆斯林的世界，但进入的程度只是停留于能用典雅的英语散文来描述这一世界，他的信仰不真诚，其实质在于他具有伪装的幸存者和特权的欧洲人这两种身份，而后者无疑削弱了前者。""而雷恩后来枯燥乏味的《天方夜谭》的翻译，进一步加强了由《现代埃及风俗录》所奠定的知识体系。他作为创造主体的个性完全消失，仅仅以一个重译者权威面貌出现，由同时代的创作者变成了这一个时代的残存者。"萨依德进一步指出："作为学者，雷恩的遗产对东方并没有什么价值，而只对他自身所在的欧洲社会的各种机构有价值。"（费小平，2003）

在萨义德眼中,包括翻译在内的有关"东方"的话语编织和知识生产,是带有浓厚的意识形态色彩的。(通过勒弗维尔意义上的"改写"而进入佐哈意义上的"多元系统"从而塑造起的"东方",是西方世界在不同时期的文化心理投射。)启蒙运动以来,这种投射越来越倾向于为西方的政治经济霸权在文化领域的渗透而服务。它见证了西方在构建自我的身份同一性过程中如何生产出作为对立面和文化他者,并将之置于自己的宰制之下。"东方作为可资对照的形象、观念、人格和经验,帮助了对欧洲(或西方)自身的界定。"(Said,1978:1-2)这个身份同一性的建构过程,同时也是对"东方身份"的差异性的生产过程,它并不是不讲差异(大量关于"异国风情"的话语就是说明),而是将"他者"的差异置于自身所代表的普遍性(西方所代表的全人类共同的发展进程)的大前提之下。并且,在对传统语言观的"透明再现"迷思的宣扬中,殖民进程中翻译所伴随的文化暴力被掩藏了。正如印度学者尼南贾那在《为翻译定位》一书中精炼地写道,"在构塑某种主体的过程中,在给被殖民者以特定样板的描述中,翻译带来了关于实在和再现的根本性概念。这些概念以及我们由此能够产生的思维推断,就把伴随着殖民主体建构过程中的暴力完全给遮蔽了","因此,翻译产生的是种种遏制之策。通过运用再现他者的某些程式——他者也因此而得以出现——翻译强化了对被殖民者所做的统识性(hegemonic)描述,促使其取得爱德华·萨伊德称之为再现或无历史之客体的地位。这些描述成为事实,进而对殖民地的事态产生影响",进而,"在制造连贯又清晰的文本和主体的过程中,翻译经由一系列的话语,参与了对殖民文化的定型过程,实际看上去不是历史的产物,而似乎是静止不变的东西。翻译的功用在于透明地表现一个业已存在的东西,不过'本原'实际却是由翻译而带出来的。吊诡的是,翻译也还为被殖民者在'历史'里提供了一

第五章　差异与翻译的文化政治

席之地，鼓吹一种目的论的模式，把不同的文明分为等级，依据的便是'精神'之'觉悟'，而对此项发展，非西方的文化据称并不适宜或者尚未做好准备。翻译就是这样为不同的话语——哲学、历史编纂学、教育、传教士的论述以及游记——所遣，以为延续和保持殖民统治之用。"（Niranjana，1992：1-2。译文引自许宝强、袁伟，2000：118）故而，翻译问题曾居于殖民碰撞之中枢神经，被以各种方式用来建立和永久保持某类文化优越于他类文化的观念。

于是，后殖民翻译理论的出发点，首先是对在哲学普遍性的宏大叙事主导下、在殖民扩张中形成的等级二元的文化身份模式的反思和抗争。他们首先关心的是，对于这种身份模式的形成和维持，翻译和以翻译为基础的文化交流扮演着什么样的角色，如何发挥其塑造性的力量，如何和殖民的暴力相勾连。在这个主题下，翻译凸显了"权力"的维度。譬如，尼南贾那在其《为翻译定位》中列举了大量实例，探讨了西方（英国）如何通过包括文学、哲学、史志、教育等话语强化对印度的殖民统治，其中包括英国学者和殖民官员威廉·琼斯（William Jones）1789年所翻译的《摩奴法典》。所谓《摩奴法典》中的法律，实际上是从东方学家对印度教和伊斯兰教经文的释义建构和翻译中得出的，而琼斯的翻译旨在规训并调教"数百万印度臣民的生活"，"其勤劳勉力经妥善引导将会大大增加英国的财富"。这种心态在琼斯翻译的《太阳颂》（琼斯的一系列"印度"颂歌之一，在欧洲广为流传）中通过翻译对文字的巧妙操纵而表露出来。诗中写道，

> 要是他们（神祇）问：声声慢慢是何人？
> ……
> 你就说：银色的岛上天颜温柔更开怀，

> 他从那遥远的地方来，
> 不吐梵天语，
> 自是潺潺圣堂曲；
> 踏过了亘古之偏道僻径，穿越过久远之堵塞洞穴。
> 深潭清泉里把东方知识来汲取。

这一篇章是由黄金时代的人物、衰败无知的现在和来自远邦的译者所共同构成的富有象征性的场景，其寓意是，"印度人恢复其自家文明之辉煌"的使命，要由远邦的译者来汲取、净化和提升。而在《恒河颂》等另外一些篇章中，琼斯改变了用第一人称代词称谓自己的做法，转而给被殖民者开辟出一个主语的位置，让印度人夸英国人，说他们"保留了咱们的法律，又中止了咱们的恐惧"，是殖民者的到来使印度自家的法律得到正确的实施，结束了专制暴力和恐惧。而对印度现状的扭曲塑造，则加深了这种由殖民者来开化和提升的需要。如传教士威廉·沃德在其《印度人的历史、文学和神话综述：涵盖印度人举止、习俗和主要作品译作》中所展现的印度形象，充斥着"淫秽""残忍"等和一切异教徒所共有的堕落和不道德，并且，与琼斯不同的是，这种现状并不是因为背弃了某个黄金时代，而是天生如此。而借助翻译所进行的史志编撰，如英国人詹姆士·穆勒所著的《英属印度史》，也同样突出了"原始、野蛮、凶残和粗野"的形象，抛弃了东方史学家的古老文明假说。而穆勒在其史志编撰（《英属印度史》，History of British India）中对包括琼斯、沃德等人的翻译材料的使用，则进一步在这个过程中，"历史被斥为虚构而见弃，但虚构——经过翻译——却被当作历史来接受。"殖民者通过大量作品的英译来建构一个代表真理的重写的东方形象，翻译和教育、神学、史志编纂和哲学一样，是传输霸权话语的机器，是布尔迪厄意义上的"象征型宰制"从属于殖民规则下的

第五章　差异与翻译的文化政治

意识形态操纵,使不对称的权力关系得以成型。

借助翻译和翻译相关的话语的生产,殖民主义展开了"驯服/主体化"的(subjection/subjectification)双重进程,殖民"主体"(the colonial subject)作为权力/知识的建构而被生产出来(Niranjana, 1992:1),并在等级二元的身份模式中获得稳定性和优越性。其学理根源仍可追溯到根深蒂固的西方形而上学传统,其中最重要的体现就是普遍主义模式下的历史决定论和本质主义模式下的语言再现论。前者将殖民征服中的主方(欧洲宗主国)置于全人类共同的历史发展的高等阶段,或赋予特定种族引领这一进程的特权,或否定特定种族有这样的能力(如黑格尔关于精神之觉悟的目的论体系,黑格尔也曾认为印度人天性的一般要素就是"精神处于一种梦寐的痴迷状态下",没有获得自我意识。尼南贾那,1992/2000:137),而后者则通过维系"本原"的稳定性而抹杀意义或现实自身被构建的性质。对二者的祛魅(demystification)也成为后殖民语境中的文化研究者所做的"抗争"的前奏。对于前者而言,确定的、线性的、进步的历史目的论,是将不同文化纳入到共同的历史发展方向当中,是殖民暴力的驱动力量。而对于"历史",事实上我们只能在文本的形式里接近它,只能通过其效应来理解历史(ibid, 147)。"'历史'在后结构主义的文本中,是一种抹杀差异的压制性力量,属于那些包括意义、真理、在场以及逻格斯在内的系列。"(ibid, 149)而后殖民立场的学者,正要像福柯所做的谱系学努力那样,去理解"历史"中的"压制的运作"和"屈从体系"(ibid, 147)。"历史"的概念,有必要被"历史性"所置换和拷问:"历史性(historicity)涵盖了翻译/重译在过去/现在是如何起作用的,为什么这个文本过去/现在被移译,以及过去/现在是谁在译这些问题。"(ibid, 146)正如尼南贾那指出:"后殖民理论能够表明我们所需要的是去翻译(即扰乱或置换)历史,而不是去解释它或阅读它。"

而对于后者而言,后殖民学者尼南贾那等则充分借用了德里达的解构理论对于"本原"的消解,强调任何有关单一、中心或原初的概念总是已经具备了不可简约或难以超越的多元异质性特征的。本原中已然包含了难以克服的差异,本原的符号已然是书写的书写。强调对本原之充分再现的传统翻译观念,回避了翻译常常带有暴力性质的建构力量,营造了平等交流、双向裨益的假象。而"在殖民情境下,'交流'远非平等,'裨益'也极其可疑,帝国的统治把不同语言间的不对称延续了下去。"(*ibid*, 170)

正是因为在普遍主义模式下的历史决定论和本质主义模式下的语言再现论的作用下,通过翻译和相关的话语活动建构了宗主国/殖民地、殖民者文化/被殖民者文化的等级二元。在这个二元中,"差异"是屈从于"同一"的,被殖民民族及其文化,被视为历史进程中的落后者,和宗主国及其文化的不完美的复制品,需要不断向前者靠近,屈从于前者的同化性的宰制。而"透明再现"的传统翻译观念,则掩盖了其中的暴力因素,将殖民体系中的权力结构隐藏并自然化。后殖民翻译研究中的"抗争"主题,则首先强调"透明再现"的不可能性和翻译的固有暴力。譬如,斯皮瓦克在其将翻译研究置于后殖民和女性主义双重视角之下的 *Outside the Teaching Machine* 一书的最重要章节"翻译的政治"(The Politics of Translation)中,将语言视为由修辞(rhetoric)、逻辑(logic)和静默(silence)所共同构成的三面结构(a three-tiered notion of language)(另见本书4.3)这种三面结构所蕴含的流动和扰乱力量,即文本在后结构主义意义上的"散逸"(dissemination)特征,是不可化简的。尽管每次阅读和交流都带有散逸的危险,但能动机制(agency)的执着投入限制了散逸的发生,将之控制在最低程度。强调逻辑规范(对单一、连贯意义的

第五章　差异与翻译的文化政治

追求）而力图排除修辞的干扰①，是"保险"的做法，却也是无视翻译媒介所要承受的风险和暴力，常常体现出对来自一个不同文化环境的陌生语言的"她性"②的压制。"在翻译非欧洲女性的文本时，由于译者不能和原文的修辞作用做出对应，又或缺乏足够的关注，以致其翻译的政治往往压抑了散逸发生的可能。"翻译的（不）可能性突出地反映了语言转换过程中所必然承受的暴力。③ 斯皮瓦克呼唤译者超脱把翻译视为同义词、句法和地道色彩的问题，而在后结构主义理论的指引下，深入语言的"三面结构"，"译者的任务是促进原文及其影子之间的爱，让散逸发生，免受译者的能动机制和她想象的或真实的读者对她要求的牵制"。斯皮瓦克强调"对原文的帖服"，重视原文的富有修辞作用力量的静默，回应其召唤。（斯皮瓦克，1993/2000：278－283）其实质是，译者应该是"原文"的"倾听者"和"密友"，深入"她者"的视域，而不是用剥夺、化简、还原的方式将之纳入"自我"的维度。

在这种复杂微妙的文化政治语境中，不难理解翻译更加重视的是那些非常规的、足以凸显他/她者的存在和境遇的话语方式。一般翻译方式所追求的那种通顺流畅的标准化方式，往往被视作强势群体之统识性话语的助推者。譬如，斯皮瓦克批评那些西方

---

① 斯皮瓦克对修辞的使用，是后结构主义意义上的"语言的修辞性"，而非传统意义上的修辞文法。

② 斯皮瓦克语境中 other 一词，在许宝强、袁伟选编的《语言和翻译的政治》中被译者许兆麟、郝田虎巧妙地译为"她者"，以凸显其女性主义和后殖民双重视角下的身份关注，整书编后记有说明。

③ 斯皮瓦克此文的表述过于艰深，可以理解为一个诠释学问题：诠释者和翻译者，即斯皮瓦克意义上的能动者（agency，不同于中立被动的"中介"），总要将自身和自身背后的视域投射或侵入进来，从而建构出对多元异质的文本在另一种语言中的某种层面的再现，这既是必然的，也是危险的，尤其是在后殖民与女性主义双重主题下的权力关系中。

女性主义批评家将欧洲之外的女性主义文本译成强权者的语言（英文）时的误区。她指出，这样一种翻译时常都被同一种"译作腔"（tranlatese）① 所表述，从而贬抑那些富于政治色彩但却较少拥有权力的个人或文化的身份认同："在别的语言大量译成英语的时候，民主的理想可能会遭背弃，沦为强权的法则。一个例子就是把第三世界的文学统统译成流行的翻译腔，以致一个巴勒斯坦妇女的文学，其行文读起来的感觉竟和一个台湾男人的笔调相仿。"（ibid, 281）于是，地域与性别的巨大差异都不复存在。斯皮瓦克还对比了孟加拉裔作家马哈斯韦塔·德维（Mahasweta Devi）著作的不同译本。德维的小说 Stanadyini 有两种英译本，其一将标题译为《奶妈》，其二则译为 Breast-Giver（《乳房让予者》）。就其狭义的所指而言，似乎两者都可行，但前者在其明晰性的追求中，抹杀了原著的修辞张力所在，而德维小说中"透出泥土味智慧的粗野俗语"也被译者隐去。而后者则以"陌生化"的方式，凸显了书名强烈的修辞冲击力，在德维笔下，"乳房"这一带有转喻作用的部分对象（metonymic part-object），用以替代最为对象的"她者"，它们既是器官、身体，也是商品和作为商品的劳动力（organ of labor-power-as-commodity），这一带有"身体写作"意味的符号所透视出的权力结构和她者的生存境遇，其马克思和弗洛伊德的双重隐射，被 The Wet-Nurse 的译者用自然化的表达抹杀于无形。

以斯皮瓦克为代表的后殖民视角的翻译学者，其翻译理论和翻译（乃至写作）实践，体现出对翻译中的权力和抗争主题的充分警觉。在他（她）们看来，后殖民语境中的文化翻译活动，尤其是在向前宗主国的强势语言的翻译中，语言的问题必然也是

---

① 斯皮瓦克对这个词的使用，不同于一般意义上凸显译文之异源性诗学特征的"翻译腔"，而恰恰指对外来文本的笼统的、固定的、成规化的表现。

第五章 差异与翻译的文化政治

政治的问题。对于后殖民语境中翻译的悖论、痛苦和焦灼,以及经常性的抗争主题,斯皮瓦克十分认同美国女性主义学者贝尔·胡克斯在《语言,斗争之场》中的所引用的诗句:"这是压迫者的语言,可我必须用它和你说话。"(胡克斯,1995/2000:108)而巴斯奈特与特里维蒂在其文集《后殖民翻译:理论与实践》(*Post-colonial Translation:Theory and Practice*,1999)的序言中,则声称后殖民语境中的权力关系正在多种本土语言与一种后殖民世界里的"主方语言"的抗争中被彰显和释放出来。(Bassnett and Trivedi,1999)翻译的暴力,体现在弱势的语言被强势的语言(以其规范形式)的强迫性转化当中。而强调新颖性、多元性和异质性的"陌生化"式的翻译,则可以形成某种特殊的矫治和抵抗力量,对抗着标准化的"主方"语言所承载的同化暴力。如此,后殖民理论的另一重要代表霍米·巴巴对本雅明《译者的任务》中"差异"主题的发挥和"滥用"(非贬义)就不难理解。本雅明形象地描述了个体语言的差异:虽然德语中 Brot 与法语中的 pain 都指涉同一客体(面包),但各自的意指方式并不相同。而巴巴则在这种差异性的基础上重新定义文化翻译,认为文化翻译就是对本雅明描绘的"语言的异域性"的全面运演,成为不同社会、文化意指系统导致的经常性的抗争与流动之域,一种"作为反抗性替代场的互补过程"(Bhabha,2000:224 – 227)。

同时,后殖民翻译研究中的"差异"与"抗争"主题,也表现了其所依赖的各种有关"差异"的元理论自身固有的矛盾(这种矛盾也体现在韦努蒂对"异化"与"归化"两种不同的翻译倾向的讨论中)。总体而言,关于"差异"的理论反对同一性、整体性与普遍性,推崇异质性、局部性和不可通约性。然而,对差异的一味强调也可能重新落入本质主义的窠臼。诚如英国批评家伊格尔顿(Terry Eagleton)指出:"纯粹的差异将无法区分于纯粹的同一性",因为"一个生活世界确立了与所有别的世界的区别后就将成为一个普遍的世界"。(Eagleton,2000:54) 在后殖民理论试图通过后殖民写作和翻译而推进身份/认同的重新议定过程中,也存在这样的风险,即将不同语言和文化族群的身份差异固定化、静止化,并试图使之通过对原有等级二元的颠覆而占据中心,这往往会导致保守主义和激进的民族主义所共有的对立思维。对此,后殖民理论的主要推动者对后殖民写作和翻译所承担的"差异"使命是有所节制的,他(她)们也提防着民族主义狂热对自身理论的误解和滥用,这种狂热同样会体现一种类似帝国主义的支配与控制欲望,也会产生对自身内部的差异表达的霸权压制。在推进其"差异"政治的时候,他(她)们更加强调的是没有"中心"和"等级"的"差异",或者更加过程化的"杂合"。

譬如,霍米·巴巴在其代表作《文化的定位》(*The Location of Culture*)提出了和发展了"杂合"(hybridity)和"第三空间"(The Third Space)① 的理念。杂合本是生物学概念,指的是不同品种的混合体后代,且往往比母方更有优势。作为一个隐喻,它逐渐发展为对不同族群在文化实践中的交融的表述,指不同传统在不断在相互重新阐释所形成的富有争论和对抗性质的"反文化"。"杂合"(杂种或混种)原本是带有种族主义歧视色彩的概

---

① "第三空间"(The Third Space)是美国学者爱德华·W. 索亚(Edward W. Soja,又译苏贾)提出并被广泛运用的一个重要的跨学科批评概念。胡继华先生以关键词的方式简述了其在当代批评语境中的多方含义和使用。首先,作为人文地理学的一种变革性方法,"第三空间"激励人们以不同的方式来思考空间意义。其次,作为一种后现代文化政治的理论与实践,"第三空间"体现了后殖民主义对文化帝国意识形态的抵抗,女性主义对父权中心主义传统的颠覆。最后,作为一种哲学思考向度,"第三空间"代表着当代思想对传统空间观念及其蕴涵的思想方式的质疑。(参见胡继华,2008)

第五章　差异与翻译的文化政治

念,然而巴巴却指出其双面性,赋予它积极正面的含义:"杂合是殖民权力及其置换力量和固定性之生产力的标志;它是通过否定而对宰制机制产生策略性颠覆的名称……杂合是对通过歧视性的身份效应的重复而产生殖民身份认定的价值重估……"①(Bhabha, 2000: 112 - 114)"杂合"是一种身份隐喻(a metaphor for identity),指向"一种包含着差异而没有想象的或强加的等级的文化杂合体"。(a cultural hybridity that entertains difference without an assumed or imposed hierarchy)(Bhabha, 2000: 3, 4)

而巴巴的"第三空间"论调可以追溯到俄国批评家巴赫金(Mikhail Bakhtin)的"复调"诗学和"对话"理论。巴赫金注意到了文艺复兴之后各种方言的交互混杂所形成的跨疆域的流动与组合,并在其诗学理论中强调一种以多重声部的复调性为特征的话语空间,这个空间不是单一声音的独白(如传统意义上的作者),而是充分体现出对话、争议、协商与共容的性质。巴巴将这种理念运用到后殖民语境中的文化实践当中去,以模糊殖民与被殖民情境和身份的界限,寻找一种中间性(in-betweenness),即一种形成于语言认同和心理机制之间、既矛盾又模糊的新过渡空间,它区别于欧洲中心主义、文化帝国主义以及"东方主义"的地理想象和文化定型。在这个空间中,殖民者与被殖民者互相依存、互相建立起对方的主体性,所有的文化陈述和系统都建立于一个模糊、杂合的空间中,文化的意义和象征的固定性或原始的统一受到质疑,"霸权"和"始源"的信念也因而动摇。巴巴的"第三空间"理论,实质上是通过在文化边界位置的文化差

---

① Hybridity is the sign of the productivity of colonial power, its shifting forces and fixities; it is the name for the strategic reversal of the process of domination through disavowal [...]. Hybridity is the revaluation of the assumption of colonial identity through the repetition of discriminatory identity effects.

异书写而筑构起反抗本质主义、解构文化帝国主义以及挑战单一现代性话语的文化场域。"第三空间"的特质就是不确定性和过程性,它既非内在,亦非外在,既非殖民世界,亦非被殖民的世界,而是一个力图摆脱这些二元对立范畴的"你中有我、我中有你"的"狂欢"(Carnivalism 是巴赫金从欧洲狂欢节传统中发展出来的术语,侧重对等级和身份的颠覆)性的身份书写。它既强调差异的展现,又防止差异的定型,既抵抗着殖民力量的话语霸权,也提防着自身的极端主义倾向。

在写作和翻译的策略层面,后殖民语境中的作家和译者所贯彻的往往就是这种"杂合"理念,将身份差异的书写体现在促使多元异质的话语进入流通的过程中,通过类似"陌生化"的手段质疑和挑战着强势的标准语言的霸权,借此来产生对于"语言帝国主义"(linguistic imperialism)的瓦解力量。美国学者玛丽亚·蒂莫志克(Maria Tymoczko)在其《后殖民写作与文学翻译》(*Postcolonial Writing and Literary Translation*)一文中探讨了后殖民写作和翻译实践在这一方面的共同追求,并高度评价当代非洲作家(如肯尼亚作家西昂戈 Nagaugai wa Thiong'o① 等)的创作,赞赏他们有意识地将非洲语词输入其英语创作,在标准语言中创造变异,突出文本杂合性的做法。(Tymoczko, *Postcolonial Writing and Literary Translation*, in Bassnet & Trivedi, 1999)

而当代爱尔兰文化圈作家的写作和翻译实践也表现出同样的倾向。譬如,诺贝尔奖获得者、爱尔兰谢默斯·希尼(Seamus Heaney)的翻译活动就贯穿着"杂合"的理念。希尼不仅是享誉世界诗坛的诗人,而且是以精通古英语和古爱尔兰语闻名的翻译

---

① 肯尼亚小说家、剧作家。主要作品有长篇小说《孩子别哭》(1964)、《一河之隔》(1965)、《一粒麦种》(1967)、《血的花瓣》(1977)和剧本《黑隐士》(1962)。

第五章 差异与翻译的文化政治

家。伴随着他的诗歌创作,希尼将大量古爱尔兰诗歌翻译成了英语。而在其用英语翻译的史诗《贝奥武甫》(*Beowulf*)中就体现出两种"杂合"现象:译者文化身份的杂合和语言的杂合。译本中的杂合既是译者一种后殖民文化反抗的态度与策略,同时也指涉了当今北爱尔兰多元文化构成的特征。在异质文化间的相互尊重与彼此融合中重新定义爱尔兰性,推动"第三空间"的建立,则是当代北爱尔兰文化发展的方向。(李成坚、邓红,2007)

同样,加拿大学者谢莉·西蒙在《冲撞地带的翻译行为与语际创作:魁北克的边界写作》(*Translating and Interlingual Creation in the Contact Zone: Border Writing in Quebec*)中讨论了加拿大魁北克作家的翻译和创作,评论他们如何采取一切可能的创新方式来玩弄着语言关系的游戏(play on language relationships),因为在今天的世界上,没有一种文化、没有一种语言能给他们提供统一不变的力量,使他们共享一个指涉的空间,而包括翻译在内的语言活动,常常是现实和观念的双重生产,提供了一个富于流动性的、不断被重构的文化空间的可能。他们的文字作品表现出对断裂(discontinuity)、间隔、多元等问题的关注和参与,富于挑衅性,模糊了文化身份的疆域,抗拒一种"曾经极大地质疑译作"的文化传统。在此基础上,西蒙提出了"冲撞地带"的构想,它不同于原来彼此背离的文化相聚合的地带,那个传统上的文化在不平等条件下的聚合之域,而是一个正式重新估价自身,充满复杂、交流、协商、断裂等肌质的空间。(费小平,2003:121)

而巴西文化理论界的"食人"(Cannibalism)隐喻,更加生动地表现了前殖民地文化群体对自身和前宗主国乃至其他任何国家之间的文化交往关系的全新思考。"食人"一词曾被欧洲基督徒殖民者用以描绘野蛮原始的异教徒,后者据说会吃掉传播基督教文明的欧洲人。然而,20世纪20年代巴西文化界发表了著名的《食人宣言》（*Manifesto Antropofago*），自60年代以来，以巴西诗人、批评家和翻译家坎波兹（Haroldo de Campos）为代表的巴西学界，更在其著作中深化了这一理念［如坎波兹的翻译诗学著作《作为创作与批评的翻译》（*Translation as Creation and Criticism*, 1992)]，将"食人"视为一种富有活力的诗学隐喻，用以描绘其对后殖民语境中巴西文化之重新定位的思考。据称，始于16世纪传说中的某"食人"部落，其实只会满怀敬意地吃掉三种人：强壮的，有权势的，有通灵能力的，其目的是将三者的肉体及精神力量转移到自身。这种"怀着敬意的吞食"体现了巴西文化圈在摆脱殖民文化的桎梏、寻求新的文化身份认同过程中值得尊敬的开放与包容精神。（蒋骁华，2003）他们要彰显自身文化的多元性，摆脱旧有的欧洲文化的"附庸"地位，却并不是通过保守和对抗的方式维持着严格的文化身份区分。"吞食"既意味着"原文"和"原文化"的压迫性力量的消除，又意味着其生命力的真正释放。在"吞食"欧洲的语言和文化、推倒旧殖民体系中不平等文化关系结构的同时，让被吞食者的生命力在本土语境中获得消化和再生，以促进富有活力和创造力的本土文化的生成。

　　后殖民进路的翻译研究为我们提供了一个绝佳的样本，它展示了"差异"主题在翻译和以翻译活动为基础的跨文化交往中的全面渗透。它始于对翻译行为所受到的陈规、偏见和意识形态牵制的关注，重视翻译在差异的生产过程中对构建文化意象及文化身份所发挥的塑造性力量及其对不平等的文化关系的助推作用，并借助庞杂的理论资源将之与文化身份的政治主题挂钩起来，并通过与传统翻译理念相悖的策略方针，在文化翻译实践中形成对二元对立的身份模式的消解，既体现着对文化霸权的抵制和消解，也警觉着可能产生的极端对立。

　　而其他类似的文化进路的翻译研究角度，也表现出对"差

第五章 差异与翻译的文化政治

异"主题大致相仿的关注和探讨思路,如女性主义视角下的翻译研究。限于作者的知识范围,本书仅在相关处约略提及。

翻译一直致力于为语际间的意义转换活动提供总体准则和方法。然而,"文化转向"之后的翻译研究却表明,不存在可以超越一切语境的普适的翻译原则。或者说,我们曾经认为比较中立、普适的翻译原则,其实只是悄悄掩盖了翻译这一话语实践背后的政治权力运作,维护了既定的社会价值观和审美习规,成为权力的共谋。作为解释活动和话语实践的翻译,并不存在中性的"零度写作"(Writing Degree Zero)空间(罗兰·巴特语)(Barthes, 1953),而对这种空间的迷思,正是翻译的政治的另一种特定表现。追求文字意义和风格之完美传递的传统译论,以及立足于译文在目的语文化之"可接受性"翻译规范进路(the normative approach),也会是特定文化中的权力阶层的价值观的隐性共谋。翻译研究者关注的重要层面之一,就是这种"中性"的面具背后的权力意志加以揭示和批判,这种揭示和批判本身,也必然体现具体文化情境中的权力诉求。这凸显了翻译研究领域必然发生的价值判断维度,对所谓翻译的"伦理"问题的探讨,尽管艰难,也难免混乱,但仍然值得我们重视。

第六章

他者的维度：
差异与翻译的伦理表述

如前所述，在最近二三十年中，特别是20个世纪90年代以来，翻译研究借助以后结构主义为代表的各种哲学思潮和文化理论资源，不断质疑着传统的语言观与意义观，并且将翻译所涉及的本原、意义、再现和诠释等等问题赋予了越来越多的意识形态与文化政治的内涵。传统的同一性追求下用以评判翻译的价值体系，并不足以涵盖对翻译这一产生于差异而又生产着差异的"差异书写"过程的实质，语言学本位的"科学"进路因其价值中立假定和实用主义关注也无助于深入翻译这一"话语实践"行为与生俱来的文化政治品格。文化转向中所贯穿的话语、权力、政治这些主题，揭示了翻译在具体历史情境中的双重处境：翻译既受制于各种隐匿而具体的权力因素，也在话语的编织与身份的塑造中扮演着重要的角色。它既是压迫的工具，也是反抗的武器。翻译之复杂的政治性，客观上要求对翻译的价值判断体系做出重新界定。如何在"差异"的主题下对于翻译这种特殊的文化政治实践进行价值判断？如何评估、约束或引导翻译的塑造/重塑性力量？什么样的翻译是"善"的？甚至，在借助翻译而推动的各种文化政治议程中，这个问题进而转变为：如何以翻译行"善"？翻译的"伦理"关怀由此产生，它成为20世纪90年代之后翻译研究的一个热点话题。

第六章　他者的维度：差异与翻译的伦理表述

第一节　翻译伦理问题的兴起

直到20世纪90年代初期，翻译研究的关注热点还是如何从规定性的（prescriptive or normative approach）翻译研究（结合语言比较和技能训练来告诉译者应该如何进行翻译）走向描述性的（descriptive）翻译研究（开始结合翻译涉及的诸多社会上下文来描述翻译现象，尤其是翻译过程中产生的变异及其背后的文化限定力量）。在这种语境下，"伦理"一词对于翻译学界还显得十分突兀。法国学者拉德米罗（Jean-Réné Ladmiral，主要从事德国哲学的法文翻译）认为，翻译没有所谓伦理问题，只有玄学问题或元科学问题（metaphysics or meta-science perhaps, but not an ethics, Pym, 2001：129）这种观点具有相当的代表性。自古以来，翻译的理论话语与哲学和神学有着很强的亲和力（譬如真理、逻格斯、神讯等主题），翻译也一直徘徊于"艺术还是科学"的两极之间，对科学性的追求也曾一度主导了此前语言学时期翻译的理论话语建构。至于翻译的"伦理"，似乎是一个令人费解的提法。

早期的文化转向中，翻译的伦理问题也并不显得突出。勒弗维尔等学者的"操控"研究也可能引发对这一方面的关注，但它展示的是一种决定主义倾向（determinism），翻译始终处于权力的控制之中，"不可避免地不忠实"，从而把伦理问题排除开了。然而，即便在他们反复强调客观性、竭力与价值判断保持距离的描述性研究中，也不可避免地会存在价值判断的麻烦。譬如图里等学者提出的用以区分翻译之充分性（adequacy 完整全面地传达原文的信息）和可接受性（acceptability 按照目的语读者群体的意识形态规范和审美期待有选择地传达部分或做出相应改动）的翻译"规范"（Norms）（Toury，1995），实际上就体现了共同体所共有的价值观体系。随着文化转向的重点从"描述"走向"干涉",翻译的"伦理"不再是一个可以轻易回避的问题。在随后的数年中,翻译的"伦理"一说越来越频繁,也越来越明确地出现在包括皮姆(Anthony Pym)、韦努蒂、切斯特曼(Andrew Chesterman)、诺德(Christian Nord)、阿罗尤等著名翻译研究和文化研究学者的著作之中。他们理论背景不一,现实关怀各异,却都使用了"伦理"之名。以至于翻译研究的最重要的国际期刊之一《译者》(*The Translator*)在2001年专门发行了一期专辑,名为《回到伦理》(*The Return to Ethics*),编选了皮姆、切斯特曼、诺德等翻译研究领域著名学者的专门文章,来引发对翻译的"伦理"问题的探讨。(Pym 2001)

对伦理问题的关注是当前人文学科甚至科学领域的普遍倾向。正如皮姆总结到:"对伦理问题的回归是社会的总体潮流……'显身'(visibility)成为女性、不同性取向、各种少数族群以及混杂群体的富含伦理内容的呼唤,打破了普世原则所依赖的同一性。"(Pym, 2001: 129)对于翻译研究而言,翻译作为一种文化政治行为所涉及的语言、族群、文化共同体、身份政治等问题层面,必然会带来伦理方面的思考。"译者不可避免的立场性'使得我们得以超越翻译的种种二元对立观念而将翻译所承担和暗含的伦理立场问题推到前沿'。"① (Davis, 2001: 91)对翻译的全新理解不仅需要新的翻译方法论,也需要新的价值观建构。切斯特曼在1997年已经预言,翻译研究下一个时期的主题是伦理(Chesterman, 1997: 48),这一论断无疑得到了证实。

不过,"伦理"一词在翻译研究中的使用是多义的、混乱

---

① The inevitable positioning of the translator "enables us to go beyond dualist conceptions of translation in order to bring to the fore the ethical stance which translation both entails and implies."

的。翻译学者对它的使用,并不是像汉语义化圈中那样,侧重指传统意义上的人伦关系,如君臣父子夫妇等,也不像西方传统的道德哲学探索那样,追寻"善"的可靠基础和实现方式,而是侧重于思考在跨文化交际活动中,尤其是在不同地域、种族和人群的权力纠葛和身份焦虑中,翻译活动和译者行为所因其不可避免的立场性必然涉及的价值判断问题。很大程度上,它并不是一个独立的问题域,而是和对翻译作为文化政治行为的认识纠缠在一起,作为其延伸而存在,也往往因为不同理论视角下对翻译的不同定位而产生不同的陈述方式。往往,在试图重新定位翻译是什么的同时,就已经预定了翻译所扮演的角色和译者的文化使命和道义责任是什么,在本章第三节中,对"忠实"之诸多重新解释的探讨足以说明之。

第二节 译者的身份嬗变:主体性的困惑

对于翻译的伦理问题的探讨,自然会产生一个问题:翻译活动的道义责任的主体是什么?如何看待译者的"主体性"问题?

文化转向之后的翻译研究,凭借对传统的人本主义批评模式和语言学模式的突破,极大地拓展了自身的理论场所。它将庞杂的理论资源以非常"功利"的方式糅合到各种具体的文化政治领域中去,充分强调了翻译在塑造身份、行使权力、参与政治等方面的能动作用。让翻译从"隐身"(invisibility)走向"显身",这个隐喻性的呼唤凝缩了在一个文化碰撞空前频繁和激烈的时代对于语际间意义传播活动的全新审视,其中一个重要的方面就是对译者主体性越来越多的强调。从文化转向开始,翻译研究越来越多地体现出了"权力意志",借助以解构为代表的激进的批评话语对传统翻译理论的消解,似乎已经将译者从"作者"的阴影下解放出来。翻译不再满足于隐形的角色、边缘的地位,转向声张译者对于原文的决策、操纵和控制。不少翻译研究者带着为译者正名的雄心发出了"走向译者"的响亮口号，认为翻译早已不再囿于单一的、静止的结果，而被视为一个以译者为中心，包含原作者、原文、译文和读者等诸多要素在内的动态过程，甚至试图建立以译者为中心的翻译学。然而，对"作者"的消解是否意味着译者的完全自由？我们应该在什么意义上来看待"译者"的主体性？

前已言之，传统翻译理论赋予作者的地位是卑微的，与翻译在文化政治场域所实际扮演的角色相比并不相称。他/她是拙劣的"模仿者"，谦卑的"代言人"，空洞的"传声筒"。在翻译的语言学转向中，译者被定义为语言规则的载体，理想的译者实际上应该是抽空了人格特征的"翻译机器"。长期以来压在译者头上的作者的主体性，已经在当代批评理论的犀利解构下瓦解。罗兰·巴特喊出的"作者之死"，将意义交还给无休止的语言符号运作；福柯进而将"作者"视为话语的"功能"（author-function）。作者的退隐仿佛给了译者以充分的自主权，译者不再被视为谦卑的奴仆，而被视为翻译这种复杂的意义传介活动的积极参与者，甚至是意义上的真正主宰者。不论是"创造性的叛逆者"还是"文本的操纵者"的说法，都似乎认可译者作为翻译活动的支配者。

然而，译者的"主体性"是否真的取代了作者而成为新的神祇？

一方面消解着作者的主体性，一方面又高扬译者的主体性，这体现了翻译研究在挪用"后学"理论资源时一定程度的选择性和片面性。译者首先是作为读者而存在。罗兰·巴特的《作者之死》常常被认为是读者的出生证明。他说"读者的诞生必须以作者的死亡为代价"（the birth of the reader must be requited by the death of the author），然而，在广泛的误读过程中，巴特对

第六章 他者的维度：差异与翻译的伦理表述

"读者"的定义却被刻意忽略了："文本的统一不在其起源而在其目的地，而这个目的地却不能再是人格的：读者是这样一个人，没有历史，没有人生经历，没有心理，他只是一个将写作赖以诞生的所有的虚迹整合到一个同一领域的人。"①（Barthes，1968：54）由此可见，罗兰·巴特所讲的读者，并不是回到了作为经验历史个人的主体性。"其实，在"后"学看来，作者（译者）或读者都不是自律的个体或群体，而是特定写作/阅读习规的代理。同样，读者反映批评所说的"读者"，也并非是作为经验—历史个人的读者，而是阅读共同体所体现的各种习规的集合。在罗兰·巴特的理论中，同作者一样，所谓读者只是"读者本身"（the reader-as-such），只是阅读习规的结合点，只是意指游戏中一个功能性的纽结。

同样被广泛误读的还有本雅明的《译者的任务》。在被当作后现代翻译理论的先声而被频繁引述和阐释的这篇文献中，本雅明"任务""使命"的说法似乎是赋予了译者某种神圣的光环，也成了诸多宣称后结构主义立场的翻译学者（包括韦努蒂）强调译者主体性的重要论据。然而，本雅明的论述核心恰恰是作为经验历史个人的译者的消隐：因为不是译者，而是作为一种永无休止的运作过程的翻译活动，"承担了一种特殊的使命：照管原作语言的成熟过程和译作语言的分娩阵痛"。这与罗兰·巴特的"作者之死"有异曲同工之妙。两者的共同处是否定经验性个体——无论是以"作者""译者"，还是"读者"的身份出现——

---

① The unity of a text is not in its origin but in its destination, but this destination can no longer be personal: the reader is a man without history, without biography, without psychology; he is only that *someone* who holds collected into one and the same field all of the traces from which writing is constituted. That is why it is absurd to hear the new writing condemned in the name of a humanism which hypocritically claims to champion the reader's rights.

对文本意义的操控权；在思想变革的大脉络中则是质疑 18 世纪启蒙运动建构且运作至今的所谓人的自律性（autonomy）。意义不是源于意识，然后再用语言工具去表达。意义是语言运作产生的效果；言者或写者受限于语言，按照语言的规则去说或写，从而使语言的运作'活动'成为可能。"（王宾，2005）

因此，许多翻译学者在强调译者主体性的时候，并没有真正贯彻他们所声称的后结构主义立场，或至少是有选择性的，他们忽略或淡化了"翻译主体"（the translating subject）本身的建构性质。顺应以福柯为代表的后结构主义理论思路，"翻译主体"在采纳翻译策略、选择排列能指符号的过程中是被话语所构建的（discursively contructed）。诚如《解构主义与翻译》的作者戴维斯所说："主体的弥散身份自然也包含了译者（的主体性）。翻译的主体也是在复杂多元的体系中（经济的、社会的、性别的、种族的、文化的）构建起来的，对这种构建效果的认识必然会使我们跳开译者在诠释某篇原文或形成译文时的意识。"[①]（Davis，2001：58）

因此，所谓"译者主体性"，并不能解读为译者重新以启蒙传统所张扬的主体性和自律性的个人而成为意义及其诠释的主宰。然而，这并不意味着对译者主体性的思考完全没有价值。因为，对翻译主体之建构性质的认识，本身也是对翻译包含的话语、权力、政治互动的深入理解。它可以促使任何翻译行为的主体和翻译研究者思考：在翻译中谁在说话？谁决定了翻译以什么样的方式说话？这样的问题意识足以使译者重新审视意义传介活

[①] The subject's dispersed identity implicates the translator, of course. The translating subject is constituted in a complex, heterogeneous system—economic, social, sexual, racial, cultural—and full awareness of this constitutive effect necessarily eludes the translator's consciousness, as, for instance, he or she interprets a source text and formulates a translation.

第六章 他者的维度:差异与翻译的伦理表述

动中具体的情境性和翻译活动背后的话语权力运作,以及自身在其中所扮演的真正角色。当译者宣扬自己对外来文本的"再创作"所体现的高度的选择自由和艺术价值的时候,可能已经落入了权力的圈套:是什么力量促使译者作出这些选择或决定了翻译所要达到的审美规范?打破"译者主体性"的迷思,才能更好地审视被译者的鉴赏力、表现力、创造力等光环掩盖的权力意志和权力操纵。

翻译研究似乎在小心翼翼地避免陷入(译者)主体性的消解所带来的决定论的尴尬。这也是为什么在触及"权力"问题的时候,翻译研究的理论分歧表现了"权力"的双面内涵。"当翻译者完全认同于某一种话语体系的时候,他认同的可能就是既定的权力秩序,只是由于福柯所说的'认知能力'的贫瘠,这种认同甚至才被意识到和感觉到而已。"(孙歌,2000:20)当译者开始审视翻译的历史文化语境,自觉地选择翻译的立场性和目的性的时候,实际上仍然在不同的权力话语体系间做出选择和调停,在冲突和妥协中扮演着"双面的中间人"的角色。然而,诚如西蒙所说,类似斯皮瓦克这样的译者的工作,表明译者不是自我弭除的中间人(mediator),而是意志坚决、强有力的文化掮客(brokers),他们谙熟翻译的教育作用,参与并塑造了分离的文化之间的关系,在发挥影响的过程中推动着自己的议程。(西蒙,2000/2005)所谓译者的主体性,毋宁说应该是"过程中的主体性","历史中的主体性",它受制于既定的话语权力关系,包括那些凝聚在各种语言无意识和政治无意识中的社会决定因素,并在其间做出有限而谨慎的调停。呼唤译者的显身,其实是要呼唤翻译背后的话语权力结构的显身和译者所采取的抵制策略的显身。

第三节 忠实的嬗变:翻译伦理的多元定位

翻译的伦理问题产生于最近20年左右对翻译这种"文化政治实践"所触及的话语权力运作和身份/认同政治的认识。不过,回顾翻译理论的历史,其实翻译的"伦理"问题并非是一个全新的问题域。传统的翻译理论话语在很大程度上就是建立在某些伦理性质的表述之上的。传统翻译理论最核心的理念之一——"忠实"(fidelity),就是一个十分伦理化的观念。尽管其含义也经历了沿革(对贺拉斯而言是,忠实意味着字对字的翻译,理应舍弃。直至17世纪之后,忠实才意味着对意义的忠实而不是对作者词句的忠实。)(Munday,2001:24),但它逐渐成为传统翻译观的支柱。

不幸的是,在传统翻译理论的伦理表述中,翻译和译者常常处于天然的劣势。在以"作者"为中心的文学批评模式中,"原作"是意义的本原和诠释的终极标准,作者的"主体性"所支撑的"创造"(creativity)、"本真"(originality)、"权威"(authority)的光环,使卑微的译者背负了种种恶名。并且,"忠实"是一条绝对的伦理律令。传统翻译理论话语尽管也提及译者的选择自由,但"忠实"/"自由"的翻译等级二元当中,前者无疑是更为重要的,因为"自由"只限于以何种方式实现"忠实","自由"在翻译中可以有许多方面的体现,产生许多不同的译本,但都统一于"忠实"之下。并且,"自由"意味着选择的权利,而选择就是不忠的开始,这是传统翻译理论所难以接受的。在这个框架下,任何选择都可能是对"忠实"的背离,译者的自由必须被套上缰绳,受到各种各样的束缚,承担各种各样的责难,以至于菲利普·刘易斯只好说,在这种情况下,真正的忠实只能是精确地复制原文(Lewis,1985/2000:269)。即便真的如此，作为诠释行为的翻译，不可能撇开语境、诠释者、读者等多重因素的变换。精确地复制原文所能做到的"忠实"，也只能是建立在对这一切要素视而不见的基础上的幻影（参见本书第三章）。

支撑"忠实"的理论基础——作者中心的人本主义批评模式和工具的语言观，已经在当代批评理论的发展过程中受到越来越多质疑。"作者"的主体性被不断质疑和消解。"作者之死"的口号，无疑给予了翻译的传统忠实观以巨大的冲击。在翻译理论研究的发展中，翻译已被越来越明确地视为一个面对多重制约因素所作的"决策"过程，而对"决策"的强调本身已然是对"忠实"的扬弃。不过，传统的"忠实"理念似乎没有被完全抛弃。许多不同理论背景的翻译研究者在触及翻译"政治"和"伦理问题时"，首先还要对"忠实"做出批判性的反思，并且往往从不同理论立场出发，加以形形色色的改写和再定义，"忠实"依然是讨论翻译伦理时绕不过去的首选关键词和切入点，它也是翻译研究自身不可克服的视角和立场之多元性的集中体现。

一、从"忠实"到"忠诚"：功能主义的修正

德国翻译学者克里斯汀·诺德（C. Nord）就提出用"忠诚"（loyalty）来修正传统的"忠实"（fidelity）观念（Nord，1997；Shuttleworth，1997：98）。诺德是在德国功能学派的理论框架中来思考翻译的伦理问题的。在她和莱斯（K. Reiss）、费米尔（H. J. Vermeer）等人共同开创的功能主义进路中，最重要的是翻译的目的理论（skopos theory）。功能学派的翻译理念体现的是一种实用主义哲学，其基本出发点是基于翻译的实用目的，相对于以原文为本位的传统翻译理论，更强调翻译如何在目的导向的指引下，如何最大限度地实现具体情境下的具体的翻译行为所肩负的目的或者功能，实现预期的效果。目的理论中包容了翻译过程

中的各个参与方,将翻译视为由目的和预定的功能来引导的目的性的行为(a purposeful activity)。在这种框架下,翻译的成功与否、质量高低不在于其在多大程度上与原作实现了对应,而在于其在多大程度上实现了预定的目标(skopos)。

功能学派的理论某种程度上改变了译者传统的从属身份,强调译者作为精通跨文化交际的双语专家,有权来采取他/她所认为必要的措施来实现翻译行为的目标。这似乎赋予了译者过去所没有的自由,允许他不以原文为依规来操纵文本。故而,为了强调译者的责任方面,诺德提出了"忠诚"的概念,来作为对传统忠实观的修正,并将"功能加忠诚"作为其翻译理论的基础。

在诺德看来,如果说传统的"忠实"主要是对原文意义的展现,体现的是原文—译文文本之间的联系,那么,"忠诚"则是交际行为中的人际关系,体现的是译者对翻译这种多方互动合作的交际行为中涉及的其他参与各方,包括的对原作者、委托人以及受众等各方的责任(在这一点上,诺德的提法显然不是字面上的,因为 fidelity 原本就是人际关系方面的意思)。"忠诚"是"作为交际过程的合作者的人与人之间的关系中不可或缺的道德原则"(Shuttleworth,1997:98)。在翻译这种跨文化交际行为当中,"不论是交际行为的发起人还是翻译文本的受众,都无从检验目标文本是否真正符合其期待"(ibid.),而必须依赖译者。译者对原文和译文情境的双向使命(commitment),对原文的发出者和译文的受众负有双重的责任。译者固然可以通过凸显、淡化、掩藏甚至改动源文本的特定方面来使之服从于翻译行为的目的性,但另一方面,尤其是当这些变动与当下的翻译习规不符,并因此与交际行为各方尤其是发起方的期待相冲突时,本着 loyalty 的原则,译者必须对其翻译策略做出解释,阐明其目的性和理据性。(诺德的翻译立场很大程度上来自其《圣经》翻译的实践,她充分意识到译者的翻译选择对翻译效应所能产生的影响,而《圣经》文本翻译在传达神谕（the divine message）和传道方面又有着特殊准确性要求。参见 Nord，2001）

诺德强调的"loyalty"，相对于早期功能学派过于强调个人的选择和文本操控的倾向固然有所限定和修正，为翻译的伦理探讨提供了略微广阔一点的视角，指出翻译过程中不是只有译者和文本的关系，还有其他有着特定目标和意图的参与者，翻译的伦理要建立在责任、信赖、译者的"显身"等之上，但其关注的范围并未超出翻译文本的直接语境和交际行为的直接目的，对目的导向背后的话语、权力和政治运作、翻译活动背后互相冲突的利益以及译者在"双向责任"之外对文化政治现实的责任等等未加重视。这也是整个功能学派理论起点的盲视所在。

二、"僭越的忠实"：从审美到伦理的跳跃

以解构主义为代表的当代批评理论思想资源，通过对作者"主体性"的消解，已经撼动了传统的忠实观的基础。并且，与以交际和效用为直接关注的功能主义学派不同，他们普遍反对视翻译为一种交际行为（在其狭义意义上），或者说，他们对"交际"本身的目的性及其背后的意识形态动因和权力话语运作保持着高度的警觉。传统的翻译观设想了一个积极的原作和一个消极的译本，创造在先，被动的传递在后。但如果承认再现总是一个积极的过程，原作与它的原创意图也有一段距离，话语中根本没有说话主体的完全在场，进而把写作和翻译视为彼此密切相关和相互依赖的话，那又会怎样？（许宝强、袁伟，2000：321）

在这些追问之下，"忠实"更是被赋予了诸多全然不同的定义。其中比较有影响的是刘易斯（P. Lewis）提出的、被韦努蒂（L. Venuti）所发挥的"僭越的忠实"（abusive fidelity）观点

(Lewis，1985；Venuti，2000）。① 这一术语开始出现在他题为《翻译效果之衡量》（*The Measure of Translation Effects*）一文中。而此文之法文原版的标题更为鲜明《论僭越的翻译》（*Vers la Traduction Abusive*，toward the abusive translation）。在此文中，刘易斯对德里达的一句论述作了发挥：好的翻译必须总在僭越。法文原文"une bonne traduction doit toujours abuser"，（英文直译是"a 'good' translation must always commit abuses"）（Lewis，1985/2000：261）。刘易斯将"abuser"的英文直译"abuse"作了拆解（ab-use），用它来和"use"想对立。如果说，use 指的是语言的常规使用，传统的翻译理念维护的是德里达在《白色神话》（*La Mythologie Blache*）中所说的"常规用法体系"（the *us*-system），即连缀着正常的（*us*ual）、有用的（*use*ful）、普通的语言使用（common *us*age）的那些价值体系（*ibid.*），那么，abuse 则强调对语言习规的超越和颠覆。

传统翻译理念中的"忠实"观念是狭窄的，它往往只立足于对原文内容信息的再现，对于原文形式方面的（广义的）诗学特征，并未给予充分的强调。甚至可以说，传统的忠实观往往要求将在翻译中将原文的诗学特征加以化简，使之清晰、连贯、一致地呈现原文的意义，其目标是翻译读起来不像翻译，而是本土语言的原创。翻译往往表现为对原文意指方式和符号运作的压缩。而这种翻译正是刘易斯强调必须避免的一味关注信息或概念而不重视语言特质（language texture，可以理解为基于意指方式的广义的诗学特征）的"孱弱的、卑屈的翻译"（weak, servile translations）。刘易斯认为，翻译应当选择"能够撼动、冲撞或

---

① 这一术语的翻译有多种，比如"滥用的忠实""反常的忠实""放纵的忠实"等等（王东风，2005）。笔者倾向于译为"僭越的忠实"，以对应其所强调的对语言常规的突破。

第六章 他者的维度:差异与翻译的伦理表述

僭越语言与思想,能够在未说与不可说中追寻未思与不可思的那些方式。"①(*ibid.*)他所主张的"僭越的翻译"则是强势的,它旨在释放原文语言的冲撞力量,重现原文的意指方式及其造成的诗学特征,恢复语言符号的多义性和意指链条的开放性(...that of the strong, forceful translation that values experimentation, tampers with usage, seeks to match the polevalencies or plurivocities or expressive stresses of the original by producing its own.)(*ibid.*),以补偿目的语的标准形式和规范陈述(所谓 uses)所造成的翻译损失。

刘易斯的新的忠实观念在一定程度上体现了后结构主义的语言观。他的"忠实"不是建立在自足统一的原文意义基础上的,而是立足于语言作为符号运作的不稳定性和意指过程的开放性。刘易斯试图提醒译者,"沿着德里达开创出的视域——在此中,翻译的隐喻性概念受到质疑,能指与所指、力度与意义的截然区分也支离破碎,我们所面对的已不是——也永远不可能是——差别的全然崩陷,或对表达及翻译的可知性的避而远之,而是一个新的重视的公理体系,它要我们注意能指链条、句式过程、话语结构,以及语言机制在思想和现实的塑造中留下的印记,等等。"②(*ibid.*)。如果说,传统的忠实是意义对意义的忠实,那么,"僭越的忠实"则是能指对能指的忠实,它打破了翻译对单

---

① To accredit the use - values is inevitably to opt for what domesticates or familiarizes a message at the expense of whatever might upset or force or abuse language and thought, might seek after the unthought or unthinkable in the unsaid or unsayable.

② Now, on the horizon traced by Derrida, where the metaphoric concept of translation is thrown into question and where the clear-cut separability of signifier and signified, of force and meaning, is dismantled, what we face is never—never possibly—an utter collapse of distinctions or a withdrawal from the intelligible work of expression and translation; it is rather a new axiomatics of fidelity, one that requires attention to the chain of signifiers, to syntactic processes, to discursive structures, to the incidence of language mechanisms on thought and reality formation, and so forth.

一的、明晰的意义的追求，而凸显了翻译过程中语言的游戏性和颠覆性。

值得注意的是，刘易斯本人对这一术语的使用是十分谨慎的，这也许是为什么他在此文的英文版中只用了非常中性的标题。他讨论的出发点是德里达在《哲学的边缘》(*The Margins of Philosophy*, 1982)中题为《白色神话》(*White Mythology*)的文章，并将讨论限制在对德里达的作品这种极其注重文字游戏的后结构主义文本的翻译中，对新的翻译效果衡量标准也是试探性的。并且，在德里达（包括刘易斯）的文章中，abuser 这一法文词并不像英文词那样强调"暴力性"的一面，它的多重所指包括了创造性、游戏性的内涵。应该说，这非常符合德里达的文本特点，因为"他的解构形式对准了那些积极的、肯定的、能够带来生机的事物。在典型的德里达修辞方法中，有一种双重写作形式，其中的滥用有娱乐和痛苦的双重内涵，既解构又建构"。（艮茨勒，2005：126）"僭越"的翻译，对于这类特殊的文本无疑是适用的。但在多大程度上这一理念能够被推广至其余各种文本，刘易斯语焉未详，显得有所保留。

"僭越的忠实"在刘易斯那里还主要是针对特定文本翻译而采取的特定翻译策略，更多地还是一个关乎审美的诗学问题，在意裔美国翻译学者韦努蒂那里，它已经更多的是"僭越"而非"忠实"了（韦努蒂的翻译的伦理探讨，其实质是翻译的文化政治）。这个概念被大大抬高了——甚至可以说 *abusé* 了。韦努蒂无视刘易斯的审慎，非常推崇其"暴力"的一面，"剔除了刘易斯语境中该词的游戏、含蓄、窍门、诡计等含意"（艮茨勒，2005：128）。并且，韦努蒂使它超出了某类具体文本的翻译手段问题，而赋予其更多的政治内涵，让它成为其"抵抗式翻译"的核心概念，以对抗英美世界当下盛行的归化翻译所助长的文化自恋和文化霸权。

三、"颠覆性的忠实"：悖论中的翻译政治

翻译研究的文化转向之后，对翻译的理论探讨虽然还是要从具体文本出发，但翻译已经不再被视为两部作品和两个文本之间的关系。正如苏珊·巴斯奈特指出，"当代的翻译研究要打破的正是'把原作和译本视为两极这种陈旧的二元翻译观'"，并试图把翻译视为一项与文化系统充分结合的动态活动。（许宝强、袁伟，2000：322）翻译的过程被视为意义的流动生产，并因其开放性和不稳定性而参与到各种文化政治进程当中。

后殖民主义和女性主义翻译研究，体现的是"身份的焦虑"（the anxiety of identity）。"身份"对他们而言，不是本质主义模式下面各种属性的集合，而是一种文化的建构——或者更确切地说，是话语的建构。他们一方面质疑被传统翻译观念和翻译实践所固化的殖民者/被殖民者、男性/女性等级二元［譬如，西蒙所探讨的翻译理论的场域（sites）如何被性别化（gendered），西蒙1996/2000：310］，另一方面将翻译作为一种述行性（performative）的话语实践，来服务于为文化身份议定（negotiation）的动态过程。在他们对翻译伦理的表述中，"忠实"同样是一个绕不过去的关键词。不过，他们所表述的"忠实"更加混乱，也更加可疑的。

加拿大女性主义立场的翻译学者莱文（S. J. Levine）的"忠实"表述与刘易斯有相似之处。对她而言，忠实意味着"颠覆"（subverting）。莱文称自己是"颠覆性的书写者"（subversive scribe），"忠实地不忠着"（faithfully unfaithful）。在翻译中，她强调颠覆文本的表面，而忠实于其要旨（tenor）。（Levine, 1991）这并不是回到了传统翻译理论中的"得意忘形"的意译观，而是摆脱了译文和原文的单纯对等追求，而重视翻译对原文中包藏的意识形态因素的质问和发掘。莱文认为，"翻译应成为一种批

评行为，制造疑问，向读者提出问题，将原文本的意识形态'再语境化'（recontextualizing）。好的翻译，和任何修辞一样，旨在制造/重造一种效果，旨在晓谕读者，故而，在宽泛的意义上，是一种政治行为。"①（Levine，1991：3-4）将原文本的意识形态因素"再语境化"，意味着将隐藏在原文中的各种次文本（subtexts 或者 versions，可以理解为文本在不同语境下的不同解读可能性，和以原初性、整体性为特征的本质主义意义观是相对的）以及潜在内涵加以显化。这似乎对应着韦努蒂十分强调的、后结构主义批评常用的"症候阅读"（symptomatic reading）方式，并且，"再语境化"意味着不以某个固定的原义为依凭，而是让文本进入不同的语境，让它呈现出不同的解读可能。"颠覆"意味着翻译启动了对原文的解构，而这种解构不是破坏，而是对文本隐含力量的释放。正是在这种意义上，"忠实地不忠着"才能够成立。

莱文的翻译伦理立场也是悖论性的：译者的使命是要为源文本服务，尽可能好地表现它，但不是通过不加批判地重复或模仿，而首先要做一个批判的读者，发掘出隐藏的暗意和意识形态预设，然后从一个创造性的、对文化因素极其敏感的译者角度来做出决策，选择以怎样的方式将译文呈现给读者。莱文将翻译视为操控或颠覆，并视这样的翻译为译者和作者的积极的合作（*collaboration or closelaboration*），似乎是在用一种约翰·邓恩（John Donne，16世纪英国诗人，诗中常有悖论性的表达）式的口吻说：唯有颠覆原文，才能做到忠实。这样的"忠实"，以及

---

① A translation should be a critical act, …, creating doubt, posing questions to its reader, recontextualizing the ideology of the original text. Since a good translation, as with all rhetorics, aims to (re) produce an effect, to persuade a reader, it is, in the broadest terms, a political act.

其所强调的"再语境化",更直接地体现了阅读和翻译的政治内涵。

四、对"写作计划"的"忠实":过程中的伦理主体

女性主义立场的翻译学者西蒙同样注意赋予"忠实"以新意。她说,"女性主义的翻译便把贯穿于翻译史的一个徒劳无益的老问题——'忠实性'(fidelity)重新给予了表述。女性主义翻译认为,忠实既不是对作者也不是对读者,而是对写作方案(the writing project)而言的。"西蒙所谓的"写作计划",并非一个单纯的翻译出版事件,它的实质是张扬一种可被称为"转化"(transformance)的身份诗学(poetics of identity),(西蒙,1996/2000:323)"以笔发挥主观能动作用",是试图通过翻译来"以言行事",借以揭示被传统翻译观背后的透明再现论所掩藏的话语权力运作,改变被既定的话语网络所固定的权力等级。

西蒙阐发了法国翻译学者贝尔曼(Antoine Berman)的翻译伦理思考。在贝尔曼看来,评价翻译的基础既是伦理的也是诗学的。翻译的伦理表现为对原作的尊重,而尊重包含了对话甚至对抗。译者在由某个全面的批判方案支撑的翻译活动中创造出了具有特定诗性(poeticity)的审美对象。"每一个有意义的翻译都是基于一个方案,一个清楚表达的目标。这一图谋既被译者的立场也被原作的特定需求所决定。"(西蒙,1996/2000:351)贝尔曼认为,翻译中没有绝对的真理场所,只要译者能够清楚地表达他或她的方案(project)并基于连贯的美学和伦理原则构建起翻译关系,那么译作就可以被认为是成功的。(*ibid.*)

对"写作方案"的"忠实",一定程度上体现了对翻译过程中译者主体性的关注。前已言之,译者的主体性也是讨论翻译伦理时一个极具悖论性的问题。对传统翻译理念的批判,直接的动力是当代西方批评理论从各个层面对"作者"主体性的消解,

然而,"作者之死"并不意味着作为经验—历史个人的译者可以自然地升格为意义的发出者和主宰者。当代翻译研究对译者主体性的强调也呈现出矛盾的态度:译者作为"双面的中介",既受到各种意识形态和文化政治因素的掣肘,从而充当着权力网络中的功能性纽节,然而另一方面,作为莱文所说的"文化掮客"(cultural brokers),译者在对具体的翻译情境中的权力因素和文化政治关系充分警觉的情况下,其翻译决策也能用于推进特定的文化政治议程(尽管当今时代翻译很多时候是被各种体制性力量牵制的产业化的行为,而不再像翻译活动相对独立的时代那样更多地表现文化精英们的个人选择)。或者可以说,以后殖民和女性主义为代表的翻译理论,强调更多的是"过程中的主体性"。

对"写作方案"的"忠实",打破了传统忠实观的形而上依赖。它强调的是翻译的价值判断,要在特定的文化政治进程中的具体翻译活动中才能进行,而译者的翻译活动,要建立在对具体情境中的各种权力政治因素的警醒和对翻译活动目的性的充分把握之上,而不只是被动地尊崇接受文化之"规范"(或习规,norms)的至上权威,译者的主体性必须被理解为传介活动的复杂过程的一部分,准确地说,是积极的、批判性的文化干预的一部分。

此外,类似的"忠实"表述还散见于若干其他诸多翻译学者的论述,如女性主义翻译学者哈伍德所强调的对'女'作者和委托人的忠实 [fidelity to the auther (阴性) and the employer],阿罗尤主张的对女性译者身份的新的"忠实",等等。以上各种对于"忠实"的重新定义和改写(尽管只是众多版本中的几种略有代表性的说法),几乎就是翻译学科向文化政治领域逐渐延伸的一个缩影。它形象地表现了翻译的问题是如何一步步通过审美的中介被伦理政治化的。我们固然可以认为,这些"忠实"的改版,完全背离了"忠实"的一般内涵,各执一端又相互矛

第六章 他者的维度：差异与翻译的伦理表述

盾。但这种看法，无疑也道出了翻译自身的理论困境，对"忠实"的再定义，几乎就是对翻译本身的再定义。这显然包含了一个循环论证：我们定义翻译是什么的同时，就隐含了翻译"忠实"于什么，这似乎是翻译研究作为一门学科天生的尴尬。对于翻译伦理的讨论，也常常会陷入两难的处境：翻译能否有普适的伦理原则（如传统的"忠实"），取决于是否存在能被普适化的翻译行为，即"翻译"一词的确切所指在一切社会中对于一切文本或语言都是一样的。然而，"翻译"一词似乎对自身构成了微妙的反讽：在法语中，traduction 一词暗含着"通过某种转移所激发的能量"（the energy activated by a transfer）这样的意味；英语的 translation 则从 translatio 这一词源中继承了较为被动的一般意义上的"转换"的概念（a more passive conception of transformation in general）；而在德语中，übersetzung 和 übertrangung 都表达出"通向远处以达到彼岸的路径或运送"（a passage or transportation beyond, to the other side）。（Nouss, 2001: 284）翻译这一语词自身就是不可通约的——它拒绝着翻译。而今，翻译一词乃至翻译学科本身都已经被扩大了，翻译在不断消融着学科的边界而丰富自身的同时，也不得不承受着自身的"身份焦虑"。除非我们抬出"普罗克拉斯提斯之床"① 来对翻译学科进行规定和限制，否则就不得不接受翻译伦理的多元性和相对性。笔者以为，限制既不可能也不必要，关键在于超越含糊笼统的传统翻译理论表述，认清翻译学者们提出的不同伦理原则分别是在哪些层面上适用，各自的前提预设是什么，反映出怎样的问题关怀，在转换到不同的问题领域时暴露出什么样的缺陷。对"忠实"的

---

① Procrustes' Bed。普罗克拉斯提斯是古希腊传说中阿提卡（Attica）的一个强盗，他将被他抓到的人放在一张铁床上。比床长的人，被其砍去长出的部分；比床短的人，则强行拉长。

改写,固然不足以说明翻译伦理讨论的全部,却不失为一个高度浓缩的、具有象征意义的突破点。

第四节 翻译伦理讨论的多元模式

在以上的讨论中可以见到,"忠实"实际上被定义为翻译学者所看重的无论什么方面。这一古老的翻译典律,以其含混性而容纳了当代翻译理论对它的丰富的重新解释和定义,但也因这种含混性而越来越难清楚地描述翻译活动的多元起点和不同情境。"对伦理问题的思考已经成为当代翻译理论的重要问题,它所要求的已经完全超出了对于'忠实'的重新定义。"(Pym, 2001: 129)

在《译者》(The Translator) 2001年出版的《回到伦理》这期专刊中,最重要的一篇文章是著名翻译学者、赫尔辛基大学教授安德鲁·切斯特曼撰写的《圣哲罗姆誓词草案》Proposal for a Hieronymic Oath①,文中讨论了翻译伦理的五种问题模式(四种常见的思考角度,加上他自己提出的一种),并且比照医学行业中的《希波克拉底誓词》,试图对翻译行业进行职业道德规范。

切斯特曼首先划分了探讨翻译伦理的四种常见模式,这四种模式本身就是翻译研究本身的差异性、多元性视角的体现:

(1)"再现"的伦理(the ethics of representation)。在这种问题模式中,翻译伦理强调的是对源文本或者原作者意图的准确再现,避免任何添加、省略或改动。然而,在20世纪最后十几年的文化政治语境中,这个问题又延伸为对他者(the other)的再现(前章在讨论文化转向的相关内容时,已经讨论了"再现"

---

① Hieronymite 是以西方翻译理论的鼻祖圣哲罗姆命名的隐修会,故常用来借指翻译行业。

第六章 他者的维度:差异与翻译的伦理表述

的政治。下文对施莱尔马赫、贝尔曼、韦努蒂等学者观点的讨论及对他者问题的讨论还会触及这一方面)。如果翻译"错误"地再现他者,那么结果就会是有偏见的、在意识形态方面非常可疑的翻译产品。再现强调的是"忠实",然而忠实的悖论处境前文已经提及。种种后现代倾向的翻译进路虽然质疑了忠实的可能,但却对用非常规的方法再现文化的他性保持热衷。

(2)"服务"的伦理(the ethics of representation)。基于译者和委托人之间达成的协议。这一问题模式实际上就是上文讨论的以目标理论(skopos theory)为基础的功能主义进路,是将翻译视为一种商业性的服务(a commercial service),在此基础上探讨译者的职业道德。

(3)"交流"的伦理(the ethics of communication)。这一问题模式关注的不是对他者的再现,而是与作为"他者"的异域文化之间的交流,体现了翻译的某种深层关怀。这在一定程度上和20世纪后期的伦理探讨相吻合,尤其是法国哲学家列维纳斯(Emmanuel Levinas,1906—1995)的伦理学思想:将他者视为"主体"(subject)而非认识论意义上的客体对象(Levinas,1985)。对"交流"最为重视的翻译学者当属皮姆。在《论译者的伦理》(Pour une éthique du traducteur)等著作中,他的基本立场是:跨文化交流的目的是双方在合作中共同获利,翻译的伦理目标是推动彼此之为"他者"的双方的跨文化合作,而译者的伦理体现在通过翻译将这种合作最大化。译者的"忠诚"体现在翻译这一特殊职业,它处在文化的中间地带,故而更重要的是对使跨文化交流得以可能的整个体系,而非对源文本、文化或目标读者及目标文化。笔者认为,皮姆的基本设想是让翻译成为一个中立的、平等的中间地带,让不同文化在此达到交流与理解,他反对译者的政治偏向,反对绑架翻译来服务于特定的文化政治议程。然而,这种空间是否能够存在?文化他者之间的彼此理解必然要经由符号、文本、话语的中介,译者在此过程中并不存在价值中立的可能。(霍米·巴巴也曾讨论过文化的中间地带,体现的却是身份混同的政治对等级和中心的颠覆 Bhabha, 2000)。

(4)"基于规范的伦理"(norm-based ethics)。顺应图里等所开创的描述研究理路,在这种模式中,翻译行为应适应特定文化地域所特有的规范(norms),这些规范决定了翻译产品应当如何,它们是因时而异、因文化而异的。其目标在于保证翻译的可预测性和可接受性(acceptability),以满足读者和委托人的期待。笔者认为,这种模式无疑是实用的,但也是保守的,它忽略了翻译的另一个重要方面:很多时候,翻译的目的不在于满足特定群体的阅读预期,而恰恰是挑战和颠覆其阅读习规,后者正是翻译的伦理政治内涵的体现。

这四种模式大致勾勒了当前围绕翻译伦理问题探讨的纷繁景象。显然,切斯特曼所划分的这些模式在基本立场上是无法统一的,他在文章中并未试图通过调和这些方面来获得最终的理论统一体。他承认这些方面自身以及彼此之间都存在着许多不相兼容之处,甚至相互矛盾之处,本身体现了翻译活动和翻译理论视角不可化简的多元性。在这四种模式之外,他提出另一种思考翻译伦理的角度,据他所称,这是根据麦金泰尔(Alasdair Macintyre)对德性(virtue)和价值观(value)的区分。麦金泰尔反对在价值观的基础上去建立一种普遍的伦理学,因为价值观具有不可克服的相对性。故而,伦理的立足点应该是"德性"。切斯特曼抓住了麦氏对于社会角色(social roles)和实践行为(practice)的论述,认为其精髓在于"合作性的人类活动"(cooperative human activity)和对卓异的追求(a striving for excellence in a practice),而在实践中的德性方面应当包括可信赖性(trustworthiness)、求真(truthfulness)、公平(fairness)等等(这似乎和亚里士多德对"善"与"善目"的区分相吻合)。据此,他提出了"使命的

第六章 他者的维度：差异与翻译的伦理表述

伦理"（an ethics of commitment）的说法：the *wanting* to be a good translator，其实质不过是针对译者特殊的职业身份而提出职业道德方面的要求。为了将这种伦理观念说得更加明确，他参照建筑、医学等行业的职业宣誓，提出了所谓《圣哲罗姆誓词草案》（Chesterman，2001），从使命（commitment）、对职业的忠诚（loyalty to the profession）、追求将跨语言的理解最大化（understanding）、拒绝以不公正的方式再现源文本（truth）等等方面来拟定翻译行业的九条誓词。

然而，不论切斯特曼的"誓词"多么详尽，不论它能否成为翻译行业共同认可的道德规范，它并不能涵盖翻译的伦理这一问题域，并且有可能有所误导。因为，任何在特定时间、历史情境中制定的行业准则，虽然与伦理紧密相关，但却与之有很大不同，它只属于特定职业共同体的行业道德规范（deontology）的一部分，与翻译工作者集体制定的其他共同章程，如《美国译联职业行为和商业实践准则》（*American Translator's Association Code of Professional Conduct and Business Practices*）、《国际翻译工作者宪章》（*The Translator's Charter, the International Federation of Translators*，1963）并无本质的不同。对于翻译伦理的讨论来说，并无实质性突破，甚至可以说是一种倒退，因为它把翻译伦理的问题域大大缩减了。并且，切斯特曼力图将翻译的伦理问题和翻译的文化政治相分离："职业道德管的是译者作为译者的行为，而非作为政治激进分子或救生员的行为。"（Chesterman，2001：147）这样的伦理思考，可以说与前面章节提及的翻译研究在理论和实践方面的大转型中所产生的翻译伦理问题并无实质的关联。他也预设了译者完全的行为主体的地位，似乎译者能够不受掣肘地履行自己的职责。事实上，翻译伦理的讨论首先已经是在技术性的难题（译者的素质、语言的熟练程度）被悬置起来

（倒并非说完全不管）的情况下展开的，职业精神（professionalism）固然是一个基础前提，却不是翻译伦理争议的主要问题所在。

第五节 "差异"的先声：
从施莱尔马赫到贝尔曼

前已言之，翻译伦理问题的产生背景，是当代批评理论对天真的语言"再现"观的质疑以及20世纪最后几十年文化政治领域所关注的身份/认同、差异、他者等等问题。"伦理"的思考是对翻译的价值判断：什么是好的翻译（行为）？（What is a good translation?）在持"干涉"立场的翻译学者看来，这个问题更应该表述为：如何以翻译行善？（How to do good with translation?）翻译学者们注意到，貌似中立的传统翻译理念（如忠实、通顺等），实际上助长了强势语言和文化族群对各种文化他者的排斥、压制和同化，服务于"我族中心"的文化暴力（the ethnocentric violence），维系着不平等的话语权力结构，故而，翻译的伦理反思是从对传统翻译理念的批判出发，延伸出的对文化他性的重视和对翻译暴力的抵制等等文化价值判断主题。对这一问题线索的理论表述贯穿于从施莱尔马赫到韦努蒂的诸多翻译论述当中。

相对于英美翻译界所盛行的以简洁（simplicity）、平实（plainness）为旨趣的"通顺"（fluency）标准，德国浪漫主义时期的翻译论述提供了迥然不同的视角。弗里德里希·施莱尔马赫1813年题为《论翻译之不同方法》（*On the Different Methods of Translating*）的一篇讲演，代表了德国浪漫主义时期对翻译的总体思考。（Schleiermacher，1813/1992）韦努蒂将施莱尔马赫视为

第六章 他者的维度:差异与翻译的伦理表述

翻译理论领域长期被边缘化的异议者,而这种论断有失武断。施莱尔马赫的翻译思想一直是西方翻译论述必然提及的正典,只不过在"通顺""透明"(transparency)的标准盛行的英语世界,他所主张的翻译方式恰恰站到了时尚(或曰时弊)的对立面。其翻译论述的重要性倒不在于他提出了多少原创的见解,而在于其综合了同时代的许多思想家如歌德、赫德(Johann Gottfried von Herder)等人的思想,其所代表的德国浪漫主义时期的翻译思想,全然不同于当今英美世界盛行的、以平实通顺为旨趣的翻译倾向。施莱尔马赫区分了两种不同的翻译类型所对应的译者:①Interpreter(Dolmetscher):相当于翻译实用文体的译者;②Translator(Ubersetzer):翻译学术和艺术文献的译者;对于前者,翻译的任务是交际性的,重在意思的传达,对于后者,翻译是创造性的,是为语言注入新生命(breathing new life into the language)。后者的翻译对象,因其和独特文化结合在一起,无法在译文语言中(译文语言无法与之完全对应),故看来是不可译的。然而,问题的实质在于如何将原文作者与译文读者带到一起。因而,他撇开了逐字对译/意义对译、忠实/自由等方法之争,认为对于译者(第二类 translator)而言,摆在其面前的只有两种途径:"要么尽可能地不打扰作者,而让读者向作者靠拢;要么尽量不打扰读者,而让作者向读者靠拢。"①(Schleiermacher, 1813/1992: 42)

在两种方法中,施莱尔马赫显然更倾向于让读者向作者靠拢。要想做到这一点,就不应该去设想原作者如生在德国该如何写,而是让读者读译文能获得和读原文相同的印象。(Schleier-

---

① Either the translator leaves the writer alone as much as possible and moves the reader toward the writer, or he leaves the reader alone as much as possible and moves the writer towards the reader.

macher，1813/1992：43）这一点不同于当代翻译学者奈达所强调的"译文读者读译文要获得和原文读者读原文相同的感受"的"情效对等"。施莱尔马赫强调的是要让读者读译文像读外文一样。他的出发点是如何最大程度地保留（或者不如说是传达）外来作品的"异质性"（foreignness），而不是如何将这种异质性加以消除。

施莱尔马赫强调翻译语言的特殊性：规范的、陈旧的语言不能传达"异质"（the foreign）所造成的印象，其损失必须要用特殊的表达方式、特殊的翻译语言来补偿。① （Schleiermacher，1813/1992：45）既然原文和译文很大程度上是不可通约、缺乏对应的，那么译文就不应该用目的语的标准形式来写成。为传统翻译理论所诟病的"翻译腔"（不是前文所述斯皮瓦克意义上的translatese）不光避免不了，还大有存在的价值。译者要做的是陌生化（alienating）而非自然化（naturalizing），借以强化外来作品的异源性特征。

施莱尔马赫的翻译思想成为当代翻译理论诸多话题的源头。虽然他并没有强调"伦理"的说法来表达其对待外来文化的翻译立场，但他对翻译的两种倾向（alienating/naturalizing）的区分、对外来文化异质性的尊崇、对翻译语言的独特性的强调，都成为翻译的伦理思考（尤其是韦努蒂提出的"差异的伦理"）的重要启发点。

当然，施莱尔马赫的翻译思想的产生也有其特殊的时代背景和现实关怀。德国浪漫主义者针对的是自新教改革以来路德（Martin Luther）式的通顺、自然的翻译传统，目的在于让翻译传

---

① A special language of translation may be necessary, for example compensation in one place with an imaginative word where elsewhere the translator has to make do with hackneyed expression that cannot convey the impression of the foreign.

第六章 他者的维度:差异与翻译的伦理表述

达出外来文化的异质性。这种翻译规划的终极目标是通过与外国文化接触而丰富自己的民族文化,其出发点还是民族主义的。施莱尔马赫的翻译思想,很大程度上体现了一种精英主义和普鲁士民族主义。翻译的伦理问题中间隐藏着政治的动因。这就提醒我们,翻译的"异化"策略也可能是我族中心的,至少在施莱尔马赫那里就是如此。而有趣的是,在以劳伦斯·韦努蒂为代表的当代翻译学者的翻译讨论中,"异化"恰恰被用来作为对抗英美(文学)翻译典律所体现的"我族中心"的文化自恋倾向,似乎体现了一种更加合乎伦理的翻译立场。

施莱尔马赫的翻译理念所体现出来的以强调异质性为特征的翻译策略倾向,同样体现在同时代的施莱格尔兄弟(Schlegel)、歌德(Goethe)、洪堡特(Wilhelm Von Humboldt)等学者的论著当中(见 Schulte & Biguenet, 1992: 55 – 59, 60 – 63; Lefevere, 1992a: 17)。随后的学者也有不少同施莱尔马赫有着类似的论述,如本雅明和本雅明所赞赏的鲁道夫·潘维茨,甚至也包括海德格尔。他们所共同倡导的关注差异与文化多元性的翻译策略以及对以传达讯息为本位的翻译观的批判,使得德国浪漫主义传统在当代翻译问题语境中得以延续拓展,衍生出以"新直译主义"(Neo-literalism)为代表的翻译观,为当代翻译理论和实践中体现的工具理性和实用主义提供了矫治方略。

在当代翻译理论的发展中,较早明确地提出翻译的"伦理"问题的学者要数法国学者安托瓦·贝尔曼(Antoine Berman)(Berman, 1985/2000)。在《异域的体验》[*L'épreuve de l'étranger, The Experience of the Foreign: Culture and Translation in Romantic Germany*, 1992。"épreuve"这个词译成"trial"更加合适,体现了"考验"与"尝试"的双关意义。贝尔曼认为,考验有两重含义,既是对目标文化在体验外来文本和语词过程中的考验，也是对外来文本在脱离原先的语言情境过程中的考验。（Munday，2001：149）一书中，他借助对德国浪漫主义的研究，探讨了翻译的伦理问题，其核心在于对翻译中的"我族中心主义"的抵制和对异质的认可和开放。他所关注的一些问题领域在20世纪90年代后殖民翻译理论中得到了体现。他继承了施莱尔马赫翻译思想中的伦理方面，不过却扬弃了后者的民族主义的立场。

贝尔曼不满翻译所处的从属地位，主张将翻译定位为积极的、批评性的文化干预形式。对贝尔曼而言，翻译的伦理立足于翻译的根本目的，而这种根本目的不是当时盛行的基于"信息传递"的交际。贝尔曼认为，评价翻译的基础既是伦理的也是诗学的。他揭示了"自然化"（naturalization）翻译策略和对文本进行扭曲的一系列举措（system of textual deformation）对异质性的否定和消除，批评了西方主流翻译理论和实践存在着我族中心主义（ethnocentrism）和剥除文质（hypertexuality①）的倾向。譬如，他在《异域的体验》一书中一口气列举了小说翻译常见的十二种误区，包括合理化（rationalization）、明晰化（clarification）、扩增（expansion）、崇高化（ennoblement）与大众化（popularization）、质与量的贫乏化（qualitative impoverishment 和 quantitative impoverishment）、韵律的破坏（the destruction of rhythms）、潜在意指网络的破坏（the destruction of underlying networks of signification）、语言图式的破坏（the destruction of linguistic patternings）等等，概括而言，无非是运用显化、简化和归化等等手法，对外来文本的多重话语、意指网络和丰富的诗学特征进行了单一的、

---

① 贝尔曼这一术语是指：翻译往往倾向于破坏原作的文本质地（texture）而追求意义的传递。这实际上说的是在翻译中外来文本独特的诗学特征往往被消弭，代之以目的语的审美规范。

第六章 他者的维度:差异与翻译的伦理表述

平面的再现。(Berman,1985:288-297)。译者们往往忽视了将译文和原文联系在一起的最基本的契约(contract),而这个契约并不允许僭越原文的质地(texture)。翻译的最根本活力(energy),它的最根本的伦理,在于"欢迎异质",将"异质"作为"异质来接受"(receiving the foreign as foreign)(Berman,2000:285-286;Munday,2001:149)。贝尔曼认为,"好的翻译是去迷思化(demystifying)的,它在自身的语言中彰显这外来文本的异质性(foreignness)"。(Berman,1985/2000:89)而且,对异质的承认并不是单纯的"为我所用"。也就是说,它不是基于一种主客二分模式的认识和使用,而是体现了一定的主体交互性。

贝尔曼所提出的翻译伦理,指向开放、对话、将自我和他者融合,而非推动某种还原化简(reductionism)、占有挪用(appropriating)和我族中心的进路(ethnocentric approach)。在贝尔曼看来,对于翻译伦理的认识应该基于体现在译文中的本土文化和异域文化之间的关系。坏的翻译以"达意"(transmissibility)为追求(或借口),对外来作品中的异质性(strangeness)加以系统地消除。而好的翻译则旨在限制这种种族中心的否定姿态(ethnocentric negation):它打开了缺口、引发了对话、促成了杂合(cross-breeding)、推动了"去中心化"(decentering),迫使本土语言和文化将外来文本的异质性记录下来,以最大限度地抑制种族中心主义的倾向。两者是通过不同的话语策略(discursive strategies)来实现的:坏的翻译不光在译文中实行彻底归化的策略,还试图掩盖在此过程中对外来文本的各种操控(manipulations),而好的翻译则尊重外来文本,"通过提供某种对应来扩大、增容和丰富译入语言"。(Venuti,1998:81)贝尔曼重新定义了长期被边缘化的"字面翻译"(literal translation,翻译理论文献多译为"直译"):"此处'字面的'指的是紧扣(作品的)字眼。翻译中在字面上所花的功夫,一方面恢复了作品特定的意指过程（不仅仅是作品的意义而已），另一方面给译入语带来改变。"①（Berman，1985/2000：297）传统意义上被视为笨拙肤浅的字面翻译，在他那里成了再现原文的符号性、文本性（textuality），并为目的语带来激烈变革的途径。

第六节　韦努蒂与翻译的"差异伦理"

在当代翻译理论对于翻译伦理的讨论中，最引人注目的当数意大利裔美国学者劳伦斯·韦努蒂。在其著作《译者的隐身》（*The Translator's Invisibility*，1995）、《翻译之耻：为"差异的伦理"鼓与呼》（*The Scandals of Translation: Towards an Ethics of Difference*，1998）以及和主编论文集《反思翻译：话语、主体性、意识形态》（*Rethinking Translation: Discourse, Subjectivity, Ideology*，1992）、《翻译学读本》（*The Translation Studies Reader*，2000/2004）等著作当中，他突破了传统译学研究的经验主义范式和语言学翻译研究的结构主义范式，从解构主义、后殖民主义和新历史主义等多重角度来研究翻译，尤其是英美的翻译现状中的文化霸权倾向，开辟了翻译的文化与政治研究的新途径，并且明确地提出了翻译的"伦理"与"差异"的关联，提出了"差异的伦理"（the ethics of difference）这一表述。鉴于这一表述能够集中地反映翻译的"伦理"探讨产生的问题语境及其与翻译的文化政治主题的诸多关联，有一定的影响力和代表性，故而有必要对它进行深入一些的考量。

韦努蒂的翻译伦理思考是建立在对英美文化政治语境中翻译

---

① Here 'literal' means: attached to the letter (of works). Labor on the letter in translation, on the one hand, restores the particular signifying process of works (which is more than their meaning) and, on the other hand, transforms the translating language.

第六章 他者的维度：差异与翻译的伦理表述

所扮演的角色的批判性思考之上。他以左拉"我控诉"（j'accuse）式的口吻，描绘了翻译在当前的英美文化体制中所处的卑微地位（翻译的窘境或翻译之耻，the scandal of translation），揭示了翻译被边缘化、隐形化的文化政治背景和意识形态动因。翻译一方面在批评观念、文化体制、法律、出版产业等支配性力量的共同作用下承受着盘剥与屈辱（在这一话题上，韦努蒂在几部著作中表现出的激进姿态似乎是在说：全世界的无产译者，联合起来！），另一方面又在权力的操控之下，以通顺、透明的假象对外来文化的文本施加着暴力，通过系统地消除文化他性来巩固着帝国的文化霸权。这看似矛盾的两面其实说明了一个问题：翻译作为一种文化政治实践的塑造力量被隐秘但又无处不在的"权力"所把持着，用以维护既定的权力等级（往狭窄的方面说，是所谓'标准英语'所承载的文化统识性/霸权）。这种看法似乎是走了"操控"学派的老路：翻译成为意识形态和诗学规范的双重制约的牺牲品。然而，他对翻译的窘境的揭示并非旨在为译者开脱，从而取消译者的主体性和责任。他要说明的是，译者往往缺少对翻译所处的文化政治环境的警觉，他们所遵循的那些看似中立的价值取向，比如易读性（readability）、通顺（fluency）、标准句法（standard syntax）等等，是十分可疑的。在遵循这些标准来制造翻译文本的同时，译者不知不觉充当了权力的共谋。

翻译的"隐身"掩盖了翻译在"文化身份的塑造"（the formation of cultural identities）中所扮演的重要角色。对此，韦努蒂做了宏大叙事般的铺陈："翻译在构筑对外来文化的表述这件事情上行使着极大的权力。……翻译形成的套路（patterns）将会为其他文化构塑出其固定形象（stereotypes），将那些似乎无助于推进本土议程的价值、辩论和冲突排除在表述之外。在炮制这些固定形象的过程中，翻译对具体的族裔、种族和民族等群体或予以抬高，或予以贬抑，在此过程中表现出对文化差异的尊重，或是基于种族中心主义、种族主义或爱国主义的仇视。长远来看，翻译完全可以通过为外交活动打下某种文化基础，强化国家之间的结盟、敌对或霸权关系等手段而发挥其对地缘政治的影响。"（Venuti, 1998：67）正是因为翻译具有身份塑造力量，正是因为它在塑造文化身份/认同的过程中所产生的深远影响，故而有必要评估和规范这种力量所产生的效果，在英美文化语境中，翻译产生出亟待解决的伦理问题。

一、"通顺"：翻译的"归化"暴力

翻译病了。最明显的病征就是"通顺"标准的盛行。韦努蒂在《译者的隐身》一书当中追溯了"通顺"（transparency）逐步成为英语文化中翻译的最高旨趣（之一）的历史。通顺成为强制性的、排他的标准，既助长了英语语言"平实"（plain）、流畅（fluent）的审美旨趣，也加强了英语世界的文化自恋。"只有当翻译过来的文本读起来很通顺，只有在它表现得似乎并非经翻译而来、仿佛就是原作、似乎是通透地折射出外国作者的个性或意图或外来文本的意义的时候，才会被（绝大部分编辑、出版商、评论家、读者甚至译者自己）视为成功的译本。"[1]（Venuti, 1992：4）在对"通顺透明"的追求之下，"它们追求流畅的句法、单一的意义或有限的歧义、当下的表达、语言上的整齐一致、口语般的节奏；它们规避了不合成规的结构、多义性、古语、行话、调子和用词的突兀转变、节奏上刻意的规则性和语音

---

[1] A translated text is judged successful—by most editors, publishers, reviewers, readers, by translators themselves—when it reads fluently, when it gives the appearance that it is not translated, that it is the original, transparently reflecting the foreign author's personality or intention or the essential meaning of the foreign text.

第六章 他者的维度:差异与翻译的伦理表述

的重复——任何文本的效果、能指的游戏,而正是它们才使我们关注语言之物质性(materiality)、语词之语词性、语言的不透明性"。"通顺"首先取消了对外来文本之独特诗学特征的表现:"通顺试图阻止语言偏离概念所指、交流和意图表达",它炮制了透明的效果,仿佛翻译就是和原文同一并维持着作者意图的幻象。① (Venuti, 1992: 4) 简单地说,它旨在造成透明的幻象,似乎可以提供一条通往原文意义的确切无误的道路,从而掩盖了翻译之为翻译的性质(translatedness)、文化权力的操纵和翻译主体的干预。

"通顺"不仅仅是一个诗学层面的问题。在韦努蒂看来,它还是文化霸权主义的直接体现。"通顺"所体现的英美世界盛行的翻译取向,韦努蒂称之为归化(domesticating translation or domestication)。"归化"最直接的定义是采取透明流畅的译文风格,以将外来文本的陌生性降至最低的翻译方式。(domesticating 一词本身包含了"驯化""征服"的含义。) 作为文化政治实践的翻译,不仅仅是将作品或文本用另一种语言作同样的表述,它也在塑造着外来文化的身份。"通顺"造成的印象是,外来民族的语言文化产物,在本质上要么与本土并无不同,要么被视为粗糙的、低劣的,需要用本土的文化手段加以提升。其实质是以本

---

① Yet whatever their effectiveness, such strategies do take a characteristic form: they pursue linear syntax, univocal meaning or controlled ambiguity, current usage, linguistic consistency, conversational rhythms; they eschew unidiomatic constructions, polysemy, archaism, jargon, abrupt shifts in tone or diction, pronounced rhythmic regularity or sound repetitions—any textual effect, any play of the signifier, which call attention to the materiality of language, to words of words, their opacity, their resistance to empathic response and interpretative mastery. Fluency tries to check the drift of language away from the conceptual signified, away from communication and self-expression. When successfully deployed, it is the strategy that produces the effect of transparency, wherein the translation is identified with the foreign text and evokes the individualistic illusion of authorial presence.

土的语言文化价值观对原文进行改造，抹除了差异和他性的存在。同时，它将与本土的当下的意识形态和审美习规不合的因素统统拒之门外，以本土语言文化价值观为取向对原文进行暴力改写，形成颇成问题文化保守主义。"归化"的翻译策略，是将异质加以同化吸收（assimilate）的手段，"通顺是同化主义的"（Venuti，1998：12），它凸显着翻译的暴力。

翻译的暴力往往是帝国心态的直接体现，是帝国的征服欲望在文化领域的延伸。在欧洲历史上，古罗马在征服了古希腊之后，不光将大批古希腊的战俘和平民作为战利品而将其驯化为奴隶，对待古希腊的文明，也同样采用的是"驯化"或"归化"的手段来接受的。作为西方历史上第一次大规模的翻译活动，罗马人是以"征服者"的姿态，像掠夺战利品似的来利用和掠夺希腊文化产品的。他们用拉丁语翻译或改编荷马的史诗和埃斯库罗斯、索福克勒斯、欧里庇得斯等人的希腊戏剧作品，对原作随意加以删改，使异域文化归顺译语文化。古罗马后期的哲罗姆宣称："译者将原文的思想内容视为囚徒，用征服者的特权将其移植入自己的语言之中"。法国新古典时期的翻译理念也表现出同样的倾向。对此，赫德给予了很形象的评价："荷马必须要作为俘虏进入法国，得穿法国人的衣服，以免冒犯他们的眼睛；必须让他们剃掉他尊贵的胡子、扒掉他朴素的外衣；必须让他学习法国的习俗，无论何时，只要他那小农的尊严稍有表现，必会招来一阵讥讽，被斥之为野蛮人。"（Robinson，1997：59）

对异族及其文化的征服和归化是英美翻译文化中的归化性倾向的历史和心理根源。在英美的翻译文化中，归化翻译之主流地位，与根深蒂固的帝国价值观密不可分。本身就属于少数"族群"的韦努蒂，对于英美翻译界对异族文学（当然包括韦努蒂最关心的意大利语文学）的肆意归化，以及这种归化所造成的虚假的世界大同对英美霸权意识的助长自然产生了更强烈的警觉和

第六章 他者的维度：差异与翻译的伦理表述

抵制，他将这种归化式翻译斥为帝国主义的归化，是对源语文化的施暴，是翻译之耻。他不仅借助各种理论资源尤其是后结构主义的相关理论来颠覆透明、通顺等翻译理念的理论基础，而且明确地号召译者抵制归化翻译背后的文化霸权行径。

二、"异化"：翻译策略的伦理意义

在韦努蒂看来，翻译所行使的文化政治权力，使得"翻译显然产生了伦理方面的问题，尽管这些问题依然有待整理。对翻译之耻的认识本身也是一种（价值）判断行为：此处它预设了一种承认并且寻求翻译中的种种不对称性的伦理立场，一套关于翻译实践和翻译研究的好与坏的方法的理论"。韦努蒂从他作为一个美国译者所面临的困境出发，来阐述译者的伦理责任，阐明其所主张的伦理立场："对于这些伦理责任，我首先要从自身的工作方面谈起，讨论作为一个身处美国的文学文本译者所面临的选择，并进而在其他相关的语境中来讨论翻译的伦理问题，尤其是当翻译在塑造身份/认同和认可中介等方面权力得到审视的时候。我所主张的伦理立场是，外来文本的翻译、阅读和评价，要出于语言和文化差异的更大程度的尊重。"①（Venuti, 1998: 6）

韦努蒂在《翻译之耻》（Venuti, 1998）中对翻译伦理的思考，大致是遵循以下的思路：首先，翻译不止是一种意义传递的

---

① Translation clearly raises ethical questions that have yet to be sorted out. The mere identification of a translation scandal is an act of judgement: here it presupposes an ethics that recognizes and seeks to remedy the asymmetries in translating, a theory of good and bad methods for practicing and studying translation. ...I articulate these ethical responsibilities first in terms of my own work, beginning with a discussion of the choices I confront as an American translator of texts. The issue of a translation ethics is addressed subsequently in other pertinent contexts, particularly when the power of translation to form identities and qualify agents is examined. The ethical stance I advocate urges that translations be written, read, and evaluated with greater respect for linguistic and cultural differences.

活动，它也是一种文化政治行为，因为语言不仅塑造着思想，也塑造着文化身份/认同，意义作为语言运作的产物，则是意识形态和权力话语的竞技场。而翻译涉及的是语言和文化之间的不平等关系。其次，翻译往往不可避免地将本土的价值观念倾注到外来文本当中，对之进行刻板、片面的呈现，使之服从于本土利益需求，强化由话语构建的既定的等级秩序。翻译"在根本意义上是种族中心的，故而绝不可能是地位平等的双方之间的一种交流"。(Venuti, 1998: 11) 再次，对翻译进行伦理判断的基础在于翻译是否有助于消除本土文化的种族中心主义倾向。在此基础上，韦努蒂搭建起他用于评估翻译之优劣的伦理框架，这一框架不是像过去那样简单地建立在如"忠实"或者"通顺"等等笼统的绝对律令之下的，而是建立在"好的翻译必须致力于保留语言和文化的差异"这一基本立场之上。韦努蒂名之曰"差异的伦理"（或曰"存异的伦理", the ethics of difference），以和"求同的伦理"（the ethics of sameness）相对应。

从施莱尔马赫到贝尔曼，都强调翻译对外来语言文化异质性的表现。传统翻译理论所认定的意义独立性和语言普遍主义所认定的语言的同等表达力，都容易形成一个共同推论，即译文是在或者应该在合乎目的语规范的标准形式中展开。这些规范既包含了目的语的各种语言层面的标准，也包含了审美和意识形态层面的习规体系。对语言文化的不可通约性和翻译的"暴力"的审视，都迫使我们打破这一教条，并且在学理和实践层面思考这样的问题：作为两种语言和文化的缓冲地带，译文语言是固守目的语的习规呢，还是对习规有所撼动？换言之，在深层理念上，翻译的本质是致力于差异的消除，从而强化语言的边界和话语的牢笼，还是引进并且彰显差异？是维持着权力话语对他者和他性的压制，还是为被既定的话语权力秩序所压制的他者和他性正名？（这里隐伏了一个跳跃：从彰显异质性到推进特定的文化政治议

第六章 他者的维度：差异与翻译的伦理表述

程，伦理问题被政治化了。)

翻译的最大悖论在于，它要彰显外来语言和文化的异质性，却只能以自身语言为凭借。当下批评理论与翻译实践的视域交融已经质疑了本源与衍生、原创与再现的观念，翻译也被视为在特定的历史文化语境中对外来语言文化的塑造。问题在于，这种塑造是否要以目的语的规范形式进行？施莱尔马赫对翻译语言特殊性的呼唤已经打破了通顺的迷思。韦努蒂则更加明确地区分了翻译策略中的两种取向，分别称之为归化（domesticating）和异化（foreignizing）①。

韦努蒂的纲领旨在寻求一种能够避免归化模式中的暴力，并能够凸显翻译的异源性质的策略。这种翻译策略的表述前后各有不同，起初被称为"异化"（foreignizing），后来又称为"少数化"（minoritizing）或者"抵制性的翻译"（resistant translation）。事实上，许多有形式主义诗学背景的当代翻译学者，都曾以不同的方式表述过类似的观点，只不过没有使用明确的二分术语。譬如，弗拉基米尔·纳波科夫（Vladimir Nabokov）在《翻译中的问题；论〈奥涅金〉的英译》（*Problems of Translation：Onegin in English*）一文中写道："我不断在诗歌翻译的评论中读到这样的话：'某某的翻译读起来十分流畅'，这让我感到一阵阵无望的愤懑。……'自由翻译'（free translation）一说显得无赖而专横。而正是当译者着手翻译原作的'精神'（spirit）而非文本意义（textual meaning）的时候，他开始了对作者的伤害。最笨拙的字

---

① 笔者以为，大陆翻译学界通行的此术语译名有混淆不清的地方，异化在哲学中对应的是一个非常重要的术语 alienation，其最一般的意义是主体发展到了一定阶段，分裂出自己的对立面，变为外在的异己的力量，或者人创造的东西反过来成为控制人本身的力量，如资本、金钱或语言转向后的批评话语中的"语言"。Foreignizing 跟形式主义文论的术语陌生化（defamiliarization）有很大相似，译为"陌生化"或者"异域化"更为妥当。（此处因其通用而暂保留之，以避免概念的混乱。）

面翻译也要比最漂亮的释译（paraphrase）有用千倍。"①（Nabokov, 1955/2000: 71）这些论述体现的对"可读性"（readable）追求所可能带来的翻译暴力的关注和对另一方向的翻译策略所能起到的矫治作用的重视，正是韦努蒂这一对概念二分的前奏。

长期以来，"异化"的呼声一直被边缘化。在实用主义哲学和工具语言观支配下的英美翻译界，"异化"一直是不被认可的翻译方式，甚至是一种技术性的失败。在这一点上，中国翻译理论的情形也大体相若。在中国翻译史上的归化与异化之争，其结果是归化派（或其部分继承者）占了上风。提倡异化的鲁迅成了孤独的斗士。在此后相当长的时期，中国翻译理论界实际上在用种种不同的方式重复和诠释着"信、达、雅"的三字经，"神似"与"化境"等等说法，仍然是抱着绝对可译的信念，强调的无非是译文的圆熟通融，其追求的目标仍然是译文的透明感，仿佛译文原本就是用纯正圆熟的汉语写成的而非翻译作品。

一般说来，"异化"意味着刻意打破目的语的各种习规以保留原文的异质性。在韦努蒂那里，归化和异化不仅仅是对"同一原文不同风格的展现"这样一个翻译技巧的问题，它被赋予了更加深层的使命区分。并且，正如韦努蒂指出的那样，"异化"不仅是技术层面的语言运作，它也直接体现在翻译对象的选择当中。也就是说，异化实际上有两个层面：一是选材的异化，二是翻译方法的异化。如果说，"归化"是操纵自身语言的习规对外来文本进行强制性的改造，是在意识形态和诗学规范的双重控制

---

① I constantly find in reviews of verse translations the following kind of thing that sends me into spasms of helpless fury: "Mr. (or Miss) So-and-so's translation reads smoothly."... The Term "free translation" smacks of knavery and tyranny. It is when the translator sets out to render the "spirit" —not the textual sense—that he begins to traduce his author. The clumsiest literal translation is a thousand times more useful than the prettiest paraphrase.

第六章 他者的维度:差异与翻译的伦理表述

之下对差异的系统性消除,是一种我族中心的暴力(ethnocentric violence),其结果是强化了"富于侵犯性的单语文化"(aggressively monolingual cultures, Venuti, 1995: 20)中既定的语言与意识形态的习规,那么,只有在"异化"的过程当中,翻译才释放出"偏离种族中心的力量"(ethno-deviant pressure,表现出"对当前世界格局的策略性的文化干预"。Venuti, 1995: 20)。

"异化"翻译有赖于一系列特殊的文本手段。韦努蒂的翻译批判借助了后结构主义的大量思想资源,尤其是对"作者"的解构、对工具语言观的批判、对能指运作所蕴含的语言符号的隐喻性和意义开放性的张扬等等,这一切都指向归化翻译赖以栖身的理论根源。正是因为此,他十分青睐体现出对语言的符号运作本身的重视的翻译策略,尤其是刘易斯所提出的"僭越的翻译"。他认为,"这一策略认可了后结构主义引入翻译的种种复杂性,尤其是意义作为差异多元体(differential plurality)的观念,从而将译者的注意力由所指转向用以体现思想与现实的能指链条、句法过程、话语结构、语言机制等方式上。"(Venuti, 1992: 12)

"僭越的忠实"在刘易斯那里还主要是针对特定文本翻译而采取的特定翻译策略,在韦努蒂那里,正是因为它是对目的语习规以及之前的翻译所积淀的固定的对应关系的"僭越",所以更能做到对异质的概念和异质的意指方式的"忠实"。"僭越的忠实",也许本身也是另一种形式的翻译暴力,但却是借助源文本的符号运作的开放性和意指过程的不稳定性来对目的语言的习规施暴。语言不只是表达意义,也塑造我们的思想。常规的语言实际上已经把我们认知世界的方式固定化了,"僭越的忠实"——对差异及其诗学特征的"忠实"——正是因其打破了语言的陈规,才对我们固化的思想产生了一种冒犯和冲撞,以形式主义诗学所强调的"陌生化"(defamiliarization)效果完成了一种矫治,促使我们认识和认同差异,将异质作为异质来接受(to take the foreign as foreign),调整看待世界的方式,从自身语言的牢笼中获得短暂的解脱。

韦努蒂把翻译作为一种颠覆性的文化政治实践来看待,"僭越的忠实"显然给予他一个把审美和伦理、政治结合起来的焊点。正如艮茨勒指出:"韦努蒂强于分析美国的权力结构,比如法律、教育和文学机构,阐明他们如何让译者处于边缘,让他们屈从并隐去自己。为了阻止这样的文化发展,他倡导一种翻译方法:'忠实'于源文本的语气和主旨,'滥用'目的文化的文学标准,使更多的异质文化因素进入目的文化,他把这种方法叫作'滥用的忠实'。"(艮茨勒,2005:127,此处采取的是胡文征译文,"滥用"即其对"僭越"一词的不同译法。下同。)韦努蒂相当肯定地认为,"滥用的忠实显然继承了对顺畅的拒绝,这种反对策略统治者当代的翻译,可以称为抵制"(Venuti,1992:12),而只有"僭越的忠实才会尊重原文的诗学价值和文化身份,尤其重要的是,唯其如此,才能向目标文化输入差异,重构被带有归化取向的正常的忠实所塑造的虚假的文化原型,颠覆被正常的忠实所保护起来的美国主流价值观。"(王东风,2007:75)

三、从"抵抗"到"少数化"

与"异化"相提并论的一个重要概念是"抵制"或"抵抗性的翻译"(resistancy or resistant translation)。在韦努蒂的翻译批判中,它针对的是英美文化中"通顺"的旨趣对外来文本的强制改造,这种改造抹杀了翻译的异源性和文化的差异性。抵抗性首先是诗学层面的:它要求译文以不通顺的手段来打破透明的幻象。进而,翻译的"抵抗性"旨在"将译文的读者乃至译者从惯常主宰其阅读和写作的文化束缚中解放出来",通过将翻译作

第六章 他者的维度:差异与翻译的伦理表述

为"承载在英语文化中处在少数派地位或被排斥的观念及话语技巧的工具来质疑英语文化的主流地位"。(Venuti,1995:305)"异质化的翻译是异议的文化实践,通过引入本国的边缘话语、文学价值,维持对统治的拒绝。"(Venuti,1995:148)韦努蒂相信,使读者直面使目的语和原文产生分离的文化差异,会起到解放性的作用(liberating)(Venuti,1995:305)。"抵制"在实践层面自然要求突破语言的常规使用,寻求语言和文化层面的陌生化手段来凸显翻译的异源性质。他甚至提出,译者要做"自身语言的被放逐者和母语的逃犯"(Venuti,1995:291)。

在随后的表述中,韦努蒂又提出了所谓的"少数化方案"(a minoritizing project),称"好的翻译是少数化的,它通过催育多元的话语而释放出本土的余留(remainder),使得标准语言和文学正典向对其而言具有异质性的东西开放,向不标准的和边缘的东西开放"①。(Venuti,1998:11,13)如果说"异化"毕竟还是出于对外来文化异质性的保留和展示(尽管本身也是悖论性的),那么,"少数化"针对的却是本土文化内部的话语秩序和权力等级。"尽管译者无法避免使用本土概念,却可以将翻译的种族中心冲动导向对这些中心概念实行去中心化这一目标","差异的伦理"的功能被内向化了,其实际精神体现为"为本土文化带来变化","改变那些占支配地位的意识形态和机制"。(Venuti,1998:82-84)韦努蒂认为,少数化翻译的目标是永远不占据多数(never to acquire the majority),永远不要树立新的标准(standard),树立新的正典,而是要推动文化的创新以及对文化差异的理解。"差异"的问题构成了韦努蒂伦理立场的核心。

---

① Good translation is minoritizing: It releases the remainder by cultivating a heterogeneous discourse, opening up the standard dialect and literary canons to what is foreign to themselves, to the substandard and the marginal.

对他来说，翻译的目标是推动文化变革，为种种被压制的差异性——不论是外来的，还是本土固有的——奔走呐喊。至于采取何种策略，做出何种翻译选择，都要从这一角度去衡量。他的理想译者，似乎应该是自我放逐者加不妥协的精英战士。这些极端的表达使得韦努蒂鼓吹的翻译方法必定是边缘化的。这里隐伏的一个悖论是：他认为翻译中缺少的、应该加以推广的，本身就该是边缘化的翻译策略。

"foreignizing"变成了"minoritizing"，对外来文化的尊崇演变成了对本土话语秩序和权力关系的撼动。这一新的标签使得翻译的伦理问题彻底转化为文化政治问题。伦理的深层关怀与政治的直接功利目的纠缠在一起，使得韦努蒂的翻译论述既富于洞见又矛盾重重。

四、韦努蒂的悖论

如果按照一般的理解，把韦努蒂定位为差异伦理的鼓吹者和异化翻译的理论旗手，这无异于认可了差异的伦理/求同的伦理、异化的翻译/归化的翻译等一系列新的二元对立，而此中要成为新的中心的正是过去的边缘。然而，在韦努蒂自己的表述中，我们也能够发现种种不一致甚至悖论之处，这些悖论正是当代翻译理论困境的集中体现。

首先是foreignizing一词的确切所指：在施莱尔马赫那里，异化是"保留异质"，也就是说翻译中的异质是源自源文本，让读者走向原文，翻译必须表现为对原文的帖服。也就是说，翻译应该通过打破目的语的习规来保留原文语言和文化的异质性。不过，在韦努蒂那里，这个定义反过来表述似乎更为恰当：通过刻意保留原文的异质性来打破目的语的习规。韦努蒂的"异化"包含了这一方面，却又大有不同。甚至可以说，在很大程度上他搁置了翻译中的异质性和源文化之间的关联。异域或异国的因素

第六章 他者的维度:差异与翻译的伦理表述

固然能从源文本/语言/文化中带来,但也同样可以从目标文化自身提取,来达到某种距离效果。所谓的异质,其实常常指的是本土文化中被隐藏、被边缘化的那些方面。韦努蒂的模式是倾向于目标语言本身的资源的,即目的语的各种非规范形式。这和俄国形式主义文论的"陌生化"(defamiliarization)、德国戏剧家布莱希特(Bertolt Brecht)的"疏离"(verfremdungseffekt, estrangement or alienation effect)以及俄国文论家巴赫金的"狂欢化"(carnivalization)诗学没有本质区别。韦努蒂似乎赞赏任何能够使读者的注意力转向文本之文本性(textuality)以及其运作过程的翻译策略,只要它们表明了翻译文本的翻译性质(translatedness),打断了透明感,以及作者意图的幻象,由此间接地强调文本的异域来源,带给读者一种陌生的阅读体验(an alien reading experience)。这种方式所产生的异域感,是否也是像"通顺"方法所产生的透明感一样,也是一种幻象?

其次是归化/异化的截然二分是否成立?韦努蒂关于整个"foreinization"的说法本身就是悖论性的:他本人及其批评者都指出,翻译本身就定义而言就是归化(domestication),在本质上就是将外来的、不可理解的文本用本土可理解的方式表现出来的行为,本身就是"我族中心"(fundamentally ethnocentric)的(Venuti, 1998:11),一切翻译都不可避免地带有民族主义的弦外音。并且,诚如勒弗维尔所言,翻译普遍的情形是,它受制于意识形态(ideology)和诗学规范(poetology)的双重操控之下,而成为对原作不同程度的改写。韦努蒂自己也承认,在翻译的过程中,外来语言、文本和文化总免不了被化简、排斥、改写。他的一些评论似乎又在否定着自己提出的立场,转而承认翻译规范的控制力量。他的立场并非一贯强硬。在《翻译的丑闻》当中,在讨论日本作家吉本芭娜娜(Banana Yoshimoto)的小说 *Kitchen* 的英译时,又认为翻译没有必要太过偏离本土的常规,不必要冒着使译本不可理解的危险来制造差异。韦努蒂的批评最核心的是针对"通顺"的主导地位,然而,在不同的文化框架中测试起来,"通顺——翻译的边缘地位——帝国的文化霸权"这一因果链条的可靠性是值得怀疑的。韦努蒂的"差异伦理"也出现了诸多矛盾的妥协因素,譬如,他也要求提防粗暴地将与"差异伦理"相对的翻译理念定性为"不道德的",而要看到,由于通过翻译介绍进来的必然是一种异己文化,"即便那些完全归化的译文,也完全可以通过对本土已经确立的经典提出质疑,而对之进行异化性干预。"(Venuti,1995:310)甚至发展为一种"因地制宜的伦理"(an ethics of location)——在任何具体的翻译规划当中,都需要对翻译策略进行重构(包括domestic 和 foreign 的二分本身)来适应特定的地域场景的需要。譬如,那些缺乏本土文学传统的边缘文化能够通过对出于霸权地位的文学实行彻底的归化翻译而"加速自身从口述传统向现代文学的转化",为自身带来意义重大的转变,归化翻译未必是坏事;而在那些本身已经建立起文化传统和体系的附属文化中,追求极端本土化的翻译则有强化自身的同质性、消除外来文本承载的文化差异、表现和推动种族和宗教的原教旨主义的危险。(Venuti,1998:188-189)这表明,认识到翻译中固有的不对称的权力关系,使得韦努蒂的立场变得相对化,而没有真正固着于某些特定的翻译策略。当翻译的情境发生变化时,他甚至可以称许归化的翻译策略。譬如在后殖民语境中,所谓"domestic"可被视为一种 global 和 local 的杂和(hybrid),在这种情形下,翻译即便表面上采用了最为保守的归化策略,也存在着撼动文化统识和霸权价值观的可能。正如艮茨勒提醒我们注意翻译复杂而具体的情境性(situationality):"没有任何单一的翻译策略是和压迫或者抵抗必然联系在一起的;没有任何单一的策略是权力的唯一策略。"(Tymoczko and Gentzler,2002:xx)

第六章 他者的维度：差异与翻译的伦理表述

这无疑是翻译伦理的标准再次变得模糊起来。在批判翻译狭窄的实用主义倾向的同时，他自己又表现出另一种不同的实用主义倾向。"异化"（foreignizing）是个很矛盾的概念，它更像是"归化"（domesticating）的同伴，而非对头，因为一切翻译中都不可避免地包含两者。如此说来，这种二分并不包含什么新意。但韦努蒂却坚称，两种方法之间存在着根本的差异：尽管任何翻译都不可避免地包含两者，都同样具有偏向性，但在归化主导的翻译中，往往被掩藏、被无意识化，而异化的翻译，尽管也许同样是有偏向的，却旨在"夸耀其偏向性，而非掩藏之"（to flaunt their partiality instead of concealing it，Venuti，1995：34）。韦努蒂的论点经常被视为（坏）归化与（好）异化的二元对立。但深入的阅读却表明，二元对立被"解构"了，对立的两极开始融合。任何翻译都包含了这两种策略，而非非此即彼。

最后，"异化"的翻译策略所隐含的精英立场本身就是对"更为民主的翻译实践"的微妙反讽。韦努蒂的翻译批判体现的是一种文化精英主义。首先体现在他认为文学翻译应该占主导地位，认为"文学翻译为技术翻译制定标准，并且是理论和实践创新的场域"（Venuti，1995：41）。"少数化"的原则是否只适用于文学翻译，对技术翻译是否适用？刘易斯提出的、被韦努蒂大力抬高"僭越的翻译"观念，究竟在多大程度上、多大范围内能够适用？是只适用于特定的文本（如德里达的著作的翻译），还是普遍适用？是不是意味着翻译就应该用韦努蒂所主张的那种怪异或疏离（strange or estranging）的方式来进行？换成后结构主义的惯用术语来表述，就应该通过张扬能指的自由来颠覆所指的专制？是不是当所有的翻译都被给予了"诗的特权"（the poetic license），才是好的？是不是只有通过异化的翻译来维持着"差异"的印象，才是更加合乎伦理的态度？（须知，"差异"本身也是一把双刃剑，"差异"未必代表着民主与平等，也有可能意味着"等级"。)审美的伦理化(或者说是伦理的审美化)本身是不是存在着风险?

更重要的是,当代文化语境中,文学,尤其是精英文学,是否真的是一种主导性的塑造力量?在一个符号产品的生产越来越规模化、产业化的世界当中,文学翻译是否仍像19世纪那样占据文化交流的主流地位?自我放逐的"少数化"的译者改天换地的空间有多大?韦努蒂尽管也批评了围绕翻译的一些现实权力因素,比如出版产业、版权、文学教学等等,但在讨论具体翻译操作时又常常忽略这一切,仅仅着眼于译者,让他来对一切翻译选择(包括策略与选材)负责。而译者处在种种现实权力因素的操控之下,有多少自由选择的空间?

对于这些问题,我们倒不应该以非此即彼的态度来苛求答案。激进的理论,提供的往往是一个方向性的参考,而不是一个随时都要执行的具体行为规范。在任何具体的翻译行为中,都有着"忠实"与"背叛"、"僭越"与"妥协"并存的情形。翻译的各种规范(norms),本身也具有双重性质,它们既是束缚,也是文化间寻求交流、达成理解的基本凭借。翻译是将外来文本不断重新语境化的话语实践,它带来了哪些对"差异"的认可,触及了权力网络中的哪些环节,并不是一个新的概念就能够说清的,只能在具体的翻译行为语境中加以衡量和评估。对翻译的价值判断,和翻译活动本身一样,是高度情境化的,只有在具体的情境(当然是超越了文本本身的全面的、历史的诠释语境)中才有可能进行。

韦努蒂对翻译的伦理探讨,其实质仍然是翻译的文化政治。他在"差异的伦理"框架下对归化和异化的重新定位,固然道出了他以及诸多其他翻译学者对翻译进行伦理思考的基本立场——对翻译的价值判断要立足于对一个基本的前提,即翻译要基于对外来文化之差异性的认可和尊重,并最大限度地遏制"我

第六章 他者的维度:差异与翻译的伦理表述

族中心"的暴力。对于他的悖论,我们也可以用较为宽容的学术眼光来加以辩解:韦努蒂的矛盾和悖论,一定程度上体现了某种后结构主义套路——他切入了传统翻译理论的二元对立,将二元对立中的等级颠倒过来,却不是简单地以此为终点或目的,不是单纯地另立起一个新的中心或者体系,而是将翻译视为一个持续的"去中心化"(decenterizing)的过程,作为一种对抗意识形态独裁和文化霸权的努力,将差异进行到底。异化或差异的伦理体现的并不是一套绝对的体系标准。翻译的好坏和"异化"程度的衡量不是以孤立的翻译文本为依据,而是要看译本产生的具体的历史语境,以及在此语境之中,异化的文本对处于主流话语起到多大程度的抵抗或修正。韦努蒂在颠覆了旧有的等级二元之后,又(自觉地)悄悄推动了自创的伦理体系的解体,并在此过程中,通过中心与边缘的不断戏动来深化翻译对差异的认同所带来的"去中心化"效果。至少,韦努蒂的思考毕竟超越了以往围绕"忠实"的不同定义而展开的模式,播下了对翻译进行全面伦理思考的种子。他的"差异的伦理"倒是符合以列维纳斯为代表的当代伦理思想的一个基本立场·道义责任的非交换性(单向性,non-reciprocality)。

对韦努蒂的翻译伦理论述的剖析表明,对翻译伦理问题的讨论,和对翻译本身的定位一样,似乎不太可能以一个单一的、大而化之的框架标准去涵盖之。伦理与政治的纠缠也让翻译的理论探讨必然呈现出种种矛盾与相对性。那么,什么才是翻译最根本的伦理问题?

第七节 他者的维度:翻译伦理问题的实质

从施莱尔马赫到韦努蒂,不论侧重和分歧如何,对于翻译的伦理讨论都围绕着一个主题:对文化差异性的尊重和凸显。在前面的论述中已经提及,差异的问题在当前的诸多文化理论中是和"他者"这一时代主题联系在一起的。伦理的实质是自我与他者的关系问题,翻译伦理问题的实质是对待文化他者态度问题。翻译伦理问题之所以产生,是翻译学者们认识到,翻译作为一种文化政治行为,在传统上惯常表现为对各种文化他者的压制,尤其是当以科学性为追求的语言学转向兴起之后,翻译实践的"信息"取向对文化差异的暴力加剧了,也变得更为隐秘,翻译以中性的面孔参与到话语的编织和权力的运作当中,成为生产和压制他者的重要手段。这些认识和当代批评理论对启蒙以来的理性主义和认识论传统的全面反思是相契合的。对翻译的伦理探讨,要求我们全面地回顾他者和他性这一问题的谱系。

他者的问题是当代哲学讨论和文化研究的重要问题域。在不同的理论框架内呈现出不同的问题方式。究其深刻的哲学根源而言,在认识论层面,同一与他者的关系表现为主体和客体的关系。以主体为中心的认识论传统,终将因为主体的膨胀而陷入唯我论的泥淖:自我以外的一切都是源于自我、为了自我并为自我所决定。回顾哲学史,柏拉图的回忆说把知识作为我之本有,认知成为对自我的回溯。贝克莱的"存在即被感知",几乎等同于自我意识之外无物存在。笛卡尔的"我思故我在",将哲学的基点牢牢地定位在自我存在的确定性。康德的先验哲学从自身所有的先验范畴出发去寻求经验知识的普遍性基础。胡塞尔现象学的"回到事物本身",最终回到的仍是作为意向性行为之出发点的"先验自我",它不属于自然事物,却能通过意象性行为而将自然事物呈现给意识,"创造"出可感的世界。"我思"的哲学最终将主体封闭在自我的意识之内,将客体凝缩为一个自我中的意识构成,从而否定了真正走向'他者'的可能。

杨大春在《他者与他性——一个问题的谱系一文中》简述了当代哲学话语对于"他者"的诸多论述方式。在英美分析哲

第六章 他者的维度：差异与翻译的伦理表述

学的理论话语中，它表现为他人之心的认知问题，即我们怎样知道除我们自己之外存在着具有思想、感情和其他心理属性的人的问题。在人工语言哲学家（如罗素、卡尔纳普等）那里，这一问题表现为以类比论证来确定他心认识的可能性与途径，在日常语言哲学家（如维特根斯坦、赖尔、奥斯汀、斯特劳森等）那里，则转变为他心认知的语言表述问题。而在现象学传统中，他人问题经历了类似的阶段和转换。简单地说，最初涉及的是他人意识的认识问题，然后是他人意识的存在问题。但严格地说，他人问题两阶段涉及的都是他人的存在问题：在胡塞尔那里要问的是他人何在（在我的意识中，还是在之外）？在萨特和梅洛-庞蒂那里涉及的是他人的此在在世存在（要么与我冲突，要么与我共在）。（杨大春，2001：179-181）

哲学上对"他者"问题的讨论，很大程度上是为了避免陷入笛卡尔开创的"我思"（cogito）传统（所谓"第一人称"哲学）所带来的"唯我论"尴尬。但从上述的简单叙述中可以看到，很长时间以来，对"他者"的思考是出于同一个目的：力图对他者的他性加以转换。承认他人的存在，是承认别的"意识"、别的"自我"作为自我之"同类"而存在。不管是所谓的类比论证、"冲突"与"共在"学说，还是对私人语言与私人感觉的否定，无不认可了"人同此心，心同此理"的说法。（杨大春，2001：182-183）

自20世纪60年代以来，"他者"成为最能表征当今思想文化状况的关键词之一。思想家捕捉到了被追求总体性和普遍性的哲学传统压抑和放逐的"差异"。在他们看来，20世纪的诸多悲剧性历史事件，背后的思想根源是西方形而上学的一般倾向，即将差异还原为同一，将他者融入自我的倾向。对此，法国思想家列维纳斯形象地将西方形而上学称之为"消化的哲学""暴政哲学"。于是，各种后现代思潮对他者的认识不再是求同和化简，而转向强调他者不可消融的绝对他性。并且,他者的概念不再局限于作为意识或其他认识主体的"他人",文化他者的命运成为更加引人关注的问题重心。"原本作为一个哲学范畴、后来在弗洛伊德和拉康心理学中急剧膨胀的'他者',现在几乎已经殖民到了所有的人文学科,如政治学、社会学、人类学、文学研究、文化研究,以及作为一种特殊的人文学科的神学等等。"(金惠敏,2003:46)

文艺复兴以来,理性文化开始崛起,摆脱了中世纪相对于非理性(信仰)的从属地位。17世纪以降的现代性进程中,西方文化逐渐演变成以唯科学主义和唯理性主义为基调的理性文化。理性对于它的对立面——作为他者的种种非理性不再宽容,改造和转化非理性因素变成为理性权力之成效的集中体现。福柯通过对现代性的谱系分析,揭示了理性如何通过种种控制策略而将非理性置于沉默境地:有时候是以真理和知识的名义直接去压制别的声音,有时候则借助一些较为温和的技巧对异质的力量实施规训,尤其是对话语的种种控制。(Foucault,1972)。现代性意味着理性以不同的方式向各个领域渗透,确立对他者的全面控制。福柯是各种沉默无言的他者(如疯癫、疾病、女性)的代言人,是这些被理性压制的异质成分的他性的维护者。他的思想不断被包括后殖民学者和女性主义学者在内的诸多学者所发挥,用以为多元文化和多元价值呐喊,用以质疑西方这一所谓的中心或主流,为各种非西方文明和亚文化之不可消除的他性张目。

后殖民理论家延续了对于"他者"问题的思考。如前章所述,萨义德(就是将福柯的话语—知识—权力学说用于(后)殖民体制中的文化分析,为非西方文化的被生产和被压制的他性作辩护的。在萨义德看来,所谓"东方",并不是地缘意义上的真正实体,而是西方知识精英凭借各种文本书写与修辞策略的话语构建,是西方对东方的一种帝国主义论述形式,它与西方对东

第六章 他者的维度：差异与翻译的伦理表述

方的殖民统治相互辉映、相互支持与相互运用。关于东方的话语，实际上是为了彰显西方主体性而系统化生产出来的。"东方"不是作为欧洲的平等对话者，而是作为"沉默的他者"而出现的，它服务于西方的自我理解和自我建构。对作为殖民进程有机组成的东方话语的剖析，就是对一种把东方作为客体并加诸其上的"缄默性"的挑战。《东方学》所开创的后殖民研究，实质是对帝国主义论述进行一场"书写反击"，摆脱东方被"集体误现"的他者地位。

在当代思想家中，对"他者"问题做出最具突破性意义思考的当属法国哲学家伊曼纽尔·列维纳斯。他在胡塞尔的现象学认识论与海德格尔的现象学存在论基础上展开了自己的改造与批判，进而构建了一种"为他者的哲学"。他扬弃了胡塞尔"先验自我"与"意向性"的唯我论暗示，也跳出了海德格尔的"亲在""此在"及其对于有限的生存时间历程的"烦恼""忧虑"的体验，从而走出了"自我"的樊笼，转向由"他者"的视野所构成的无限广阔的世界。

列维纳斯批判了西方哲学传统中的认识论暴力。在他看来，"全部西方哲学所筹划的、所实施的就是将'他者'（Other, l'Autre）置于同一（Same, le Même）的掌控之下，接纳它、吸收它，最终消灭它。"（金惠敏，2003：46）对于现象学认识论，列维纳斯也深感不足。因为"大凡认识总是意味着将认识对象纳入认识的整体之中，成为为我之物，不管是身边之物还是遥远的星辰概莫能外"。认识论强调的是同一而不是差异。认知意向性指向的是要被同化和合并的东西、是差异性被悬置的东西。认识总是被解释为同化，它一切变成为被拥有者或潜在的可被拥有者，使我们囚禁在我思的孤独中，不会与真实的他者沟通，无从考虑到他者的他性、外在性。同样，现象学存在论也有待超越，因为，从"存在者"回归"存在"的孤独自我的生存关怀，依然是排斥外在性、异质性、他性和他人的。列维纳斯的方向与海德格尔相反，是从"存在"走向由"存在者"组成的活生生的世界——"我"始终处于与"他人"的社会关系之中。

列维纳斯主张，克服认识论暴力的前提是消除我与他人的认知意向性关系，让他人成为具有他性的绝对他者，从而在"他者的人道主义"基础上建构伦理的形而上学。列维纳斯将伦理学视为第一哲学，他者又是伦理的真正起点。他的许多论述都围绕他者的地位和命运展开。他者不应作为认识对象而存在，是不能被整合到我的认识之中的，不能被纳入到整体中的无限。他用"面孔"（le visage）一词来描述他者，而且强调是"不能还原到知觉的面孔"。"面孔"是柔弱的、赤贫的、没有防范的，我们应该对他者负有完全的责任。他把他人表述为一种"无限"，无限这一概念意味着同化的不可能性，他人作为上帝的象征是不可能被人的认识所把握的，也就是说，无限是不能够被整合到我思之中的。让他人为我思所认识意味着达到整体性，相当于把整个世界以及他人容纳在我的意识之中，从而形成一种消除了他性、差异性和外在性的完整的统一。只有摆脱认知意向性，才能确保无限的地位，并因此认可他人的地位，让他者始终都保留着他自己的他性、差异性。列维纳斯主张以伦理的姿态走出自我的孤独，他认为，"我永远是他者的负责人，我回应'他者'"。他者的"面孔"就是一种义务的召唤。超越自己的存在和本质，就意味着由对自己负责转向对他者负责。对他人负责是对自我的绝对律令，而不是与他者的相互关系，就像祈祷上帝而不指望回报一样，这就是伦理关系中的非对称性。

列维纳斯使西方思想界冲破了自启蒙以来长久以个人和自我为中心的牢笼，而为人们论证了一个"他人"存在的绝对无限性的崭新价值观。"现代性对话理论终将被它从基础上颠覆：对话的基础将不是'心同理同'，不是'交往理性'，因而对话也

第六章 他者的维度：差异与翻译的伦理表述

就不应是为了'共识''沟通''一致性'，而是'面对面'，让他者仍然是他者，差异仍然保持差异。"（金惠敏，2003：46）

回顾翻译研究，对翻译的伦理探讨也展现了同样的问题模式。翻译作为对异域语言和文化产品的认知与重构，正是整个文化领域对于"他者"之关注和争论的缩影。建立在"信、达、雅"的金科玉律之上的传统翻译理论预设的是一种无限的认知能力，语言学转向后的翻译理论在科学性的旗号下将对普遍与同一的追求一以贯之，两者都以（全然）"可译性"的迷思驱逐了差异与他性，容易将转化、压制的暴力或明或暗地贯彻在翻译当中。相应地，对翻译的（不）可能性及其多层次的差异本质的理论反思，是对自身认识能力的设界划限，是通往不可转化的他者与他性的起点。对翻译在各种关乎权力的身份政治中所扮演的角色的剖析，更进一步展现了翻译与各种被压制的他者的存在和命运的关系。翻译的伦理问题，最终在各种张扬差异、尊重他性的文本策略和行动号召中得到了强化和提升。在前章对翻译的文化政治方面的论述中，已经可以见到，当关心翻译的政治性的学者们开始批判翻译之隐含的、负面的立场性，揭示其所服务的权力结构和所造成的等级和压迫的同时，他们同时也在为语言和文化间的真正对话探索一种更加恰当的、更加平等的方式，让翻译活动借助各种策略性的语言手段而成为一种扰动性的、抵抗性的力量，成为一个不断展开的对话过程，并试图在这个过程中，让等级和霸权被消解，让他者的存在和视域得以被更公平地显现和感知，并使"他者"本身的形成机制被更警醒地认识，使自我和他者的区分和对立得以消融。这种倾向性本身也是一种"立场性"，但在成熟的翻译理论思考中，这种"立场性"不是被掩藏的，而是更被清醒地认识、更明确地界定、更自觉地推动的。他们在理论演绎和实践尝试中试图去探索的，已然是一种更加深刻的翻译"伦理"态度，尽管本身依然悖论重重。譬如，斯皮瓦克在《翻译的政治》一文中,就曾经如此描述翻译的一般情形:"绝对的'他性'(alterity or otherness)便这样被延异(differed-deffered)成与我们多少有点儿相似、可以与之沟通的另一个自我。""对来自一个不同文化环境里的陌生语言的'他性'力图控制,这种经验是既怪异又熟识的。"(斯皮瓦克,1993/2000:280)斯皮瓦克谨慎地指出翻译背后关于"他性"的天然矛盾:"矛盾的是,作为伦理的能动主体,我们是不能够倾尽全力(*ibid*, 283)① 去想象他异性的。要实践伦理我们只能按照'我'来想象他者。"这种悖论也是翻译的永恒悖论:在巴别塔的混乱所造成的永恒隔阂中,被特定历史语境中的话语—权力网络所塑造的翻译主体,既是沟通的可能障碍,也是对话的基本凭借。对此,斯皮瓦克试图用"爱"的隐喻来超越这种悖论,来表达对原文的"帖服"。在"爱"的关系中,哪怕处于良好的意愿,把"他"看作"他和我一样"都是无济于事的,"为了赢得享受这份友谊的权力或放下我的执着(surrender of identity),为了明白只要你投入文本里它的修辞作用就会给你展示语言的尽处,你必须与语言——而不仅与特定的文本——建立起不同的关系"(*ibid*, 283)。斯皮瓦克的艰深表述和生动隐喻,试图探索的就是一种新的翻译"伦理"表述,它指向的不是对"他者"和"他性"的压制与转化,而是"自我"向"他者"的真正敞开。在这个意义上,翻译对其所承担的对他(她)者的责任的重视,寻求的其实是一种类似于哈贝马斯意义上的"对话"与"商谈"的伦理。"对话"区别于"独白",也区别于纯粹的"听从"。克制着"必须转化"的欲望,忍受着"不能转化"的焦灼,翻译

---

① 原汉译者注(ibid, 283)。倾尽全力这里有双重意义:一方面是尽力,但同时又是尽弃我的成见,所以"倾"一方面是全力以赴,同时又是掏空,即取消着力点,让完全不同的东西走进来。

第六章 他者的维度：差异与翻译的伦理表述

启动了对他者与他性进行全面认知和体验的无限过程。

翻译的本质仍可视为一种诠释关系。对于这种极其强调其实际运用和操作方面的话语实践而言，不一定要引向深不可测的哲学或元道德理论范畴，翻译的"伦理"主题是高度情境化的，它渗透在每一次具体的诠释活动当中，而不是一个普遍笼统的框架之内。当代诠释学理论的集大成者伽达默尔曾经形象地描述"在历史中运作的意识"（historically operative consciousness）和诠释活动的不同倾向，并用三种 I-Thou 之间的关系来归类之。① 在诠释关系所面对的（或形成的）对象，因为诠释的动机和取向不同，会呈现不同的面貌：作为某个领域中的客体对象的 Thou（the thou as object within a field），作为自我的反思性投射的 Thou（the thou as reflexive projection）和作为言说着的传统的 Thou（the thou as tradition speaking）。第一种体现的是强调普遍性、客观性和目的性的思维方式，将他者视为可以用普遍客观的方式加以观察和把握的客体；第二种体现的是自我中心的偏向性，将他者视为产生于我、归属于我的附庸；而第三种则体现了对他者的真正的开放，是倾听而非主宰。（Palmer，1965：191-193）以此反观翻译，这三种解释模式也渗透在翻译当中：第一种大致对应了翻译的科学性诉求，被翻译的文本是需要用普遍客观的方法加以解剖和重组的客体；第二种体现在翻译的权力主题中，尤其是"我族中心"的霸权倾向当中，异域族群和外来文化，必须屈从于我，服务于我；而第三种关系，则对应着当代翻译理论对"伦理"主题的探索，即翻译理应成为对过度膨胀的

---

① *I and Thou* 也是犹太裔奥地利哲学家马丁·布伯（Martin Buber，1878-1965）的著作书名。此书中对 I-thou 和 I-It 两种人与世界之不同关系的区分，凸显的是存在主义的神学主题和布伯的"对话"哲学思想。伽达默尔使用的是 I-Thou 而不是 I-It，是标示着其与科学认识论的理性主义传统的区别，以凸显诠释活动的对话本质而非认知本质。

自我的遏制，对沉默无言的他者的开放。

在前文的叙述中，我们也不难发现，对翻译的伦理讨论常常和具体的文化政治议程纠缠在一起，具体而直接的政治针对性常常使得翻译的伦理标准变得模糊，表现出不可避免的相对性和功利主义。对此，理论与实际的一贯距离当然是一方面，更重要的是，"无限的他者"并没有错，但翻译研究只能在具体的语境和个案中，阐明什么是它具体面对的无限，它所回应的、所服务的他者。并且，体现在列维纳斯等当代思想家的哲学构想中的伦理关系，首先是对自我的责任要求和约束，是"求诸己"的。前已言之，强调差异和多元的文化相对主义，本身也会有着两面。正是因为如此，我们不能将翻译的伦理问题简单归结为对抗西方对东方的话语霸权，或者英语文化的霸权地位问题。更应该追问的是，在我们自己漫长的翻译史中，以及每一次当下的翻译行为中，哪些是我们需要面对的被噤声的他者？什么是我们对于他者的责任？过度强调自身的文化差异性，实际上是对他人之于自己的义务和责任做出要求，并未体现以列维纳斯为代表的自省式的他者哲学的思想精髓，而多数时候只能沦落为狭隘的文化保守主义的共谋。对差异、他者和他性问题的关注和强调，虽然自身有着不少的困难乃至悖论，但足以使我们更深入地认识到被翻译研究传统的技术性关注所遮蔽的、更加深刻复杂的文化政治维度，使每一个译者在不可复制的具体情境中更全面深刻的认识翻译活动所牵涉的权力纠葛和所承担的文化使命。

结　　语

　　本书从反思传统翻译理论的困境及其背后的语言观局限开始，借助当代批评理论对朴素的人本主义语言观的多方面批判，打开被古老而狭窄的同一性追求所遮蔽的差异主题，展示其在当代翻译理论的范式转换中不同层面的体现，其与翻译之文化政治维度的诸多勾连，以及在此基础上所引出的价值判断思考。翻译执着于在不同语言的语言产品之间实现同一，并由此而透露出对语言和世界在深层意义上的同一性的预设或向往，当这种"完美把握、全面再现"的超验冲动和"心同理同"的普遍主义情结被放大和利用时，对同一的追求就容易掩盖还原和同化的暴力并助长之。翻译研究成为当代最富张力和活力的学术话语场所之一，就是产生于对传统翻译理论的"忠实复制"迷思和翻译科学进路的"价值中立"表象及各自的语言观基础的全面质疑。在"差异"主题下对翻译的审视，会使我们看到翻译如何承受着差异的焦灼，又是如何成为差异的运演。对原文意义进行完美复制的追求又不断让位于不同历史—文化情境中对异域文本的诠释、操控与挪用。翻译作为跨语言的话语实践，其天然的文化政治品性在当代文化语境中被不断揭示出来，并和当代文化领域整体语境中的"差异"主题相结合，成为各种文化理论思潮围绕话语、权力、政治等主题的竞技场，和不同语言共同体和文化族群进行身份书写、表达利益诉求的话语场域。

诚然，本书的讨论显得宽泛，也有些单薄。鉴于翻译研究本身的多元性和复杂性，这种理论线索的提炼存在着过于简化的风险。此外，翻译领域中的理论探讨，往往有着具体的问题语境中的不同现实针对性，因此即便在被划为同一理论派别的学者著述之间，也有着各自不同乃至矛盾的理论表述。譬如，女性主义翻译研究中，斯皮瓦克所强调的对原文的"帖服"和加拿大女性主义学者如高尔塔德等的"劫持"暗喻表面看来就是冲突的。在论述翻译研究的范式转变，寻找其共同的理论预设和问题方式的过程中，笔者不得不以似乎过于简约的理论话语来表述，片面性和偏颇之处是难免的。如果是对某一流派或特定学者的观点的阐述和应用，则可能会做得更加具体深入。笔者会在今后的研究当中，持续深入地全面看待本书涉及的重要学术观点。

本书的另一个缺陷在于缺少更加深入具体的实证研究，尤其是贯穿性的范例剖析，这固然是受限于作者本人的知识结构和实践经验。作者关注翻译问题的时间较短，缺少在翻译实践和翻译文本的比较阅读方面的长期直观体验。这一缺憾只能在今后更加具体的研究中逐渐弥补，有意识地在实证研究中加深对理论的理解，这必定是一个长期的过程，笔者非常清醒地认识到这方面的不足，恳请审阅本书的专家学者和读者体谅、指正。

Adams, Hazard & Leroy Searle ed. *Critical Theory since 1965* [C]. Lake City: University Press of Florida, 1986.

Arrojo, Rosemary. "Translation as Metamorphosis and an Ethics of Difference" [Z]. http://weblamp.princeton.edu/~acla06/translation-as-metamorphosis-and-an-ethics-of-difference, 2006.

ATA. "American Translators' Association Code of Professional Conduct and Business Practices." [Z] http://www.atanet.org/aboutus/code_ of_ professional_ conduct.php. 2002.

Baker, Mona. ed. *Routledge Encyclopedia of Translation Studies*. [C] London and New York: Routledge, 1998.

Barnstone, Willis. *The Poetics of Translation* [M]. New Haven and London: Yale University Press, 1993.

Barthes, Roland. *Writing Degree Zero* [M], New York: The Noonday Press, 1953.

Barthes, Roland. "The Death of the Author" [A], 1968. In Barthes. *The Rustle of Language* [C]. New York: Hill and Wang, 1986.

Barthes, Roland. *The Rustle of Language* [C]. New York: Hill and Wang, 1986.

Bassnett, Susan & Harish Trivedi. ed. *Post-colonial Translation: Theory and Practice* [C]. London and New York: Routledge, 1999.

Bassnett, Susan and André Lefevere eds. trans. *Translation, History and Culture* [C]. London and New York: Pinter Publishers, 1990.

Bassnett, Susan and André Lefevere. *Constructing Cultures: Essays on Literary Translation* [C]. Clevedon: Multiligual Matters Ltd, 1998.

Benjamin, Walter. "The Task of the Translator" [A], trans. Harry Zohn. In Schulte, and Biguenet. ed. 1992.

Berman, Antoine. "Translation and the Trials of the Foreign" [A], 1985. In Venuti ed. , 2000.

Berman, Antoine. *The Experience of the Foreign: Culture and Translation in Romantic Germany* [M]. trans. S. Heyvaert. Albany: State University of New York Press, 1992.

Bhabha, Homi K. "Postcolonial Criticism" [A]. in Stephen Greenblatt and Giles Gunn eds. *Rewriting the Boundaries: The Transformation of English and American Literary Studies* [C]. New York: Modern Language Association, 1992.

Bhabha, Homi K. *The Location of Culture* [M]. London: Routledge, 2000.

Blanchot, Maurice. *L'Amitié* [M]. Paris: Gallimard, 1971.

Bloom, Harold. ed. *Deconstruction and Criticism* [C]. New York: Continuum, 1979.

Bray, Alan. *Homosexuality in Renaissance England* [M]. New York: Columbia University Press, 1995.

Bruce, Frederick F. *The Canon of Scripture* [M]. Downers Grove: InterVarsity Press, 1988.

Campos, Harold. *Translation as Creation and Criticism* [C]. Sao Paulo: perspectiva, 1992.

Casey, Charles. "Was Shakespeare gay? Sonnet 20 and the politics of pedagogy" [Z]. http://findarticles.com/p/articles/mi_ qa3709/

参考文献

is_ 199810/ai_ n8827074/, 1998.

Catford, John C.. *A Linguistic Theory of Translation* [M]. London: Oxford University Press, 1965.

Chesterman, Andrew. *Memes of Translation: The Spread of Ideas in Translation Theory* [M]. Philadelphia: John Benjamins, 1997.

Chesterman, Anthony. "Proposal for a Hieronymic Oath" [J]. In Pym. 2001.

Davis, Kathleen. *Deconstruction and Translation.* [M] Manchester: St. Jerome Publishing, 2001.

de Man, Paul. "*Conclusions*: Walter Benjamin's 'The Task of the Translator.'" [A] In de Man. 1986.

de Man. *The Resistance to Theory* [M]. Manchester: Manchester University Press, 1986.

Derrida, Jacques. *Speech and Phenomena: and Other Essays on Husserl's Theory of Signs* [M]. trans. Davod B. Allison. Evanston: Northwestern University Press, 1973.

Derrida, Jacques. *Of Gramatology* [M]. trans. G. Spivak. Baltimore and London: The Johns Hopkins University Press, 1976.

Derrida, Jacques. "Living On: Border Lines" [A], in Bloom, Harold. ed. 1979.

Derrida, Jacques. *Positions* [M], trans. Allan Bass. London & New York: Continuum, 1981.

Derrida, Jacques. "Des Tours De Babel" [A]. 1985a, in Graham ed., 1985.

Derrida, Jacques. *The Ear of the Other. Otobiography, Transference, Translation* [M]. trans. Peggy Kamuf. New York: Schocken Books, 1985b.

Eagleton, Terry. *Literary Theory: An Introduction.* [M] Minneapolis: University of Minnesota Press, 1983.

Eagleton, Terry. *The Idea of Culture* [M]. Chichester Blackwell Publishers Inc., 2000.

Ehrman, Bart. *Misquoting Jesus: The story behind who changed the Bible and why* [M]. San Francisco: Harper Collins, 2005.

Encyclopedia Britannica. Ultimate Reference Suite. Chicago: Encyclopedia Britannica, 2009.

Foucault, Michel. "What Is an Author" [A], 1969. In Adams and Searle, 1986.

Foucault, Michel. *The Order of Things: An Archaeology of the Human Sciences* [M]. London: Tavistock Publications Limited, 1970.

Foucault, Michel. "The Order of Discourse" [A], in *The Archeology of Knowledge* [M], New York: Pantheon Books, 1972.

Gentzler, Edwin. 1998. "Foreword". In Bassnett and Lefevere, 1998.

Gentzler, Edwin. *Contemporary Translation Theories* (2nd edition) [M]. Clevedon: Multilingual Matters LTD, 2001.

Godard, Barbara. "Theorizing Feminist Discourse/Translation" [A]. In Susan Bassnett & André Lefevere *eds.*, 1990.

Graham, Joseph. ed. *Difference in Translation* [C], Ithaca, New York: Cornell University Press, 1985.

Holmes, James. S. ed. *The Nature of Translation: Essays on the Theory and Practice of Literary Translation* [C]. The Hague and Paris: Mouton, 1970.

Holmes. James S. *Translated! Papers on Literary Translation and Translation Studies* [M]. Amsterdam: Rodopi, 1988.

House, J, M. R. M. Ruano & N. Baumgarten *eds. Translation and the Construction of Identity: IATIS Year Book 2005* [C]. Seoul: IATIS, 2005.

Jakobson, Roman. "On Linguistic Aspects of Translation" [A], 1959. in Venuti 1992, 113-118.

Koskinen, Kasa. *Beyond Ambivalence: Postmodernity and the Ethics of Translation* [D]. Tempe: University of Tempere, 2000.

Kuhn, Thomas. *The Structure of Scientific Revolutions* [M]. Chicago: University of Chicago Press, 1970.

Lefevere, André. *Translating Poetry: Seven Strategies and a Blueprint* [M]. Assen: Van Gorcum, 1975.

Lefevere, André. *Translation, Rewriting and the Manipulation of Literary Fame* [M]. London and New York: Routledge, 1992a.

Lefevere, André. trans. and ed. *Translation/History/Culture: A Sourcebook* [C]. London: Routledge, 1992b.

Levinas, Emmaunel. *Ethics and Infinity: Conversations with Philippe Nemo.* [M] trans. Richard Cohen, Pittsburgh: Duquesne University Press, 1985.

Levine, Suzanne Jill. *The Subversive Scribe. Translating Latin American Fiction* [M]. Saint Paul: Graywolf Press, 1991.

Lewis, Philip. E. 1985. "The Measure of Translation Effects" [A], in Venuti, ed. 2000.

May, Todd. *Reconsidering Difference: Nancy, Derrida, Levinas, and Deleuze* [M]. Pennsylvania: The Pennsylvania State University, 1997.

Munday, Jeremy. *Introducing Translation Studies: Theory and Applications* [M]. London and New York.: Routledge, 2001.

Nabokov, Vladimir. "Problems of Translation: 'Onegin' in English", 1955. in Venuti ed., 2000.

Nancy, Jean - Luc. *The Birth to Presence* [M]. trans. Brain Holmes et al. Stanford: Stanford University Press, 1993.

National Geographic. "The Lost Gospel of Judas" [Z]. http://www.nationalgeographic.com/lostgospel/index.html, 2006.

Newmark, Peter. *Approaches to Translation* [M]. Oxford, New York & Paris: Pergamon Press, 1981.

Nida, Eugene. A. *Toward a Science of Translating: with Special Reference to Priciples and Procedures in Bible Translating* [M]. Leiden: Brill, 1964.

Nida, Eugene A., and Charles R. Taber. *The Theory and Practice of Translation* [M]. Leiden: E. J. Brill, 1982.

Nida, Eugine A. *Language and Culture Contexts in Translating* [M]. Shanghai: Shanghai Foreign Language Education Press, 2001.

Niranjana, Tejaswini. *Siting Translation: History, Post - structuralism, and the Colonial Context* [M]. Berkeley and Los Angeles: University of California Press, 1992.

Nord, Christiane. *Translation as a Purposeful Activity: Functionalist Approaches Explained* [M]. Manchester: St. Jerome Publishing, 1997.

Nord, Christiane. "Loyalty Revisited" [J], 2001. In Pym 2001.

Nouss, Alexis. "In Praise the Betrayal: on Re - reading Berman. The Translator" [J], In Pym, 2001.

Palmer, Richard E. *Hermeneutics: Interpretation Theory in Schleiermacher, Dilthy, Heidegger, and Gadamer* [M]. Evanston: Northwestern University Press, 1969.

Phillipson, Robert. *Linguistic Imperialism* [M]. Oxford: Oxford University Press, 1992.

Pym, Anthony. ed. *The Translator* [J], Volume 7, Nuvember 2, 2001 (Special Issue) Manchester: St. Jerome Publishing, 2001.

Robinson, Douglas. *Translation and Empire* [M]. Manchester: St.

参 考 文 献

Jerome, 1997.
Rocke, Michael. *Forbidden Friendships: Homosexuality and male Culture in Renaissance Florence* [M]. New York: Oxford University Press, 1996.
Said, Edward W. *Orientalism* [M]. London: Penguin Books, 1978.
Saussure, Ferdinand. *Course of General Linguistics* [M]. London: Peter Owen Limited, 1960.
Savory, Theodore. *The Art of Translation* [M]. London: Jonathan Cape, 1957.
Schleiermacher, Friedrich. From "On The Different Methods of Translation" [A], 1813. in Schulte and Biguenet, 1992.
Schulte, Rainer & John Biguenet, ed.. *Theories of Translation: an Anthology of Essays from Dryden to Derrida* [C], Chicago and London: The University of Chicago Press, 1992.
Shuttleworth, Mark and Moira Cowie. *Dictionary of Translation Studies* [M]. Manchester: St. Jerome Publishing, 1997.
Simon, Sherry. *Gender in Translation: Cultural Identity and the Politics of Transmission* [M]. London and New York: Routledge, 1996.
Spivak, Gayatri C.. *Outside the Teaching Machine* [M]. London and New York: Routledge, 1993.
Steiner, George. *After Babel: Aspects of Language and Translation* [M]. 3rd Edition. Oxford: Oxford University Press, 1998.
The International Federation of Translators. The Translator's Charter[Z]. http://www.for68.com/new/2006/2/wa107731710131260027397 - 0. htm, 1963.
Toury, Gideon. *Descriptive Translation Studies and Beyond* [M]. Amsterdam/Philadelphia: John Benjamins Publishing Company, 1995.
Tymoczko, Maria and Edwin Gentzler ed. *Translation and Power*

[C]. Amherst and Boston: University of Massachesetts Press, 2002.

Venuti, Lawrence. *Rethinking Translation: Discourse, Subjectivity, Ideology* [C]. London and New York: Routledge, 1992.

Venuti, Lawrence. *The Translator's Invisibility: A History of Translation* [M]. New York: Routledge, 1995.

Venuti, Lawrence. "Translation and the Formation of Cultural Identities" [A]. In Christina Schaffner and Helen Kelly – Holmes *eds*. *Cultural Functions of Translation* [C]. Clevedon: Multilingual Matters Ltd., 1996.

Venuti, Lawrence. *The Scandals of Translation: Towards an Ethics of Difference* [M]. London and New York: Routledge, 1998.

Venuti, Lawrence. *The Translation Studies Reader* [C]. London and New York: Routledge, 2000.

Waley, Arthur. trans. *The Way and Its Power* [M]. London: Grove Press, 1958.

Whorf, Benjamin. *Language, Thought, and Reality: Selected Writings of Benjamin Lee Whorf* [A]. John B. Carroll ed. Cambridge (US): MIT Press, 1956.

Wilss, Wolfram. *The Science of Translation: Problems and Methods* [M]. Shanghai: Shanghai Foreign Language Education Press, 2001.

Wolfreys, Julian. *Critical Keywords in Literary and Cultural Theory* [M]. New York: Palgrave Macmillan, 2004.

北塔. 卞之琳诗歌的英文自译 [J]. 重庆：西南师范大学学报：人文社会科学版, 2006.

陈德宏, 张南风（主编）. 西方翻译理论精选 [C]. 香港：香港城市大学出版社, 2000.

参考文献

陈永国（编译）. 游牧思想：吉尔·德勒兹、费利克斯·瓜塔里读本 [C]. 长春：吉林人民出版社，2003.

陈永国. 翻译与后现代性 [C]. 北京：中国人民大学出版社，2005.

戴维斯，柯林. 列维纳斯 [M]. 李瑞华，译. 南京：江苏人民出版社，2006.

德里达，雅克. 书写与差异 [M]. 张宁，译. 上海：三联书店，2001.

德里达，雅克. 多重立场 [M]. 佘碧平，译. 北京：三联书店，2004.

董鼎山. 阿根廷大师博尔赫斯 [J]. 北京：读书，1988（2）.

杜小真（编）. 福柯集 [C]. 上海：上海远东出版社，1998.

杜玉生. 西方当代伦理学的发展与译学研究——翻译研究中的伦理性问题 [J]. 广州：广东外语外贸大学学报，2008（1）.

范家材. 英语修辞赏析 [M]. 上海：上海交通大学出版社，1992.

方汉文. 文学翻译中的文化差异与通约 [J]. 重庆：四川外语学院学报，2003（11）.

费小平. 后殖民主义翻译理论：权力与反抗 [J]. 上海：中国比较文学，2003（4）.

费小平. 翻译的政治——翻译研究与文化研究 [M]. 北京：中国社会科学出版社，2005.

福柯，米歇尔. 必须保卫社会 [M]. 钱翰，译. 上海：上海人民出版社，1999.

高罗佩. 中国古代房内考，李零，译. 上海：上海人民出版社，1990.

艮茨勒，埃德温. 翻译、后结构主义与权力 [A]. 胡文征，译//载陈永国2005，123-140.

243

顾彬. 关于"异"的研究 [M]. 北京：北京大学出版社，1997.
韩洪举. 林译《迦茵小传》的文学价值及其影响 [J]. 杭州：浙江师范大学学报：社会科学版，2005（1）.
赫胥黎. 进化论与伦理学 [M].《进化论与伦理学》翻译组，译. 北京：科学出版社，1973.
赫胥黎. 天演论 [M]. 严复，译. 北京：中国青年出版社，2009.
洪堡特，威廉·冯. 论人类语言结构的差异及其对人类精神发展的影响 [M]. 姚小平，译. 北京：商务印书馆，1998.
胡继华. 第三空间. 载汪民安主编《主题先行》[Z]. http://www.ztgzs.net/html/ztxxb/20080721/1405.html，2008.
胡克斯，贝尔. 语言，斗争之场 [A]. 1995，王永，译. 载许宝强，袁伟. 2000.
黄怀军. 差异理论与当代文化研究 [J]. 上海：中国文学研究，2008（1）.
黄应全. 利奥塔"后现代"思想简述 [Z]. http://lance.blogbus.com/logs/183157.html，2004.
纪坡民."误译"和"误读"，把"伦理学"丢了：从赫胥黎的《进化论与伦理学》到严复的《天演论》[N]. 上海：文汇报，2005-01-10.
蒋骁华. 巴西的翻译："吃人"翻译理论与实践及其文化内涵 [J]. 上海：外国语，2003（1）.
金惠敏. 无限的他者——对列维纳斯一个核心概念的阅读 [J]. 北京：外国文学，2003（3）.
金盛. 对严复先生的回想——谈及自由主义 [J]. 广州：阅读，2005（3）.
柯里尼 编. 诠释与过度诠 [C]. 王宇根，译. 上海：三联书店，2005.

李成坚,邓红. 杂合中建立第三空间——从霍米·巴巴的杂合理论看谢默斯·希尼的《贝奥武甫》译本[J]. 重庆:四川外国语学院学报,2007.

李河. 巴别塔的重建与解构——解释学视野中的翻译问题[M]. 昆明:云南大学出版社,2005.

利奥塔,让-弗朗索瓦. 后现代状态:关于知识的报告[M]. 车槿山,译. 北京:三联书店,1997.

梁实秋. 雅舍菁华[M]. 长沙:湖南文艺出版社,1990.

刘北成. 福柯思想肖像[M]. 上海:上海人民出版社,2001.

刘禾. 语际书写——现代思想史写作批判纲要[M]. 上海:三联书店,1999.

刘禾. 跨语际实践——文学、民族文化与被译介的现代性(中国,1900-1937)[M]. 宋伟杰,等译. 上海:三联书店,2002.

刘建军. 阿拉伯文化对欧洲中世纪文化的影响[J]. 哈尔滨:北方论丛,2004(4).

刘军平. 超越后现代的他者——翻译研究的张力与活力[J]. 北京:中国翻译,2004(1).

刘亚猛. 韦努蒂的"翻译伦理"及其自我解构[J]. 北京:中国翻译,2005(五).

密尔,约翰·斯图亚特. 论自由[M]. 许宝骙,译. 北京:商务印书馆,2008.

穆勒. 《论自由》,又名《群己权界论》[M]. 严复,译. 上海:三联书店,2009.

尼南贾那,特贾斯维莉. 为翻译定位,1993. 袁伟,译//载许宝强,袁伟,2000.

乔颖. "近代日语中的西学译词及其对汉语的影响"[Z] http://jpkc. ecnu. edu. cn/0616/research/% E4% B9% 94% E9% A2% 96_ % E8% BF% 91% E4% BB% A3% E6% 97% A5% E8% AF%

245

AD%E4%B8%AD%E7%9A%84%E8%A5%BF%E5%AD%A6%E8%AF%91E8%AF%8D%E5%8F%8A%E5%85%B6%E5%85%AF%B9%E6%B1%89%E8%AF%AD%E7%9A%84%E5%BD%B1%E5%93%8D.doc，搜索于2009年6月1日。

全炯俊. 文化间翻译—小考：同周蕾的对话 [J]. 台北：中外文学，2006（10）：34.

萨丕尔，爱德华. 语言论 [M]. 陆卓元，译. 北京：商务印书馆，1985.

萨义德，爱德华. 文化与帝国主义 [M]. 李琨，译. 北京：三联书店，2003.

（美）斯蒂文·贝斯特等. 后现代理论：批判性的质疑. 张志斌，译. 北京：中央编译出版社，1999.

斯皮瓦克，伽亚特里. 翻译的政治 [A]. 1993，许兆麟，郝田虎，译. 载许宝强，袁伟，2000，277-308.

孙歌. 语言与翻译的政治前言 [A]. 载许宝强，袁伟（选编），2000.

孙会军. 普遍与差异——后殖民批评视域下的翻译研究 [M]. 上海：上海译文出版社，2005.

索绪尔，费尔迪南·德. 普通语言学教程 [M]. 高名凯，译. 北京：商务印书馆，1980.

陶家俊. 同一与差异：从现代到后现代身份认同 [J]. 重庆：四川外语学院学报，2004（3）.

王宾. 论主体的非中心化//载王宾. 后现代在当代中国的命运：主体性的困惑. 广州：广东人民出版社，1995.

王宾. 重返结构——《静夜思》个案分析 [J]. 上海：中国比较文学，1999a（2）.

王宾. 文化多元论的语用学审视——兼论利奥塔与哈贝马斯之争

[J]. 广州：开放时代，1999（6），1999b．

王宾．论不可译性——理论反思与个案分析[J]．北京：中国翻译，2001（3）．

王宾．"不可译性"面面观[J]．广州：现代哲学，2004（1）．

王宾．本雅明《译者的任务》述评（手稿），2005．

王宾．翻译与诠释[C]上海：上海外语教育出版社，2006．

王东风．解构"忠实"——翻译神话的终结[J]．北京：中国翻译，2004（6）．

王东风．传统忠实观批判——韦努蒂反调译论解读[J]．香港：翻译季刊，2005（37）．

王东风．帝国的翻译暴力与翻译的文化抵抗：韦努蒂抵抗式翻译观解读[J]．上海：中国比较文学，2007（4）．

韦努蒂，劳伦斯．翻译与文化身份的塑造．1996，查正贤，译//载许宝强，袁伟（选编），2000．

魏连岳．圣经正典的形成及其各种译本[Z]．http://christ.org.tw/bible_and_theology/Bible/Formation_of_Canon.htm．

沃洛希洛夫．马克思主义与语言问题[A]．1973．载许宝强，袁伟，2000．

西蒙，谢莉．翻译中的性别：文化身份与传播政治，1996，吴晓黎，译//载许宝强，袁伟（选编），2000．

西蒙，雪莉．热尔曼娜·德·斯塔尔和加亚特里·斯皮瓦克：文化掮客[A]．2000，陈永国，译//载陈永国，2005．

胥洪泉．李白《静夜思》研究综述[J]．重庆：重庆社会科学，2005（7）．

徐蕾，李里峰．严复译著与"翻译的政治"[J]．广州：广东社会科学，2006（2）．

许宝强，袁伟（选编）．语言与翻译的政治[C]．北京：中央编译出版社，2000．

亚里士多德. 亚里士多德全集［M］. 苗力田，主编，北京：中国人民大学出版社，1990.

杨大春. 他者与他性——一个问题的谱系［J］. 杭州：浙江学刊，2001（2）.

叶庄新. 对林纾译莎剧故事的再认识［J］. 福州：外国语言文学，2007（3）.

于德英，崔新广. 翻译的性别化隐喻［J］. 西安：外语教学，2007（2）.

于文秀. 后现代差异理论："文化研究"的理论基石［J］. 天津：天津社会科学，2003（3）.

于文秀。标举差异 抵抗霸权——"文化研究"思潮中的反权力话语研究［J］. 北京：哲学研究，2004（9）.

翟华. 从《静夜思》的外文译本看"床"的含义［Z］. http://blog.sina.com.cn/s/blog_ 48670cb20100c4fd.html，2009.

张秀珍. 西方译者如何制造中国文化形象［J］. 台北：翻译学研究集刊，1998（3）.

周秋良，康保成. 娼妓·渔妇·观音菩萨——试论鱼篮观音形象的形成与衍变［J］. 南昌：江西社会科学，2005（10）.

邹振环. 影响中国近代社会的一百种译作［M］. 北京：中国对外翻译出版公司，1996.